冯惟敏传

张秀梅 著

中国海洋大学出版社
· 青岛 ·

图书在版编目（CIP）数据

冯惟敏传 / 张秀梅著 . -- 青岛：中国海洋大学出
版社，2023.7
ISBN 978-7-5670-3500-3

Ⅰ. ①冯⋯　Ⅱ. ①张⋯　Ⅲ. ①冯惟敏（1511-1590）
—传记　Ⅳ. ①K825.6

中国国家版本馆 CIP 数据核字（2023）第 083652 号

冯惟敏传
FENGWEIMIN ZHUAN

出版发行	中国海洋大学出版社	
社　　址	青岛市香港东路 23 号	邮政编码　266071
出 版 人	刘文菁	
网　　址	http://pub.ouc.edu.cn	
订购电话	0532-82032573（传真）	
责任编辑	王　晓	
印　　制	青岛国彩印刷股份有限公司	
版　　次	2023 年 7 月第 1 版	
印　　次	2023 年 7 月第 1 次印刷	
成品尺寸	170 mm ×240 mm	
印　　张	18.25	
字　　数	337 千	
印　　数	1～1 000	
定　　价	68.00 元	

发现印装质量问题，请致电 0532-58700166，由印刷厂负责调换。

说 明

一、本传记主要依据为冯惟敏诗、文、散曲所记及曹立会先生主编《冯惟敏年谱》(青岛出版社 2006 年版),同时参考张秉国先生编著《临朐冯氏年谱》(人民文学出版社 2016 年版)、《〈冯氏世录〉二种整理研究》(齐鲁书社 2020 年版)、冯益汉先生著《冯惟敏轶事》(山东画报出版社 2016 年版)和冯荣昌先生著《冯惟敏论稿》(中国戏剧出版社 1999 年版)等著作。

二、本书所引冯惟敏文献、诗词,凡未注明出处者,皆录自曹立会先生主编《冯惟敏年谱》。《冯惟敏年谱》所附冯惟敏文献、诗词,录自上海古籍出版社《续修四库全书》第 1345 册《海浮山堂诗稿五卷、海浮山堂文稿五卷》。此书系据明嘉靖四十五年(1566)闰十月刻本《山堂缉稿》影印。原书版框高 163 毫米,宽 254 毫米,藏北京大学图书馆。

三、本书所引冯惟敏散曲、杂剧,凡未注明出处者,亦皆录自曹立会先生主编《冯惟敏年谱》。《冯惟敏年谱》所附冯惟敏散曲、杂剧,录自上海古籍出版社《续修四库全书》第 1738 册《海浮山堂词稿四卷》。此书系据明嘉靖四十五年(1566)八月刻本影印。原书版框高 162 毫米,宽 260 毫米,藏中国艺术研究院戏曲研究所资料室。

四、全书引文有明显错误者,径行更正。如原本有脱漏,文赋、诗词以□代替。主要补正依据为谢伯阳编纂《冯惟敏全集》(齐鲁书社 2007 年版),凌景埏、谢伯阳校点本《海浮山堂词稿》(上海古籍出版社 1981 年版),张泰、王美雨编著《〈海浮山堂词稿〉校注》(九州出版社 2016 年版)等。

五、本书涉及人物年龄,依据古人习惯皆为虚岁。本书所记月份,日期皆为农历。

自 序

　　初识冯惟敏，是在三十年前的文学史课堂上。

　　那时在省城进修汉语言文学，济南多日没有降雨，偏偏在那个午后飘起了牛毛般的细丝。

　　村城井水干，远近河流断，近新来好雨连绵。当那位教授念出这样一句曲词时，我只觉得应景，便低头看了看书页上附在人物画像旁的介绍。

　　临朐、冶源、老龙湾、海浮山，哦，还有一个陌生的名字——冯惟敏。

　　那时我对这位明代散曲大家的印象便如那日济南的细雨，好似在心上留下了些什么，但一转眼便又消失不见了。

　　第二次听到冯惟敏这个名字，是自爱人口中。

　　很幸运，在最好的年纪，我遇见了对的人，从此"执子之手，与子偕老"。

　　恋爱时他曾偶然提起，他是冯裕第十六世孙、冯惟敏第十五世孙，自幼生活在老龙湾边。

　　后来我们一起走过老龙湾冬日的雪化桥，登过南岸早春的梅山，吹过盛夏时节清凉的风，远眺过如浮海面的秋日高云。当然，我也听到了越来越多关于冯惟敏的故事。江南亭、君子堂、八角琉璃井、铸剑池的题字、报恩亭的传说……

　　这些故事算不得跌宕起伏，更不算曲折离奇，普通简单，但又不平凡。它们就如同冯惟敏的词一样，寻常却又有力。

　　或许这就是所谓的什么样的人写什么样的文字吧。

　　再之后，三年之前，仿佛冥冥之中命运安排，我辗转来到冯惟敏曾经生活过的青州城上班。

工作之余，我和爱人拜谒了冯裕父子的埋骨之地——青州尧王山，登临过冯惟敏曾游览过的云门山、仰天山，雪中眺望过被冯惟敏写进诗里的劈山。

后来忘记是哪一天了，听说在青州驼山山顶有冯裕亲撰的"昊天宫"碑额，我俩便登山寻古探幽，寻找祖上手迹。

碑林中我久寻而不得，爱人却能在数十通历代碑碣中几乎是直接走到了道观内那座高大的石碑前，找到了碑额上冯裕亲撰的"昊天宫"，让我不由慨叹血脉传承的神奇。

那日自驼山下来，我们又去了青州古城内的偶园，当地人俗称"冯家花园"的景点。这是冯裕后代冯溥归老之处。

偌大的园子，游人稀少，十分清净。

爱人边看边笑说这是他家的产业，而我则笑他进来参观还要买门票。

偶园不大，打趣间便已逛了个七七八八，最后看的是佳山堂。此堂为明清建筑样式，堂正中摆八仙桌椅，正上方挂"端敏练达"横匾，东厅有青州府临朐冯氏世系图谱。

不知为何，当我看着那张长长的族谱时，思绪竟仿佛跨越了四五百年的时空，心中亦涌上了一股冲动。

我要写一本书，写关于临朐冯氏祖先的故事，写冯惟敏。

偶园外是一条仿古商街，有店家彼时恰好在放一首那年很火的歌，叫《听闻远方有你》。

"听闻远方有你，动身跋涉千里，追逐沿途的风景，还带着你的呼吸……"

于是，此后几百个日夜，我追随冯惟敏的足迹走过了他的六十八个春夏秋冬，感悟他心灵的喜悦与苦痛，思想的快乐与忧愁，感受着一个有趣灵魂畅快的一生。

像风走了千里万里，陪他走过南北东西。华亭、萧县、晋州、凤阳、南京、贵州、涞水、镇江、保定……直至落叶归根，回到浮山冶水。

冯惟敏于世界、文学而言意味着什么，我说不太清。

有人说他是"曲中辛弃疾"，因为他的作品大都是在针砭时弊，揭露彼时社会的黑暗。

冯惟敏能得如此评价，我其实是开心的，毕竟辛弃疾人人皆知，能与其作比本就是对冯惟敏的一种认可。

但你若问我的话，我或许会说——

他不是什么"曲中辛弃疾"，他就是独一无二的冯惟敏。

张秀梅

2023 年 3 月

目 录

第一卷

万里归来仍少年

挟壮志以横飞 兼丹心而北流

出生·家世

> 惟我冯氏之先,居青州临朐,国朝洪武初,诏简山东之民三户徙一人戍辽,我始祖讳思忠者行,遂家于广宁左卫。
>
> ——冯裕《冯氏先陇表》

冯惟敏(1511—1578),字汝行,号海浮,明武宗正德六年(1511)九月初一出生于直隶松江府华亭县(今上海市松江区)鹤城书院,祖籍青州府临朐县仁寿乡盘羊社(今作盘阳)红庙村(今山东省临朐县卧龙镇红庙村)。

他的降生给父母带来了希望和欢愉。因为此时,其父亲冯裕被罢了官,带着一家人寓居书院,等待着朝廷的重新任命。

三年前,也就是明武宗正德三年(1508),冯惟敏的父亲,三十岁的冯裕中了进士。次年,即明正德四年(1509),冯裕被授为南直隶松江府华亭知县,成了正七品县官。

松江华亭,今上海松江区一带,明朝,出过不少名人,比如徐阶,比如严嵩,比如张文冕。

冯裕被罢官,跟华亭人张文冕有关。

明正德初年,民间传说有两个皇帝。除了"坐皇帝"武宗朱厚照,还有一个"立皇帝",那就是可与魏忠贤齐名的大宦官刘瑾。

而张文冕,是刘瑾的"铁杆队友"。

据说,文化水平有限的刘瑾,都把奏章拿回家批阅。批阅人一个是他的妹婿孙聪,另一个就是张文冕。

冯裕仕途第一站,即张文冕的老家,松江府华亭县。

华亭县的父母官不好干,干了一年多,初入仕途的冯裕即被人诬陷入狱,官饭吃成了牢饭。

导火索是税收问题。

冯裕接的是一个不好收拾的摊子。

夏天,连绵大雨下了六天六夜。庄稼、房舍多被淹没,百姓流离失所,逋赋严重。

而知县的首要任务就是征收赋税,冯裕经过实地调研了解,发现以往的税收不适用于灾涝之年。

华亭东乡为旱田,赋轻;西乡为水田,赋重。由于夏天连发大水,东乡受灾较轻,而西乡受灾严重。于是,冯裕调整税额,提高东乡税率,降低西乡税率。

按理说,这是很合理的举措。但是,如此一来,西乡的贫苦百姓感念称赞,东乡的大户乡绅却不高兴了。这些大户里面,有张文冕族人。

间接的原因,相关的史料是这样记载的。

《(崇祯)松江府志·卷三十二·国朝名臣宦绩》曰:

(裕)令华亭,性笃实,薄于自奉,廉于取民。好执法,不肯毫发少假人。刘瑾更张旧法,内差添设私员,民间大有诛求,他令皆通融,而裕独坚挺不应。

《(嘉靖)青州府志》卷十四《人物·冯裕》:

正德初,举进士,授华亭令。清慎正直,名动一时。时瑾(刘瑾)竖煽祸,邑人张文冕任近侍,为瑾腹心,以家托之。裕至邑,一无所私庇,冕怒,诉于瑾,将逮系之。裕知祸在旦夕,略不为动,已而逆党伏诛。

明人沈恺《环溪集》卷一《间山冯公名宦祠记》曰:

县大水,下田多逋赋,裕令上田代输其十之一。大吏坐裕加赋,百姓争奔走言其状,乃得白。

总之,事情大致是这样的。

冯裕秉性笃实,为官清正廉洁,执法公正。"立皇帝"刘瑾亲信张文冕把家托付于他,而他一视同仁,"一无所私庇",所以张文冕记恨在心,向刘瑾告了冯裕的状。冯裕祸在旦夕,但仍然不为所动。

剧情出现反转。

明正德五年(1510)的八月,张文冕还没来得及把冯裕送进牢狱,刘瑾就被杨一清和张永扳倒,被凌迟处死,而张文冕俱坐逆反,也被论斩。

此事波及张文冕老家华亭县。

民间谣传四起,传言朝廷要派兵诛杀张文冕一族,还会牵连到张文冕亲戚。亲戚连亲戚,一时人心惶惶,由于闹水灾而已经苦不堪言的百姓纷纷四处逃命。九月底,百姓突然潮水般向东奔逃,传言官兵已至,还有妇女跳井身亡。

面对这样复杂混乱的局面,冯裕竭尽全力调停,十多天才平息此事。

张文冕虽然死了,但是,冯裕的牢狱之灾还是没有躲过去。

明正德五年(1510)的年底,有"大吏"状告华亭知县冯裕荒年加赋、中饱私囊,巡抚张凤大怒,逮冯裕入狱。

冯裕为人诚心率物,为官不以利禄为追求,所关心的只有民生疾苦,深受百姓爱戴。西乡百姓联名上保,集体声援他。后经过调查,贪污之罪纯属子虚乌有。明正德六年(1511)春,事解出狱。

虽然事情澄清了,但华亭知县这个位子也已经有人干了。冯裕出狱后,在鹤城书院等待新的人事安排之际,冯裕家的第四个儿子就趁空出生了。

这是冯惟敏出生时的大致情况。

在冯惟敏的人生经历正式开启之前,按惯例我们应该介绍一下他的家世,因为家世对人的一生影响是比较重要的,也有助于理解他的人生故事。

下面我们就尽可能地追溯冯家的家世渊源。

冯惟敏六世祖,讳思忠,青州府临朐县仁寿乡盘羊社红庙村人。

明洪武初年(1368),明太祖朱元璋下了一道诏令,山东的乡民三户里面要迁一人戍辽。冯思忠积极响应国家号召,举家迁到了辽东,定居在广宁左卫(今辽宁省北镇市)。

冯思忠的独生子冯福通,十五岁时入赘广宁右屯卫(今辽宁省凌海市)盐场小屯吴家。

冯福通有四个儿子:长子春、次子俊、三子旺、四子兴。

明正统十四年(1449),七月,瓦剌也先兵分四路大举侵明,所到之处,上至皇帝官员,下至平民百姓,备受其扰。

在著名的土木堡战役中,明军败于瓦剌,明英宗朱祁镇被俘。

脱脱不花与兀良哈部东路攻辽东,百姓生灵涂炭。

冯福通一家未能幸免。

八月,为躲避战乱,冯福通率家人在五家屯西山(即十三山,在今辽宁省凌海市东)避难,被入侵的蒙古兵穷追猛打。情势危急之下,冯福通坠山而死。

同日,冯福通第四子冯兴自缢而亡,兴妻张氏自沉于水塘而死。

冯福通第三子冯旺在逃跑时被蒙古兵的箭射中了脚后跟,仓皇挣脱,方才幸免于难。

事后,冯春与三弟冯旺收父亲、兄弟遗骸就地安葬于十三山之东。

一年后,即明景泰元年(1450),七月,冯春独子冯振出生于广宁。

冯振的独生子就是冯惟敏的父亲冯裕。

冯春的其他三兄弟,都没有子嗣。

冯福通长子冯春,即冯惟敏的曾祖,也就是老爷爷,出生于广宁右屯卫,后来还居于广宁。

还籍的时间,当于这次变故之前,不然,极有可能躲不过这次战乱,也就没有后面的故事了。

在多子多福的封建社会,辽东冯氏家丁似乎不那么兴旺,只有冯裕这支"一枝独苗"。

冯裕十二岁那年,父亲冯振去世了。一年后,三叔祖冯旺去世。两年后,母亲李氏也去世了。

三叔祖母池氏陪伴冯裕长大成人。当然,冯裕对这个叔祖母极为孝顺。叔祖母去世后,冯裕为其服丧三年。

少年成了孤儿,可以想象,冯裕的青少年时代生活应该是很不容易的,但他发奋读书,家里藏书不多,就借书日夜诵读,博通经史,增长见识。后来,他拜了义州很有名的贺钦为师(贺钦人称"医闾先生",冯裕号闾山),专注于身心之学,大有裨益。

从冯裕本人的发展和子女教育这方面来看,他受贺钦的思想影响比较大,为人处世颇有其师遗风,日常居家厚植恩德情谊,端正人伦道德,厚待姻亲。处世思想是儒家正统思想,穷则独善其身,达则兼济天下,一生为人正直,为官清廉,处事公正,心系百姓。

冯惟敏出生的这年,他的大哥冯惟健十一岁,二哥冯惟重八岁,三哥徐哥(乳名,没来得及起大名就夭折了)两岁,还有一个大姐六岁。六十岁的外祖母刘氏,还有冯惟敏未成年的舅舅冯宽也与他们同行同住。

从明正德三年(1508)冯裕中进士,正德四年(1509)华亭赴任,途经徐州时冯惟敏的三哥出生(所以乳名徐哥),到正德六年(1511)冯惟敏出生,这个家庭热闹起来,大有子孙满堂、家族兴旺的样子。

命运仿佛冥冥之中早有安排,冯惟敏出生时一家人从官舍搬至书院借住,似乎注定了他一生在科举仕途上不得志。他二十七岁乡试中举,荣获经魁,之后二十五年间参加了九次会试,屡败屡试,屡试屡败,但初心不改,虽不能中,心向往之,一直到知天命之年也没能实现自己的进士梦和忘身许国的人生抱负。

失之东隅,收之桑榆。命运为冯惟敏关了科考仕进这扇门,却为他打开了文学这扇窗。

没有科考遭遇的不如意,估计我们也看不到杂剧《不服老》。

《不服老》描写宋人梁颢科举考试屡遭挫折,但不气馁,坚强自信,进取之志不衰,八十二岁考中状元的故事。

该剧的剧情没能在冯惟敏身上实现,他一直考到知天命之年也没有考取进士。但他的文学成绩无疑超过了其父兄乃至目前为止的后世子孙,被载入中国文学史册。刘大杰评价冯惟敏"不仅是明代一大家,实可与元代大家并列而无愧"。

现在看来,冯惟敏这颗文学之星大概只能算作浩瀚灿烂的文学天空中天边一颗不起眼的小星星,但毋庸置疑,这颗星星散发着独特的光芒,无可替代。

华亭,萧县,晋州

惟敏父亲冯裕大约于明正德四年(1509)十一月到任华亭知县,明正德五年(1510)年底入狱,明正德六年(1511)春天从狱中释放。

初入仕途就栽了一个大跟头,冯裕应该很受打击,心理阴影不小。

出狱后,冯裕又经历了一年多的候官期,前路未卜,加上俸禄停发,一家人填饱肚子都成问题,一度要靠朋友接济度日。这种生活状况虽然不至于让人抑郁,但内心不强大的人也不会天天闲庭信步。

三十多岁的冯裕内心足够强大,他丝毫没有流露出对上级和朝廷的不满和愤懑,安心寓居鹤城书院,好像事情没有发生一样,看书学习,赋诗行文,修身养性,生养子女,这让不少人对他刮目相看。

年纪轻轻能有这种修为,还真是不简单。

我想,除了自幼的环境磨砺和努力学习实践,还有一个原因很重要:他有一位厉害的老师。

这位老师就是当时在辽东地区最有影响力的学者贺钦。

贺钦,字克恭,号医闾山人,世代居于定海(今浙江定海市),父辈戍籍辽东义州卫。

贺钦考中进士任户科给事中,相当于今被安排在国家部委工作。但是,他认为这个职位太过神圣,总怕干不好对不起这份俸禄。干了不到两年,他坚决辞职,据史料记载,辞职原因为"非不乐仕也,盖不得其言而去,儒者进退之道固如是也"(见贺钦《医闾先生集》卷六《与书中贵书》)。

在贺钦看来,还有比仕进更有意义的事情。

而让他做出以上重大人生选择的,是因为他的一位厉害的老师。这位老师就是哲学史上有名的"白沙学派"创始人陈献章。

陈献章(1428—1500),字公甫,别号石斋,人称"白沙先生",广州府新会县白沙里(今广东省江门市蓬江区白沙街道)人。

陈献章是岭南地区唯一从祀孔庙的大儒,明代心学奠基者,提出"天地我立,万化我出,宇宙在我"的心学理论,认为"静坐中养出端倪",对明代文人精

神取向产生了深刻影响。

贺钦任户科给事中时,适逢老师陈献章入京复游太学。贺钦听了陈老师的"公开课"后茅塞顿开,突然找到了照亮人生的那个灯塔。他感叹地说:"卓绝的品性不显现,真理被埋藏,朝廷即使用我,但我拿什么为国所用呢?"

他当天就断然辞官,向陈献章行跪拜礼,毕恭毕敬地为陈老师捧砚磨墨,虚心学习"白沙心学"的精髓。分别后,贺钦还找人画了陈献章的像供奉他。

贺钦乡居故里,主要从事学术探究和教学活动,同时,发扬"处江湖之远则忧其君"的君子作风,经常用自己的关系和威望,为朝政和地方军政建设提出自己的建议。

贺钦教育理论核心为"为己之学"。他认为,"为谁而学""学什么"是和"天理人欲"一样重要的问题,明白"为己之学"这个根本性问题是"君子之儒",它可以致君尧舜,泽被黔黎,但与博科名、谋利禄没有关系。

所以,贺钦的门徒多清苦自立,不以富贵为意。

在当时以科考论英雄的社会环境下,这种观点可谓另辟蹊径、高屋建瓴。虽然他教学的目的不是科考,但照样培养了不少进士,冯惟敏父亲冯裕就是其中的代表。从冯裕的个人发展履历来看,教学效果相当不错。贺钦重视实践教学和"为己之学"的教育理念仍值得当代人学习借鉴。

冯裕大约在十八岁那年师从贺钦学习心学,他对贺钦本人及其理论推崇备至,为了表达对老师的敬重,把自己的号改为闾山。

陈献章点亮了贺钦的生命之火,贺钦点亮了冯惟敏父亲冯裕的生命之火。

在贺钦那里,冯裕找到了照亮人生之路的灯塔。

从此,心向光明,无惧黑暗。

如果对明代的官场有个大概的了解,你大约会发现,在古代,做官实在是一种高危职业,如果没有一盏信仰之灯指引,没有强大的心理支撑,那最好早早打道回府,回家种田。

明朝的言官是很厉害的,尽职尽责,大报告、小报告不断,对官员们做到了全方位监督。

不止言官,一般官员也会时不时上书弹劾,用"谁人背后不说人,谁人背后无人说"这句话来形容当时的官场一点儿也不为过。

上书弹劾自己的人也有,举例说明的话,这人就是冯裕的老师贺钦。

贺钦干国家公务员不久,向皇帝上书大力进言,又进行了深刻的自我批评,说他做官没能尽到责任导致灾难,认为不配有人民公仆光荣称号,请求朝廷免去其职务。

总之,大家人后说,人前(尤其皇帝前)也说,挨板子(廷杖)也该说说。

但要说这些上书弹劾都如贺钦那样出于责任和正义,那也思考得不全面,正义公理是有的,公道自在人心,但彼此倾轧、争权夺利的情况也是有的。

统治阶级的权力斗争几乎贯穿了明朝276年的历史。

明朝的国家权力中枢系统有三驾马车:皇帝、内阁、宦官。

皇权至高无上,内阁有票拟权,司礼监(宦官)有批朱权,相互掣肘,彼此你来我往,你消我长。

以内阁为例,冯惟敏一生历经正德、嘉靖、隆庆、万历四朝。据不完全统计,内阁首辅依次有杨廷和、张璁、夏言、严嵩、徐阶、李春芳、高拱、张居正等,这些朝中权臣最终写辞职信的多,得善终的少,好的退休回家,还有的被诛九族,如其中的夏言被弃市,被明史评为"明代六大奸臣"之一的严嵩最后结局是三千刀凌迟处死,张居正好歹是在死后被诛的九族。

在这种大环境下,官员们被打屁股(廷杖)、蹲监狱的事时有发生,对有骨气的文人、硬汉来说,像著名的杨继盛、王世贞(后文和冯惟敏有一定关系)等人,那真是达到了"砍头不要紧,只要主义真"的人生境界,有时甚至争先恐后、前赴后继,明知打板子吃牢饭被流放也无所畏惧。著名的王守仁就是因为上书为南京戴铣求情才被廷杖,并被流放而干了贵州龙场招待所(龙场驿丞)所长的。

再回到松江华亭。

经历了一年多的等待,明武宗正德七年(1512),冯惟敏一周岁,冯裕的调令到了,任萧县(今隶属安徽省宿州市)知县。

他离开华亭的时候,百姓自发地在路上送别,还有人传唱着一首民谣:"大水横发高树低,人死为鱼公凄悲,谁使公去伤哉离?"

襁褓中的冯惟敏也在百姓的送别下,开始了随父多地迁徙、四海为家的生涯。

萧县距离上海约600千米,若是今天乘坐高铁、飞机,或者自驾都能一天之内到达,可当时冯裕一家老老少少搬一次家是一个挺大的阵仗。冯惟敏成年后写诗自称"冯生生平耽奇赏,五岳皆有冯生踪",爱好旅游,流连名山大川、奇异景致,这襁褓中的游历算是起点。

萧县和丰县、砀山相邻,距离徐州十几千米。丰县是汉高祖刘邦一生传奇开始的地方,砀山是后梁开国皇帝朱温老家,所以,史书记载萧县民风粗犷剽悍,崇尚豪放狭义,这是很可以理解的。

还有一个情况是,这个时间节点赴任萧县不太合适,因为这个地方这两年不太平。

那时候,似乎不太平常有,而太平不常有。

明武宗朱厚照是少年天子,重用宦官刘瑾,宠信佞臣,使得老百姓的田地被侵占,民不聊生。

明正德五年(1510),霸州(今河北省霸州市)人刘六、刘七弟兄举旗造反;明正德六年(1511)十一月,刘氏兄弟的队伍自山东攻打徐州。

萧县在徐州的西南角,自然免不了遭受战乱,当地有些贫民百姓甚至和起义的农民有联络呼应。

好在冯裕现在已经不是"政坛菜鸟"了,他深刻吸取了华亭任上的教训,到任后深入调研民情,摸清基本情况后,抓住主要矛盾和矛盾的主要方面,明确了工作思路,以抚慰广大老百姓为主,最终实现让彪悍豪横的不去为盗为匪,造反、穷的弱的不至于饿死这一工作目标。不久之后,当地的百姓对这个新来的县令赞誉有加。

事情办得不错,朝廷很满意。明正德八年(1513)十月左右,冯裕得到提拔重用,被任命为晋州知府,从五品。

三岁的冯惟敏,继续随父宦游,目的地——晋州。

晋州是唐朝名臣魏征的故乡,城北还有条古老的滹沱河流过。

可是,冯裕上任后,发现魏征的老家同样民生凋敝、贫穷落后。

他继续发扬一心为民的优良传统,扑下身子,深入基层一线,深挖穷根。

了解实际情况后,他很不高兴,气愤地说:"这个地方的贫穷落后不是老百姓懒惰造成的,是县官不作为(长吏弗良),使得那些小官吏欺上瞒下造成的。"

他亲力亲为,重新丈量土地,亲自审核校验版图,按照田亩数收租子,按实际户口收赋税。

他发现晋北土地十分贫瘠,但收税和肥沃的土地一样,就大胆改革,减少了贫瘠土地的税收。

当然,调整过程中十分注意做好政策宣传和沟通交流工作。

此外,冯裕还修葺了学校、城墙,大力发展教育,得到了老百姓的交口称赞。

明正德十年(1515),冯裕工作又有变动,擢南京户部福建清吏司员外郎,从五品,主要职责是监督中都的粮仓银库及其他物资库的收储开销。

中都,也就是凤阳,明太祖朱元璋的老家,从隋朝开始一直到元朝被称作濠州。朱元璋打下天下后于明洪武七年(1375)为家乡赐名"凤阳",一直沿用到今天。

冯裕工作频繁调动,冯家一家势必频频搬家。

五岁的冯惟敏已经随父亲迁居三地,行程数千里。

这期间,一生与他惺惺相惜的五弟惟讷出生在萧县;三哥徐哥在晋州夭折;徐哥夭折的同一年,六弟晋哥儿出生于晋州。

接下来,一家人收拾行囊,奔向新的目的地——凤阳。

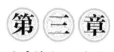

凤阳，凤阳

我们将视线转换到凤阳。

提到凤阳，首先想到的是一首民谣："说凤阳，道凤阳，凤阳本是个好地方，自从出了个朱皇帝，十年就有九年荒。"

据说这是当时反对朱元璋的一些江南富户为诋毁他而编的，没想到影响如此深远，以至于成了凤阳花鼓和这个地方的代言词一样。

实际上，凤阳有着许多传说故事，很有历史文化底蕴。

传说八仙之一的蓝采和在这里成仙，庄子与惠子在这里讨论过水里的游鱼快不快乐。距冯惟敏在这里生活四五百年之后的1979年，这里又火了一把，因为"凤阳花鼓"中唱的那个凤阳县，有十八位农民冒着很大风险，摁了十八个红手印，把生产队的土地承包到户，成了中国农村改革开放的发源地。

凤阳还有好多别称，如"中国花鼓之乡""帝王之乡"等，是个充满传奇的地方。

明正德十年（1515）到正德十四年（1519），冯裕督储中都，全家移居凤阳。

冯惟敏兄弟们是十分幸运的，因为他们的父母十分重视对他们的教育和启蒙。

在凤阳，七岁的惟敏和五岁的惟讷入学习礼，七弟惟直和二妹出生。上班的上班，上学的上学，大家积极向上往前奔。

也有令惟敏兄弟们伤心的事，那就是六弟晋哥夭折。在凤阳，冯惟敏曾跟随家人，埋晋哥于凤台门。

虽然冯裕一生辗转多地做官，但在子女们成长的关键时候，他并没有因为忙于仕途，而让子女们成为留守儿童，而是始终陪伴他们左右，言传身教，很好地影响了子女。

明正德十三年（1518）春，惟敏长兄惟健要护送外祖母回广宁，同时，在广宁与高氏成婚。

临行前，兄弟姐妹们围着大哥惟健，好奇新嫂子长什么样，也好奇广宁老家是什么样子。

五岁的晋哥儿跑到惟健面前,小手拽着惟健的衣角,让惟健举高高、转圈圈。

　　惟健把晋哥儿高高举起来,又放下,这样几次,又抱着晋哥儿转了几圈,才放下。

　　晋哥儿晃晃悠悠地扑倒在惟健怀里,过了一会儿,又扑闪着一双明亮的大眼睛,问道:

　　"大哥哥,你明天就回老家了,那你什么时候领着新嫂嫂回来呀?"

　　惟健摸了摸六弟的头,又在晋哥儿小脸儿上亲了亲,说道:"那大哥哥走了,晋哥你想不想呀?"

　　晋哥说:"我想大哥哥呀,大哥哥你快点儿回来呀!"

　　惟重招呼晋哥儿道:"六弟,大哥哥明天还要早起,你到二哥这里来。"

　　"好呀,爱哥哥。"晋哥儿虽然五岁了,但还是二、爱不分,大家一阵好笑。

　　这时,惟敏拿一张小纸片,上面写着一个"间"字,走到惟重面前问道:"二哥哥,我来问个字,这是个什么字呀?"

　　惟重笑道:"这是个'间'字,你刚进学塾,问这个字做甚?"

　　惟敏仰着脸,认真地说:"爹的书上写着呢,后面有一个山字,是什么山呢?这山在哪里呀?高不高?"

　　听到这里,长兄惟健拉过惟敏、惟讷、晋哥儿,正色道:"小四、小五、小六,'间山'是爹的号,爹字伯顺,号间山,子不言父,记住了吗?"

　　惟敏点点头,满脸不解地问道:"大哥,那爹为什么号'间山'呢?"

　　这时候,冯裕进来了,子女们纷纷见礼让座。惟敏跑到冯裕面前,仰着小脸,等待着父亲的答案。

　　冯裕看着惟敏,笑着点头说:"惟敏,你才八岁,就问这一奇字吗?问得好啊,我今天就告诉你们吧!"

　　面对着稚子惟敏和聪慧的惟讷、晋哥儿,冯裕不由得感慨万千,祖上和故乡的往事涌上心头。所谓不愤不启、不悱不发,四子惟敏问奇字,他不但没有生气,而且借着这个机会恰逢其时地对儿子们讲起家世家史来。

　　原来,洪武初年,冯氏祖先才兴公让长子思忠从青州府临朐仁寿乡戍边辽东广宁。从此,临朐冯氏思忠一支在广宁开枝散叶,繁衍生息,这些前面已有介绍,此处不再赘述。

　　临朐有座沂山,古称海岱、海岳,有"东泰山"之称。此山乃"大海东来第一山",号称东镇,素享"泰山为五岳之尊,沂山为五镇之首"的盛名,被誉为"鲁中仙山"。史书里记载,黄帝曾登封沂山,后来舜定沂山为重镇。自汉武帝以后,至隋、唐、宋、元历代屡有增封,祀典不废,"东镇碑林"就是历朝皇帝留存的御碑。

　　李白、郦道元、欧阳修、范仲淹、苏轼、苏辙等大家名士也十分倾慕沂山,纷纷至此览胜,留下了大量诗词文章。

临朐有东镇沂山,而广宁有座北镇医巫闾山。医巫闾山又称无虑山,是大山的意思,传说是黄帝之孙颛顼大帝葬身处。此山峰峦奇秀,雄峰奇石众多,出一种"珣玗琪"玉,即红玉,实际上就是红玛瑙。医巫闾山最早在《周礼》《山海经》中都有记载。《周礼·职方》称:"东北曰幽州,其山镇曰医无闾。"《山海经》曰:"东北海之外,大荒之中,河水之间,附禺(汉代时称无虑,今北镇市附近)之山,帝颛顼与九嫔葬焉。"《淮南子》曰:"东方之美者有医毋闾之珣玗琪焉。"红玉的颜色纯正、厚重,光泽温润自然,代表着正直、勇毅、友善、平和、信心、希望,这些正是一位品行端正的君子应具备的美德。

医巫闾山主峰望海山,祖上青州府临朐县有山曰海浮,处东镇沂山以北数十里,海浮山北有天下名泉熏冶泉,泉水昼夜奔涌,四时恒温,似有无数大大小小的珍珠在水中翻腾,美哉美哉!

冯裕娓娓道来,众兄弟们随着父亲的话,时而回到了祖籍临朐,时而又来到了父辈生活的广宁,对父亲为什么起号"闾山"有了或深或浅的理解。

惟敏忽闪着明亮的眼睛,认真地对冯裕说:"爹爹,我长大了要去海浮山,要去熏冶泉!"

冯裕摸摸他的头,点头同意。五弟惟讷也昂着小脸儿着急道:"爹爹,我也要去!我也要去!"

"好,好,你兄弟俩都去。"冯裕笑道。

第二天,兄弟们送大哥惟健和外祖母回广宁,惟健又抱起晋哥儿亲了亲,才与弟弟们挥手道别。

孰料,这一切都成了令人痛心的回忆。

第二年的春天,六岁的晋哥儿不幸夭折,惟健携新婚妻子回到凤阳。惟重携惟敏迎接长兄于郊外,惟讷、惟直在家恭候,唯独少了可爱的六弟晋哥儿,惟健大痛。

惟健携新婚妻子来到晋哥埋骨之地,祭奠六弟。假如小晋哥儿有灵,也算是见了亲爱的大哥和新嫂子。

九月九日重阳节,惟健在南京客舍,倍加想念远在凤阳的弟弟妹妹们,怀念徐哥儿、晋哥儿,作《哭六弟晋哥于凤台门蒿里》:

……昔徐哥葬于晋上,尔今复埋于凤台。骨肉散于异域,孤魂沉于蒿莱。何积德之足恃,将终古而长哀。

兄弟情深,跃然纸上。

冥冥之中,人的命运仿佛都安排好了一样,每个人有他的归宿。

徐哥儿的归宿在晋州,晋哥儿的归宿在凤阳。

冯裕一生走过许多地方,但树高千尺,叶落归根,益都和临朐是身体和灵魂的根。也许从此时开始,他就有了在老家安家落户的打算吧,抑或更早些。总之,此后几年里,冯裕回山东老家祭祖,并最终携全家还籍临朐,在青州置办家产并定居下来。

冯惟敏自幼随父宦游,成家后选择在海浮山下、熏冶泉边诗书耕读,几百年过去了,惟敏一支已传至近二十世。

山还是那座山,水还是那汪水,熏冶湖改称老龙湾,水边人家多为冯姓,修谱续祖,操持生计,虽然昔日荣盛不再,但几百年的文脉终究得以传承,文学的基因还流淌在冯氏子孙的血液里,平日写写画画,门前屋后,栽竹植梅,日子虽然平淡了些,但不乏诗意。

惟敏出生在书院,仿佛注定与仕途无缘,兜兜转转,即使做官,好像仕途经历也是为了他的著述提供素材;惟讷生在官舍,一生辗转,混迹仕途,有朝一日,倦了累了,弃官归乡,本打算回归田园,颐养天年,不承想卧病床榻,不久辞世,令人唏嘘叹息。

在凤阳,惟敏接受了早期的启蒙教育。他七岁入学,按照惯例,父亲为他起了大名冯惟敏。

自古至今,名字不仅仅是一个人的称呼符号,还包含着长辈对子孙后代的希望和寄托,从名字也能看出一个家族的家风传承。

古代文人官宦人家,孩子出生后先起乳名,上学的时候起大名,有了大名后,一般二十岁还要起字、号,有的还有几个号,号实际上和现在的笔名差不多。

乳名是父母长辈专用的,可以以出生地加性别作为乳名,也是个纪念。如惟敏的三哥徐哥、六弟晋哥的乳名就是因为他们出生在徐州、晋州而得,因兄弟俩都是幼年夭折,没来得及起大名,所以只留下了乳名。

按此推论,惟健、惟重乳名可能是广哥或宁哥,惟敏生在松江府华亭鹤城书院,可能叫华哥也未可知。以上没有实证,纯属猜测。

冯家四公子有了自己的大名惟敏,字汝行。从冯裕给儿子们起的名字可以看出他对儿子们的希望——成为君子。

冯惟敏和他的弟弟冯惟讷的名字显然出自《论语·里仁》的"君子欲讷于言而敏于行"。

敏于行也好,讷于言也罢,都是君子应该遵从的言行规范。

长兄惟健,当取自"天行健,君子以自强不息"之意。冯惟健字汝强,是对"健"这个名的释义和延伸。

次兄惟重,字汝威,当取自《论语·学而》的"君子不重则不威,学则不固。主忠信,无友不如己者,过则勿惮改"。

在父亲冯裕的教育引导下,儿子们个个不负其名,才有了"冯氏五先生"之称。这"冯氏五先生"之称,主要是总结称赞冯裕和他的四个儿子(三子、六子夭折,不然七先生也是有可能的)在文学等方面的成就,虽然远没有"一门父子三词客,千古文章四大家"的"三苏",大名鼎鼎的曹操、曹丕、曹植"三曹"父子这么名声震天,但在一定的时空、特定的区域内(明清时山东和青州府)那也是有很大的影响力,这种传承到了冯裕六世孙清代康熙年间文华殿大学士、太子太傅冯溥那里达到了顶峰。冯溥是冯氏文学世家中官位最高的,单论文学史上的影响力,虽各有千秋,但冯惟敏无疑是最有成就的,因为他剑走偏锋,以类似辛弃疾一般的豪迈曲风,抒发真性情,揭露官场和社会黑暗面,提振了明代散曲文风。

除了个别天才外,多数人的精力是有限的,东方不亮西方亮,在科考之路上没有出人头地的冯惟敏,不知他自己有没有料到,四百多年后,中国的文学史竟然给了他一席之地。

第四章
才华初显谐宫商

我国著名教育家陶行知先生于1924年写了一首诗自勉并勉励同行——"人生天地间，各自有禀赋"。

现代科学把人脑的智力类型分为语言智力、数学和逻辑思维智力、音乐智力、空间或视觉智力、运动或身体智力、人际智力、内在或内省智力等七种类型。

总体说来，人的智力是有差异的。这种差异也表现在已经进入了蒙学阶段的惟敏、惟讷小哥俩身上。

惟讷六岁的时候就拜人为师，和惟敏一起学习。读书的时候，惟敏结结巴巴、磕磕绊绊，而小他两岁的惟讷则声音洪亮、抑扬顿挫，远远听起来像个成年人一样，并且提问积极，还敢于提问，所以冯裕给四子起名惟敏，字汝行，五子起名惟讷，字汝言。

总之，惟敏和惟讷比较，口头语言能力、行动力差些，但他在音乐方面的天赋早有表现。

冯家在当时已称得上书香门第，惟敏兄惟健、惟重渐渐成人，有了自己的朋友圈，经常搞些文学青年聚会，吟诗作对，笙歌间错，惟敏、惟讷一般是认真的观众，偶尔友情客串。这时候，惟敏的音乐天赋得以展现。哥哥们吟诵的词曲，小惟敏听个一两遍就学会了，唱起来还有板有眼，很是投入，往往吸引众青年才俊交口称赞。

明正德十五年（1520），十岁的冯惟敏已经十分懂事可爱。为了不耽误他的学业，冯裕"出差"多带着他。

这年秋天，适逢朝中外官考绩之期，冯裕按要求到京师汇报工作，接受任期考核，惟健、惟敏同行。

冯裕不愧是他老师贺钦的亲传弟子，在凤阳的具体职务是督储，负责出纳国库粮谷一事，在一些人眼里，这是一个肥差，但他为官亢直清廉，始终秉公执法，一心为民。

留守这里的宦官骄横牛气，给冯裕打招呼递条子。冯裕条子该收收，但依然按规矩行事，既不收钱，更不违规去干那些损害国家和百姓利益的事情。

这位朝中权贵十分恼怒,就暗中找冯裕的茬,结果,找来找去,找了一年多也没有什么收获,只能作罢。

这次去京师"述职",朋友家人有些担心会因此影响考核成绩,但冯裕扪心自问,自己严守法度,未做亏心事,不怕鬼叫门,临行时嘱咐他们不必担心。

到京师后,明武宗召见了冯裕。冯裕有理有据地汇报工作,述职完毕,各项考核过关,成绩和历次考核一样——列最优等。按照考核成绩,优者提拔重用。冯裕是年擢升南京户部郎中,全名为"南京户部湖广清吏司署郎中事员外郎"。官名很拗口,总之,是个五品官(正的)。

父亲和大哥一个忙着"述职"考核,一个忙着帮父亲走亲访友、联络关系,一时顾不上惟敏了。

一天,冯裕和同僚从宫廷教坊门外路过,听见弦歌悦耳,打眼望去,大吃一惊:惟敏竟然站在乐工们身边!

冯裕匆匆走过去,近前一看,发现小小的惟敏正跟随着乐工们唱得正起劲呢!

"惟敏!"冯裕忍不住呵斥,"你怎么跑到这儿来了?"

"啊!爹……"惟敏一时慌张,面色蜡黄,低着头小声说道,"爹,我闷得慌,听着这里热闹,就……"

本来说话就不伶俐,看见父亲生气了,惟敏吓得有些结结巴巴,不知说什么好。

教坊的乐工们一下围了上来,七嘴八舌地对冯裕说:"冯大人,原来这是您的公子啊,贵公子好天分!我等要学几天的曲儿,他听几遍就会,嗓音也正!"

当着众人的面,冯裕不好说什么,好在众官一阵怒喝,乐工们一哄而散,而惟敏早就趁乱跑到假山后藏起来了。

"惟敏!"冯裕边喊边找儿子,不由得思绪万千。

惟敏偏喜曲乐,作为父亲的冯裕岂能不知?但这些旁门左道和仕途前程相比,多学何益?

转念又想,当今仕途艰险,你争我斗,自己一身正气,两袖清风,一心为民,却常常得罪权臣,日日如履薄冰,谁知何时闪失,更怕祸及九族!

想到此,冯裕豁然开朗。

是呀,歌诗词曲言性情,性情则需要顺乎自然。孔子晚年"删诗书,定礼乐",使得礼乐教化通行天下。乐为六艺之一,能陶冶人的心性,让人有所体悟。《礼记·乐记》说:"乐者,天地之和也。"乐是天地间的美妙声音,是道德的彰显。礼序乾坤,乐和天地,气魄何等宏大!如果惟敏在词曲方面有天赋,为什么要逼他太甚?元代的关汉卿、马致远,不同样可以光宗耀祖、惠及世人吗?

"惟敏!"冯裕喊着,寻找着。

小惟敏悄悄从假山后走出来,他听见父亲的喊声已不再那么严厉,而是很着急了,便走到父亲跟前,抱着冯裕的腿乖巧地喊道:"爹,我在这!"

"惟敏!"冯裕看着瘦弱的四子,不由拉着他的小手,哭笑不得,"你十岁熟识音律,能唱词曲,可须知万般皆下品,唯有读书高。读书要读圣贤书,书中自有黄金屋,你能唱出黄金屋吗?"

"爹,我知道了。"惟敏答应父亲道。

按照惯例,五品以上官员可以请旨封诰。因此,冯裕在京师还有重要的事情:上奏请封父母、请假到广宁扫墓、祭拜祖先。

奏疏写得情真意切,既表达了归省祭祖的迫切恳求,又表达了报效朝廷的决心。报上去后,他很快收到了两道诰命文书:一道封冯裕为奉直大夫,封惟敏母亲伏氏为宜人;一道追赠惟敏祖父冯振为奉直大夫、南京户部湖广清吏司署郎中事员外郎,追赠惟敏祖母李氏为宜人。

奉直大夫是文官的任职资格,为四十二阶之第二十六阶,从五品,升授。不妨用现在的职称打个不很恰当的比方,具备教授任职资格的人,可能被聘为教授,也有可能被聘为副教授,甚至讲师。在明代,官员在从五品任内满三年,考核良好者就能加封奉直大夫。冯裕符合条件,他和他的祖上享受到了这个政治待遇。

封诰的事情妥了,回家祭祖的事却不顺利。

冯裕离开广宁已经十多年了,这期间,在官场辛劳奔波,有升迁的荣耀,有儿女绕膝的欢愉,但每次想起已故的父母,想起日渐荒芜的祖坟,他都禁不住潸然泪下。

君令如山,不能不从。一连几天,冯裕心事萦怀,唏嘘万千。

他不禁又一次给惟敏讲起自己的经历:"你祖父去世葬在医巫闾山已经整三十年了。那时,我比你现在也就大两岁。你祖父去世两年后,你祖母又仙逝,那年,我十四岁。之后,我与你曾祖叔奶奶相依为命,立下宏志,日夜用功,潜心于学,终考中正德戊辰进士,今官至员外郎,阶奉直大夫。皇上恩典,你的祖父和祖母也得到了封诰。可惜啊,我却不能回广宁告慰祖上在天之灵,为父真是有愧于祖宗先人啊!"

省墓之事不能成行,冯裕自感愧对祖先,深深地自责,以至于吃饭的时候,端起碗来泪汪汪。他的眼泪都流到了饭碗里。

恰巧有一个人要回广宁,答应帮冯裕祭拜祖墓。他擦干了眼泪,将一腔衷曲孝心付诸一篇悼文,最后把这篇一把鼻涕一把泪写就的悼文交给那位热心人,还给了那人一笔足够的银两,托付他帮忙整修祖墓,立碑刻石,表章墓道。

后来才得知,这个人收钱不办事,碑没立,墓未扫,白白浪费了冯裕的悼悔之情,还有银两。

广宁是去不成了,父子三人退而求其次,在冯裕去南京赴任途中顺道。老家临朐认祖归宗,省墓祭祖。

临朐,有祖上的祖上,是真正的老家。

明正德十五年(1520)的农历新年,冯裕父子三人是在临朐度过的。

在广宁冯氏祖先冯思忠离开临朐一百多年后,他的后人第一次回归故里,在冯裕和惟敏的人生经历中,这应该都是一件大事。

在临朐的这段日子里,冯裕父子十分忙碌,拜访了青州府和临朐、益都两县的官宦名流,回到临朐盘羊社红庙村拜访冯氏族人,举行了比较隆重的祭祖仪式。

十岁的惟敏参加了祭奠祖墓的仪式,随父游览了熏冶湖和海浮山。惟健忙于事务,没能游览冶源。

据冯惟健《游冶泉记》记载,他第一次游览冶源,是明嘉靖七年(1528)的冬天,在这次归乡八年后。

父亲冯裕对故土山水风光、风土人情产生了深深的眷恋,顿生归隐于此之念。

离开临朐后,他对长子惟健吐露了还籍临朐、卜居冶源的心声:"吾将复矣。"

惟健是个孝子,应声答道:"诺。"他立即见诸行动,自改号为冶泉(原号陂门山人),表达自己不忘祖籍的心志。

四年后,明嘉靖三年(1524)开始,冯裕一家陆续还籍临朐。惟健更是担负起置办家产、办理户籍等一应事务,尽心尽力协助父亲完成心愿。

相信这次归乡的经历也影响了冯惟敏的人生归宿选择。

虽然十岁的少年惟敏已历经多地辗转,用现在的话说,见识过大城市的车水马龙,经历了小乡村的贫穷落后、人情世故,后来更是踏遍名山大川,流连于各地奇景而忘返,但相信没有哪一个地方能够这样让他灵魂宁静,给他以家的感觉。

归来吧,游子,归来吧!

浮山冶水一直在这里等你,你的归宿就在此地。五百年后,这里依然流传着你的故事。

第五章
南京岁月（一）

明正德十六年（1521）是一个具有历史意义的年份。

从个人和家庭层面来说，这一年的春天，十一岁的冯惟敏跟随父亲踏上了去往南京的旅途。一家人正式移居南京，开始了一线大城市的生活。

从国家这个层面来说，这一年的四月，十五岁的少年朱厚熜继位，改下一年为嘉靖元年。嘉靖皇帝庙号世宗，信仰道教，在位四十六年，从入宫登基开始就表现出极高的权力斗争智慧。冯惟敏人生的青壮年时期基本是在明嘉靖年间度过的，他亲身经历了这个时代，记录了这个时代。

现在来看，冯惟敏的人生起点是很高的。

出生在松江华亭的书院，儿时在中都凤阳生活过，小小年纪就去过京师，接下来即将在"六朝古都"当时的留都南京求学攻读，父亲冯裕是进士，冯裕为官南北，大部分时间惟敏都陪伴身边。这种阅历，就算在现代也是凤毛麟角，更何况在交通工具基本是马车、马匹的五百多年前。那时候的多数人，除了像徐霞客、冯惟敏这样既有一定经济实力又有个人志趣等机缘巧合的人，多数人的活动半径不难想象能有多大。

为了更好地了解冯惟敏生活的时代背景，这里先对明朝的行政区划等进行简单介绍。

其一是两京制，明代有一南一北两个京师。

明洪武元年（1368），朱元璋在应天府登基称帝，在即位诏书中称应天为"京师"，非正式确定了南京的首都地位。

明洪武二年，朱元璋又下令以老家临濠为中都，也就是在南、北两京之外再加一个都城。

朱元璋一度真的想迁都临濠，因临濠府在凤凰山的南边，所以将临濠更名凤阳，还在凤阳仿照南京皇宫修建宫殿。只是后来出于多重考虑，最终又诏令停工，以应天为南方的京师（南京之名由来，一直沿用至今），而以汴梁（今河南开封）为北方的京师。

"奉天靖难"后明成祖朱棣仍然在南京登基。明永乐元年（1403），朱棣改北平府为顺天府(北京),南、北两京都设有一整套中央机构,理论上有着相同的地位。

明成祖永乐十九年(1420),朱棣下定决心将京师迁往北方,诏令六部中央机关业务悉数北移至顺天府,留在南京的对应衙门则在名称前加"南京"。

总之,在明朝皇帝在位期间,南、北两京地位此消彼长,尤其是到底谁是京师、谁是陪都的问题,反复了几次。经过一番折腾,北京最终被确定为首都,而南京为留都或陪都。

直至明亡,凤阳都被称为中都,但那也只是作为龙兴之地的虚称而已。

虽然北京和南京在道理上讲地位相等,但实际上南京各机构的职权明显小于北京相应机构。其权限一般仅限于南京和南直隶(言官除外),惟敏父亲冯裕这次任职全称为南京户部湖广清吏司署郎中事员外郎,户部前边就是加了"南京"两字。

另外,一些不好安排的主儿也被理所当然地被派到这里任职,南京各部的清闲职位常常成为打发不受欢迎官员的地方。

最有名的一个例子就是大名鼎鼎的海瑞了。

海瑞为官清廉,刚正不阿,被称为"海青天"。但也有人认为此人为人过于严苛,不近人情。万历皇帝器重海瑞,多次打算召用海瑞,内阁官员便将他安置在南京,做官一直做到正二品,备受尊崇却无实权。

要知道,有明代,正二品基本上已经是人臣的最高品秩了。

其二是明代的行政区划设置。

简而言之,明代最大的地方官是布政使、按察使、指挥使,"三使"之上是巡抚,巡抚之上是总督,总督之上是督师。

当然,这些职位设置有一个演变发展过程。

明代在全国设置北直隶、南直隶、山东、湖广、福建、贵州、云南等十五个省级单位,称为"两京十三布政司"。

一级地方行政区管理采取"三司"制,即分别设置承宣布政使司(布政司)、提刑按察使司(按察司)和都指挥使司(都司),掌管行政、司法与军事三种治权。

布政司通称省,下设道、府和县,承宣布政使司长官俗称承宣使者,分左、右职。这个职位不大好干,比惟敏晚一年半出生的冯惟讷曾任陕西右布政使和江西左布政使,最后就是在承宣使者职位上请老归田的。

"三司"制的设计是为了防止地方权力集中,不过在实际实施中出现了弊端,有时大家相互扯皮,影响了工作效率,所以到明宣德年(1425)以后,开始派六部和都察院的大臣以巡抚和总督的名义督抚地方行政,之后巡抚和总督逐渐成为一省甚至跨省的最高长官,有些厉害的还同时兼任巡抚与总督,这个也有个名称叫督抚。

后文提及的杨一清,曾任陕西巡抚,后为三边(延绥、宁夏、甘肃)总制,即陕甘总督。

到了明天启、崇祯年间,天下局势大乱,总督之上又派了个督师,据说这是除皇帝外,管辖地方的官员中权力最大的官了。

概括说来,明代省级行政管理制度的演变有二:一是明朝初年由行省制演变为"三司"制;二是明朝中期由"三司"制演变为巡抚制。在"三司"制到巡抚制的演变过程中,一度出现过总兵、巡抚、镇守中官三权并立的局面。

惟敏父亲冯裕当年在凤阳任职督储的时候,"留守中官素骄,公不为下,中官怒,阴伺公,逾年无所得"。那个背地里找冯裕茬儿的权贵就是个留守凤阳的"中官"。

其三是关于南京。

南京,古称金陵。金陵这个称呼很雅、很有味道,让人不由想起"江南佳丽地,金陵帝王州"这句古诗,想起电影《金陵十三钗》,想起紫金山、中山陵、明孝陵,想起秦淮河、夫子庙、雨花台。

金陵城历史悠久,有"天下文枢"之称,被视为汉族的复兴之地。著名学者朱偰先生比较了金陵、长安、洛阳、燕京四大古都后,认为"此四都之中,文学之昌盛,人物之俊彦,山川之灵秀,气象之宏伟,以及与民族患难相共,休戚相关之密切,尤以金陵为最"。这段话可以说比较全面地总结了金陵的外在表现和内在气质。不妨举例说明,我们耳熟能详的王羲之、王昌龄、曹雪芹等誉冠古今的名人都出生或生活在这里。有学者考证,古代,南京籍的状元有二十余位,还出了一位女状元,文、武双料状元,可见其文脉的传承影响力之深远。

明代算得上南京历史上最辉煌的时期,明代中叶南京人口达 120 万,是世界上最大的城市。处在人生成长关键阶段的冯惟敏移居南京,这个城市的文化特质无疑会给他以后的人生留下深深的烙印。

第六章
南京岁月（二）

少年惟敏和他的兄弟们拥抱着新的生活，很快融入南京这座城市。

缘分始于一条河，这条河的名字叫青溪。

没有秦淮河的桨声灯影，没有玄武湖的浩渺烟波，但这是一条文学的溪流，从三国时一直流到明清，到如今。

青溪，即使是南京本地人现在也大都不太清楚它是一条什么样的河流了。

其实，青溪在南京历史上曾经比秦淮河更为有名。很少有一条河，像青溪这样，几度兴衰，屡被堰塞，却又与文人文事密切相关，即使今天，依然文脉赓续，以至于有学者做出了这样的评判：金陵文脉，半在青溪。

青溪，最早可追溯到三国时东吴建业（今南京）的东渠，东吴孙权迁都建业，因都城东面无水，遂开凿东渠作为要隘。

古人讲究五行、四象，因青龙在东，所以东渠又叫青溪。

改"青"为"清"，清溪河的叫法是新中国成立后的事儿了，是误称还是改了名字不得而知。

青溪源头有二：一为"通城北堑潮沟"，以"泄真武湖水"；二为"发源钟山"，"由钟山西南潴为前湖，溢为青溪"。真武湖，是玄武湖的别称，也叫后湖。而前湖，就是燕雀湖。

现在的燕雀湖名气可能无法与玄武湖相提并论，但历史上的燕雀湖同样颇负盛名。玄武湖与燕雀湖作为南京古代的两大湖泊，以钟山为界，玄武湖在钟山西，称后湖；燕雀湖在钟山南，称前湖。

前湖到了南朝萧梁时始称燕雀湖，也称太子湖，这个太子就是《昭明文选》的主编——南朝梁太子萧统。

这里有个听起来很奇异的故事。萧统是梁武帝萧衍的长子，才华横溢，颇具仁德，三十一岁时游玄武湖落水，英年早逝。梁武帝把他葬在钟山脚下前湖畔，还把原来赐给他的两件宝器紫玉杯和琉璃碗一块儿陪葬。

下葬不久，有一个太监偷逃出宫，趁月黑风高之夜掘墓盗宝，取得两件宝器后搭船沿青溪逃跑。上岸的时候，突然有数万只燕雀飞来扑击太监，被巡城官发现。巡城官驱赶走燕雀，抓住了太监，搜出了两件宝物。

燕雀护陵的消息传到宫里，梁武帝惊奇不已，命令重新整修萧统墓。在封墓的时候，又有万只燕雀口衔泥土从四周飞来，投土聚积于坟上，筑成墓包，且日夜守护不愿离去。

由于墓在湖畔，后人便称前湖为"燕雀湖"，又名"太子湖"。

这成了后世文人墨客吟咏的题材，有宋朝诗人杨修之（杨备，字修之）诗句为证："平湖岸侧见高坟，万土衔来燕雀群。鉴面无波天一色，此中文藻似储君。"

从钟山西南的燕雀湖流出的东渠，河道形状如一轮新月，被赋予了一个很诗意的名字——青溪，又因蜿蜒曲折达十余里，也称作"九曲青溪"。

据传，古青溪阔五丈，深八尺，烟波浩渺，连绵十里。

随着朝代变迁，古青溪几经变化：自吴至唐，青溪水引入玄武湖，再流出；南唐筑城开掘护城壕，青溪水经玄武湖流入护城壕，青溪始分为二，半在城外，半在城内；明代朱元璋填燕雀湖，筑宫城，又截断青溪上流部分，只有自钟山南流直接引入明故宫的那一段，青溪上游河段多改作皇城御河。

而今，金陵九曲青溪，因年久湮废，旧踪难寻，只留下了汇入秦淮河的那一小段，好在还留下了那些传说，青溪的文脉还在延续传承。

文人在这条充满诗意的河渠岸畔结社由来已久，社名也多冠以"青溪"之名，青溪也自然成为传承金陵文脉的符号。

文人青溪结社始自中唐，宋元勃兴，明清大昌。

明末清初，文人青溪结社远超三百家。明代嘉靖、隆庆、万历三朝的青溪社为青溪的艺文传奇增添了浓墨重彩的一章。冯惟敏两个哥哥惟健、惟重参加的青溪社，由当时被誉为"江东三才""金陵四大家"之首的顾璘发起成立。

钱谦益《列朝诗集小传》记载："嘉靖中，顾华玉（璘）以浙辖家居，倡诗学于青溪之上，羽伯（陈凤）及谢应午（少南）、许仲贻（谷）、金子有（大车）、金子坤（大舆），以少俊从游，相与讲艺谈诗。金陵之文学，自是蔚然可观。"

据《四友斋丛说》记载，顾璘倡导的青溪社"每四五日即一张燕"，"每燕必用乐"，这应该就是当时文学社社员们诗酒相伴的生活。

顾璘在明正德、嘉靖年间是响当当的人物。此人官位显达，官至尚书，诗文造诣和个人声望相当高，与"前七子"中的何景明、李梦阳不相上下。

说到这里，你可能还提不起了解他的兴趣，不妨再说一个关于他和张居正的轶事以加深下印象。熟悉张居正的人对这个趣闻应该有所耳闻。

明代政治家张居正幼时天赋异禀，被人称为"江陵神童"，参加乡试的时候才十三岁。凭他本人才华，中举应该毫无悬念，可是意外发生了，他竟然出乎意料地落榜了，而让他落榜的这个人就是顾璘。

当然，这不是高考黑幕，不是暗箱操作、他人顶替，而是时任湖广巡抚的顾璘为一位天才少年长远发展考虑而特意安排的一次挫折教育。

顾璘是这样想的,一个人十三岁就中举,未免太顺了,以后难免自满,反而容易把上进的志气打消了,所谓"天将降大任于斯人也",人在年轻的时候经历些挫折和磨难,更有利于一生的成长。

于是,顾璘跟监试的御史说:"张居正是个大才,早些发达,原也没什么不可,不过,最好是让他迟几年等到才具老练了,将来的发展更是不可限量。"

张居正的考卷很受湖广按佥事陈束的欣赏。他极力主张录取张居正。御使因为顾璘的吩咐,竭力拒绝,张居正终于落榜。

张居正确实是个大才。知道这件事情后,他非但没有埋怨顾璘,反而对顾璘始终心存感激,以至于三年后,也就是明嘉靖十九年(1540),十六岁的张居正中举后,居然跑到顾璘工作的地方进见,表达自己的感激之情:"在我年轻的时候,您为我考虑得这么周全,我打心底里感激恩公的知遇。您的恩情永远不会忘却,以死相报都在所不辞。"

顾璘很高兴,还把自己腰上挂的犀带赠给他,同时表达了自己对这位年轻才俊的厚望:"古人都说大器晚成,这是中材说法罢了,当然你不是一个中材。上次我对冯御使的嘱咐,耽误了你三年的时间,这是我的错误。但是,我希望你要有大的抱负,要做伊尹,做颜渊,不要做少年成名的秀才。"

其实,顾璘对于张居正十六岁中举这件事,还以为太早。张居正参加明嘉靖二十六年(1547)殿试中二甲进士,被选为庶吉士,最终在明神宗时成为内阁首辅,主持变法,办了不少大事,成为影响明朝历史进程的一代名臣。

明嘉靖元年(1522),冯惟敏全家移居南京,而恰恰从这一年开始,顾璘定居金陵,闲居乡里。他有大把的时间和精力,相信也有财力、物力发起成立青溪社,大力倡导文学活动。

顾璘自己创作了大量的诗文,声誉日隆,深深影响着金陵文坛和广大的文学青年。

顾璘的一生大致可以总结为三个阶段:少年满怀壮志,崭露头角一跃成名;官场失意,经历磨难,潜心创作;终成一代文坛魁首、朝廷重臣。

这种经历在古今许多有成就的人那里似乎具有普遍性。在古代,文学青年要想有所成就,官场失意、经历磨难是个充分条件。一个人少年得志,如果不跌落到人生低谷,跌倒在尘埃里,被命运打到十八层地狱,往往很难对黎民苍生的生活产生深切的体悟和理解,文学作品的厚重感难以表现出来。

所以,跌倒不可怕,爬起来,表达出来,人生新高度可能就此诞生。

顾璘如此,冯惟敏也是如此。

顾璘倡导发起的青溪社吸引了一批当时南京城堪称文学翘楚的青年才俊。许毂、陈凤、邢雉山、马原名、杨全卿、金子友、金子坤都是青溪社的积极参与者。他们隔三岔五地搞个文学聚会,在青溪畔探讨学问,吟诗作对。

这些人里面有不少是顾璘的学生,其中,许榖就是比较有名的一位。

许榖,字仲贻,号石城,年轻时风流儒雅,明嘉靖十四年(1535)取得会试第一名的优异成绩。他一生虽然没有老师顾璘那么有领导力和影响力,但也算得上颇有文名,是顾璘倡导的青溪社的后期盟主。

许榖大概是一个很有性格、特立独行之人。他当官的时候属于放手逍遥一派,喜欢和志趣相投的文人士子宴饮,遭人告状被贬官也丝毫看不出忧愁不平,这点儿倒和惟敏父亲冯裕很是一致。

总之,无意于官场,"盛年岩居阅三十载,迄无一书通政府"。想想人生盛年也不过二三十年,他的隐居生活竟然一过就是三十多年。

隐居期间日日赋诗吟词,自娱自乐,卖字卖文的钱随便投掷在一个竹筒里,来了访客后,从竹筒中取钱买酒畅饮,真是酣畅淋漓,快意人生。

八十三岁那年的一天,许榖给自己写了个生平评述,也就是当时好多官宦文人去世后子孙后代请社会上有名望的人撰写的某某公行状,也叫行述,类似于今天有人去世后单位或亲属发的讣告。

他完成了一生自我总结,"甫三日,无疾而逝"。真是活成了神仙。

许榖生于明正德元年(1506),比冯惟健小五岁,比冯惟敏大五岁。惟健、惟重到南京后,与许榖、陈凤等人的交往越来越深,属于清溪文学社的活跃分子。惟健还担任了诗社的祭酒一职。兄弟二人都很有才华,长得又帅,人品酒品也好,一时间声名日盛,就连许榖、邢雉山这些青年才俊都自愧不如。

多年后,冯惟健诗集《陂门集》刻印出版,陈凤为诗集作序。序中有这样的记载:"(汝强)随宦南北,游学金陵。时先闾山公为南京户部郎也。方若冠,文名崭崭起,声闻士林,乃都人士无不知有冯汝强者……诸君亦无不愿交冯氏者。"

这些话不知有没有恭维的成分在里面,但冯氏兄弟在当时的金陵应该有了较高的知名度。长兄惟健自不必说,在兄弟们中智商最高的冯惟重,表现也很突出。

据《(光绪)临朐县志》记载:"冯惟重……十岁属文,观书数行俱下,有会于心,辄手录之。"以至于他未来的老丈人清河令蒋某对他的诗文十分惊异推崇,把自己的闺女许配给了他。

惟重也不负自己天资和老丈人的信任,三十五岁中进士,授行人司行人。虽然是个从九品的官职,但负责传旨、册封、朝廷赏赐、慰问、赈济、军务、祭祀等事务,距权力核心层近,是个升迁较快的差事。

可惜天妒英才,冯惟重英年早逝,三十六岁时死在了工作岗位上,详情后述。

在南京,冯惟敏的两个哥哥惟健、惟重二十岁左右,正值青春年少,意气风发,挥斥方遒。

春风十里,桃红柳绿,到处莺歌燕舞,一派欣欣向荣,这一众南京城的才子们,诗酒邀约,或泛舟青溪之上,或吟哦颂唱于楼台亭阁,伴着不远处歌姬们的笙歌箫鼓,雅集宴乐,吟诗作文,赏词唱曲,形成了江南文坛一道独特的风景。

钱谦益《列朝诗集》曰:"相与选胜征歌,命觞染翰,辞藻流传,蔚然盛事,六朝之佳丽,与江左之风流,山川文采,互相映发。"大抵就是这个意思。

惟敏、惟讷兄弟俩年龄尚小,虽然不能正式加入诗社,但也时常参加活动,耳濡目染。他们正值学毛诗写作文的年纪,文学的启蒙影响相比其他会更深远些。

一日,南京户部员外郎冯裕家里好不热闹,原来是惟健、惟重二兄弟做东邀约了诗会成员,一众青年才俊当仁不让,纷纷以"青溪"为题吟诗赏词。

邢雉山性格爽快,先行吟诗一首:"青溪深不测,隐处惟孤云。松际露微月,清光犹为君。茅亭宿花影,药院滋苔纹。余亦谢时去,西山鸾鹤群。"

众人纷纷点评。

这首诗是唐朝常建的《宿王昌龄隐居》,诗中溪深、云孤,月微、光清,花影、苔纹,不胜伤感悼惜。

"孤舟横野水,门外雪晴初。白日莫放鹤,青溪闲钓鱼。"许石城将杯中酒一饮而尽,半醉半醒地吟诵了元代萨都剌的这首五绝。

许石城开了头,众士子纷纷吟诵起前朝这位外族诗人萨都剌写青溪的诗句:

江南正月半,犹自有梅花。踏雪去何处,青溪道士家。

踏雪归来过早春,沉沉台府隔红尘。东风吹绿青溪柳,马上轻寒不着人。

城外青溪出洞门,道人归去日长曛。柳花满地无人扫,隔水遥看是白云。

把酒无从邀月色,共君且复听滩声。夜深灯影青溪上,鱼尾摇船亦有情。

江南倦客好清斋,炼得身形瘦似梅。不到青溪三四日,藕花无数水中开。

沙头酒熟惜别离,江波日色浮绣衣。青溪鸥鹭白荡荡,白下杨柳青依依。

声声吟诵,阵阵笙歌,一派青溪野趣跃然眼前:"孤舟""闲钓""马上轻寒""柳花满地""夜深灯影",此情此景,鸥鹭白、杨柳青,道不尽的友情、诗情,说不完的前朝旧事,真可谓几许繁华流不尽,青溪水木最清华。

惟敏、惟讷和哥哥的这些朋友们已经十分熟悉,哥俩穿梭在人群中,红扑扑的小脸上满是兴奋。

许毂平时就十分喜欢逗惟敏、惟讷两小兄弟玩,这次也不例外,得空儿便对两小兄弟说:"惟敏、惟讷,最近学业可有长进?学了哪些新诗文?也诵读给大哥哥们听听!"

惟讷一步上前,朗声吟诵起唐人李白的《金陵酒肆留别》,这是他为了在今天的诗会上展现才能刚刚学会的一首送别诗:

风吹柳花满店香,吴姬压酒劝客尝。

金陵子弟来相送，欲行不行各尽觞。

请君试问东流水，别意与之谁短长？

惟讷虽然还没有变声，但嗓音一点儿也不像一个十多岁的男孩子，倒好像一个成年人在诵读，有板有眼，抑扬顿挫，感情充沛，众人听了频频点头称赞。

"惟敏呢？"许榖知道惟敏通晓音律，便对惟敏道，"这次要给大哥哥唱什么曲呢？"

惟敏歪着脑袋想了想，自编自演吟唱起最近十分喜欢的唐人高蟾的七言绝句："天上碧桃和露种，日边红杏倚云栽。芙蓉生在秋江上，不向东方怨未开。"

惟敏唱得不亦乐乎，大人们若有所思，邢雉山笑问惟敏道："惟敏小弟，那你要做天上的碧桃红杏呢，还是那秋江上的芙蓉？"

惟敏眨巴眨巴亮晶晶的大眼睛，一副若有所思的样子，说道："我还是做秋天里的芙蓉吧。我喜欢秋天，南京太热了。"

众人哈哈大笑，岂不知一语成谶。

那时候的惟敏似乎觉得碧桃也好，红杏也好，都只等少年郎随手采摘。岂不知，在他以后的人生路上，任其如何不放弃，终究九次会试取进士不第。命运没让他成为春天里云边的红杏、天上的碧桃，他就像那秋江上的芙蓉，成就另一番景象。

惟敏唱完了一曲儿，仍然意犹未尽。于是，他对许榖说道："许大哥，上次诗会上我唱了支点脚儿的曲儿。家兄回家中教导了我，取笑别人的短处不好：我这次又有了新曲儿，唱给许大哥听听行不？"

原来，惟敏家里有一个老仆，此人是个跛腿，一次喝醉了酒，惟敏觉着好玩，就学着填了首小令，歌词颇有嘲笑点脚儿（跛腿的人）的意思：

一脚长一脚短，一步高一步低。东歪西倒街前醉，歪头劣肚门前立。伸腰曲膝床头睡。买一条铁拐早修行，功成插入神仙队。

上次的诗会上，惟敏给大家唱了这首小曲儿。大哥惟健当时没说什么，回家后教了惟敏些做人的道理，其中一条儿就是不要随便嘲笑人，特别是那些身体有残疾的人。

许石城点头应道："好啊，你大哥说得对。那你这次打算给我们唱什么曲呢？"

天气转暖，酒席间有几只苍蝇乱飞，打也打不死，赶也赶不跑，在酒席间、书案上飞来飞去，好不烦人。惟敏即景生情，开口吟唱起来：

蝇营半载，跟寻腥腐，变乱苍白。虽然首尾无毒害，踪迹胡歪。书案上摇摇摆摆，酒席间闹闹垓垓。

众人被惟敏那严肃认真的模样、生动形象的直白描画逗乐了，一阵哄堂大笑。许石城笑声响朗，边笑边指着那嗡嗡乱舞的苍蝇说："可惜啊，小小年纪都知道苍蝇可恶,可这世间又有多少人似这物般蝇营半生呢!"

惟敏似懂非懂,恰好二哥惟重对惟敏说:"小四,大哥哥们有正事呢,你快和五弟去玩吧。"

看着大家被惟敏逗乐了,大哥惟健也没有说什么,惟敏和惟讷便高兴地拿起蝇拍追打苍蝇去了。

得到了大家的鼓励,后来,惟敏又写了蚊、蚤、虱,和蝇凑成了《满庭芳•四憎》,还写了药蛊、书蛊,词风直白,诙谐幽默,极具讽刺意味,经过修改整理,都编在了《海浮山堂词稿》里。

在南京,惟敏长姐出嫁了,姐夫叫傅伟。傅伟的父亲傅钥,号凌川,与惟敏父亲冯裕都是广宁左卫人,明武宗正德六年进士(冯裕是明正德三年进士),官至河南巡抚。冯裕与傅钥交往颇深,为莫逆之交。

有一年,上下两届进士京师相聚,老乡见老乡,杯酒谈笑,好不畅快。谈起子女婚姻大事,恰好一个是长子未婚,一个是长女未嫁,于是也不用媒妁之言,两人痛快地缔结了儿女亲家,成就了儿女姻缘。

只可惜南京和广宁之间路途遥遥。惟敏长姐与母亲江上别过,远嫁广宁,从此天涯两隔,鸿雁北飞归路已断,空留娘亲泪眼东北望,这真是:

一帆风雨路三千,把骨肉家园齐来抛闪。恐哭损残年,告爹娘,休把儿悬念。自古穷通皆有定,离合岂无缘?从今分两地,各自保平安。奴去也,莫牵连。

二十三年后冯氏长女逝于他乡,与母亲再见时已是黄泉之下。

长女出嫁后,冯裕和他的家人们生活回归日常,上班的上班,上学的上学。惟敏的两个哥哥惟健、惟重写诗赋词,交友聚会;惟敏、惟讷两个小兄弟紧跟其后,见识、文采大有长进。

随着冯惟敏弟兄与南京士子的交往越来越多,他们之间逐渐建立起友情。而惟敏长兄冯惟健与许榖、陈凤等人的交情最为深厚。

三十多年后,冯惟健卒于青州。讣闻传至南京,陈凤等昔日旧友在南京为惟健设灵位祭奠。大家回忆起年轻时的光景,都忍不住痛惜落泪。许榖作《冯汝强哀词》(见许榖《省中稿》)祭奠,诗曰:

常怪嵇康书不至,乘云何意作仙游。龙墀未试三千字,鹤驾先寻十二楼。闲弄彩毫凌鲍谢,醉弹雄剑睨王侯。高风尚在交期尽,独把牙琴涕未休。

惟敏一家在南京生活了将近四年。

明嘉靖三年(1524),适逢京官考绩之年,是为"京察"。冬天,惟敏一家随父亲冯裕北上京师参加考绩。

南京,就此别过。

此时的惟敏,已由一个垂髫儿童长为总角少年。少年郎冯惟敏,再看一眼那朱雀桥边的闲花野草,乌衣巷口的落日余晖;再一次回望那十里牙樯,万家碧瓦,锦缆朱甍,玄武紫金。这里的莺歌燕舞,白云映水,鼓乐弦歌,文采风流,已经深印在记忆里,并影响着他的一生。

此一去千里烟波,前路迢迢。

此时,少年惟敏的心中定会有一个声音在回响:"南京,我一定会回来!"

"垂髫随宦,皓首重来。"南京,这座承载了少年冯惟敏太多美好记忆的城市,再见时已是皓首。

国事家事

　　明嘉靖三年(1524)，刚刚十八岁的明世宗朱厚熜，号称明代历史上最为聪明、心眼儿最多的嘉靖皇帝，凭借过人的政治斗争天赋和不懈的努力，为自己争取了一份厚厚的成年礼:"大礼仪之争"的胜利，巩固了自己的地位。

　　"大礼仪之争"是明代历史上的重大事件之一，明朝历史上第二次小宗入大宗事件。这个事件有很多内容全面翔实、语言生动形象的精彩介绍，这里仅以现代辩论赛为框架列出其核心内容:

　　辩论赛起因:明正德十六年(1521)，明朝以"能玩、会玩、胡玩、乱玩"著称的皇帝朱厚照玩完，他的堂兄弟朱厚熜以地方藩王入主皇位。

　　辩论内容:新任皇帝认亲生父亲为父亲还是认自己的大爷孝宗皇帝为父亲。

　　正方代表:内阁首辅杨廷和及其子杨慎、礼部尚书毛澄，正方亲友团是老派政治势力"八十余疏二百五十人"。

　　反方代表:世宗朱厚熜和及厚熜母亲、张璁及其亲密战友桂萼、杨一清，亲友团是湖广总督席书、吏部员外郎方献夫等王守仁众弟子。

　　正方观点:皇帝是由小宗入继大宗，根据规定，应该尊奉正统，要叫亲生父亲(兴献王)为叔叔(皇叔考)，叫亲生母亲为叔母(皇叔母)，皇帝的父亲只有一个:您亲大爷孝宗皇帝。

　　反方观点:"遗诏以我嗣皇帝位，非皇子也。"我爹是我亲爹，我亲爹才是爹，我爹要封先皇考。

　　辩论赛时长:明正德十六年(1521)春到明嘉靖三年(1524)秋冬。

　　辩论赛形式:文斗为主，武斗收尾，间或使用撂挑子(正方、反方均使用)、使绊子、搞暗杀、一跪二哭三闹、减薪降职关大狱等传统斗争方式。

　　辩论赛结果:反方胜。明世宗的爹娘还是他亲爹亲娘，生父终被称为"皇考恭穆献皇帝"，生母终被称为"圣母章圣皇太后"，大爷孝宗皇帝是为"皇伯考"。正方代表杨廷和正式退休，其子杨慎挨了两次廷杖后被流放到云南永昌。

　　后世总结此次核心之争的主要观点:第一，当然是礼仪之争;第二，权力之争,表面上的礼仪之争,实质上是新旧政治势力的较量;第三,法律尊严之争,明朝法律的尊严和政治秩序得到维护;第四,思想之争,实质是传统的程朱理学与异军突起的陆王心学之间的交锋。

三年的时间可以改变许多人、许多事。这是一种结束,也是另一种开始。

经历了你死我活的斗争,世宗想必会有诸多感慨唏嘘。十五岁登基,十七岁用智慧战胜杨廷和,十八岁廷杖百官,不及弱冠之年的嘉靖应该对自己的出色表现感到自豪。对此,当年明月在《明朝那些事儿》中替这位年轻的帝王作了总结:"在这个世界上,任何人都是靠不住的,能够相信的只有自己。"

世宗朱厚熜对自己有十足的把握,因为在三观形成的重要人生阶段,他似乎找到并渐渐坚定了他所崇尚的制胜秘诀:权谋和暴力。

不同经历的人会有不一样的价值追求,能活出不一样的人生。

杨慎,明正德六年(1511)的科考状元,被后人誉为"明代三大才子"之首,其人生境界则逐渐达到了一个相当高的层次,他那首让后人耳熟能详的词,足以证明这个观点:

滚滚长江东逝水,浪花淘尽英雄。是非成败转头空。青山依旧在,几度夕阳红。

白发渔樵江渚上,惯看秋月春风。一壶浊酒喜相逢。古今多少事,都付笑谈中。

这种看起来云淡风轻,实则大彻大悟的人生境界,用智慧和才华这些词来表达都显苍白,更与权谋心机不沾边。我想,只有经历过藐视万物的高光时刻,然后天翻地覆,命运再把你抛到尘埃里,你活过来,理解了一切,包容了一切,放下了一切,方能得到这些吧?

当年明月说:"所有的荣华富贵,恩怨宠辱,最终不过化为尘土,归于笑柄而已。"

我说,青山夕阳,秋月春风,杨慎,活成了它们的样子。

在世宗皇帝忙着与群臣辩论,为他的父母争取名分的时候,惟敏父亲冯裕有一个心愿同样十分迫切,他很想回辽东广宁祭拜父母祖先。

冯裕和当时多数的官宦文人一样,有着很深厚的宗族意识和家族观念。临朐冯氏祖上迁广宁后,到了冯裕父辈,仅有其父冯振这一族支。好在冯裕这一代家道兴旺,子女成行,有"八子三凤"之称(其中有三个儿子夭折),冯裕认为这都是祖上庇佑所致。

冯裕趁着世宗新帝登基次年为嘉靖元年(1522)大赦天下之际,再一次向朝廷递交了奏疏,情深意切地表达了归辽省墓的迫切愿望,但奏疏仍然没有被批准,他的心愿终未达成。

《(光绪)临朐县志》里有这样的记载：

父尝语诸子："吾家迁广宁，已历三世，先人邱墓寄焉。今虽复我邦族，瞻望松楸，每饭意未尝不在医无间也。念欲往省，苦道路修阻，畴克任斯役、慰余意者。"

想起父母坟墓远在广宁，冯裕没有一顿饭不想起儿时生活过的地方，想起父辈生活和埋骨长眠之地。他多么想回去看一下，祭奠告慰祖上在天之灵，可道阻且长，加之沿途安答兵侵扰不断，朝廷又不准奏疏，总也不能成行。

冯裕对儿子们道出自己的心事，说到最后，发出了"你们兄弟谁能替我完成我的这个心愿，那我心甚慰"之类的感慨。

惟敏的两个哥哥已成人，仁孝勇毅，足以为父分忧。惟健要在家中打理生计，惟敏、惟讷虽然也想去，实在难当此任。但是，这一次谈话相信在他们弟兄们的心中都会留下深刻印象，那个叫广宁的地方，是他们的祖辈生活的地方，是冯氏的第二故乡，那里有他们的根和魂。一旦有机会，他们总会想着去走一走，看一看。

惟敏二哥冯惟重决定替父回广宁省墓祭祖。于是，冯裕重新修改了早已写就的《冯氏先陇表》，遣次子冯惟重赴辽东祭祖。

明嘉靖元年(1522)农历六月初一这天，冯惟重在广宁依礼制行省墓祭祖仪式，刻碑立石，表彰墓道，算是了了冯裕的一桩心事。

这是冯惟重第一次返辽省墓，第二次是在十二年后。

明嘉靖十三年(1534)，时过境迁，冯裕致仕归田。

冯裕从贵州返回青州不久，惟重、惟讷双双中举，一家人悲观情绪为之一扫。

在家宴上，冯裕再一次对儿子们说起自己的心事。因为此时的广宁正遭遇安答作乱，冯裕十分顾念先人丘陇，惟重再一次请命到广宁扫墓，匹马独出险关，"宛转烽火中，几濒于危"，往返几千里，终于到达广宁，来到祖上墓地所在。但见满眼荒芜，杂草丛生，他割除了坟地四周的杂草荆棘，再种上松柏，还用砖石砌成墙把祖坟围起来，返回后把情形跟父亲说了，冯裕十分欣慰。

惟健、惟重、惟敏都回广宁祭扫过祖墓。

冯惟敏到广宁祭扫祖坟是他第一次参加会试失败之后的事。会试发榜后，冯惟敏遭受落榜打击，他即从北京直接赴广宁扫墓。祖墓坟茔四周有围墙，有松柏，这都是惟重的功劳。

再回到南京。

明嘉靖三年(1524)秋末冬初，在杨慎杨大才子去往云南流放地的时候，冯裕携家人告别南京，也忙着赶路，他要前往京师参加述职考核。

"京察"实际上和现在人事部门组织的年度考核、任期届满考核相类似，但考核结果更重要,成绩优秀的可以升迁封诰,不合格的停职或待用,更有甚者,要和官吏所受的礼遇直接联系起来。

《明史·选举三》有这样的记载,在举行宴会的时候,考核"上等"官吏被赐座,可列席宴会;"中等"官吏可以参加宴会,但没有座位;而"下等"官吏只能等在外面,等宴会结束了再离开。

当然,上面记载的是明太祖朱元璋时候的规则,到了嘉靖年间是否还有这种做法暂且不论,但明朝官员考核重要性可见一斑。

考核结果很重要,程序自然很严肃、严密。

考绩分文、武两个系统进行。冯裕参加的是文官的考核,文官的考核由吏部、都察院、河南道三个部门的负责人共同主持,具体实施则主要由吏部各相关二级部门负责,如吏部考功司、文选司等。

考核种类主要有"考满"和"考察"两种。"考满",类似于现在的任期届满考核,根据官员级别、任职地等分别在任职三年、六年、九年时考核,如四品以下,要三年一考,京官之外的外地官员要三年一考等,而四品以上官员可能六年一考。考核成绩分成上、中、下三等,依据这个成绩决定升降去留。冯裕在此之前已经有两次考绩,均为优秀等次,并由此得到升任。当然,这也不是绝对。多年后,冯惟敏在涞水知县任上干了一年即参加了考核,考绩优等照样被罢了官,以至于他长时间耿耿于怀,对官场十分失望。

冯裕此次进京参加的"京察",就是对所有京官统一进行的考核,先由官员任职的各司或府州提出考核成绩等次,再经过吏部和各道观察对考核成绩复核。"考察"采用的文书叫访单,采取无记名方式征集举报材料,难免收回大量的告状信甚至诬告信。明代官员考核进行得轰轰烈烈,大有要文斗不要武斗,有时给人惊心动魄的感觉,主要原因大概源于此。

冯裕大概属于挨骂少的官员之列,这主要得意于他身正不怕影子斜,不管是在华亭任上被当地豪绅大吏告状,还是后来在留都凤阳担任国家粮库督查官员被人找碴儿揪错,最后都能顺利脱身,一方面源于陷害他的人自己先倒了,还有重要的一点就是他自己没有把柄被别人抓住。

此次"京察",南京户部给冯裕上报的考核等次是最优等。这意味着他有极大的升迁可能性,同事们都愿意跟随他。面对这些昔日的同僚好友,冯裕感慨地说:"凭我的资历和政绩不敢过分地期望调任升迁,所以,我没有什么太多的期待,况且一切要等到考核结果经过复核后才能确定。"

由此看来,惟敏父亲确实很有儒家君子处世风范,谦虚低调,一切尽人事,听天命。

冯裕一家一路北上京师,虽然路途颠簸辛苦,跋山涉水,但在十四岁的少年惟敏眼里,这不过又是一次全家长途旅行。他渐渐跟着哥哥们学会了骑马,从江南到江北,乘船渡江,跨马而行,赏山阅水,感受冬天沿途风景变幻;夜宿官驿,父亲冯裕亲自教授课业,惟敏乐此不疲。离南京越来越远,新的生活很快就要到来。

第八章
万里归来

明嘉靖三年（1524）冬，冯惟敏跟随家人去往京师的途中，大约到了现在的江苏徐州时，其父冯裕得到了升任平凉知府的消息。

如此看来，徐州算得上冯裕的仕途宝地，当年冯裕在华亭停职后起任之地萧县也属徐州所辖。

平凉府隶属陕西承宣布政使司，知府为正四品官员。按理说，冯裕擢升是一件值得庆贺的事情，但是，这一次，一家人似乎高兴不大起来。

因为此时，平凉那一带正好有战事，不太平。冯裕如果带全家人直奔那里赴任危险系数太大了，他实在不敢冒这个险。

一家老小何去何从？这让一家之主冯裕犯了难。

最好是回广宁，那里还有田产祖屋，一家人可以就地安置，但无奈囊中羞涩，所剩盘缠压根儿不够支付到广宁的仆从和车马费用。

思来想去，冯裕拿定了主意：次子惟重和妻女留在广宁守祖坟，打理广宁家产；惟健、惟敏、惟讷、惟直等侍奉伏氏移居青州；自己独身一人赴任平凉。

徐州到青州毕竟近多了，快些赶路，说不定还能赶到青州过年呢。惟敏不由得快马加鞭，恨不得立刻回到几年前回去过的那方故土。

一家人取道徐州、滕州，大约在正月，到达山东青州府临朐县。

明嘉靖四年（1525），春天，青州，明代四品朝官冯裕，携家人踏上远祖曾经耕耘、生活的土地。从此，这一方山水，跟冯氏子孙的缘分，再也难以割舍，难以分开。

在老家临朐，冯裕携儿子们拜会乡里长老，谋划安家一事。

老家有位张海翁，听了冯裕落籍临朐的打算后，十分痛快地说："我在青州郡治益都县城有套房子，您只管放心去住。"

张海翁为人慷慨大方，加之当时冯裕也确实拿不出多少银两置办房产，便暂时借住在张家在益都城的房子里。

冯裕一家对张海翁十分感恩。海翁过世后，冯惟健为他写了哀挽册，带领惟敏等一众兄弟前往吊唁。之后，冯惟健还特撰文《书海翁哀挽册后》（见冯惟健《陂门山人集》卷五),再三表达对张氏的感恩之情,称"非海翁则先大夫之志莫偿也"。

如果没有张海翁,冯裕归隐冶源的心愿很难说能否实现,冯氏一家现在还不定在哪里发展呢。

总之,几代戍守广宁的冯氏子孙冯裕,半世辗转,终于在老家有了安身之所。

虽然暂时还是赁屋而居,但他内心安稳,体会到了落叶归根的那种安然与宁静。

他不由得想起了五年前,那还是正德年间,他刚刚擢升南京户部郎中,父母妻子得以封诰。冬月,他返回南京途中顺路回到临朐,这是广宁冯氏祖先离开临朐一百多年后,后人第一次还乡故里。他祭拜远祖之墓,认祖归宗,还在这里过了春节,这是他此生在临朐过的第一个春节。而在游览了冶源后,那山水风光、风土人情,便时常在梦里出现。

归来吧,从来不需要想起,永远也不会忘记。那份流淌在血液里、浸润在骨肉里的乡愁似乎一下子奔涌出来。这里是冯氏祖先生息和埋骨之地,归隐于此,与青山秀水相伴,是惟敏父亲冯裕这些年来的心之所愿。

最高兴的是惟敏。五年前他随父游览过冶源,族中长辈给他讲水里的龙王、海浮山的传说。从那以后,冶源的山水就像激活了他记忆里的古老密码,这里,我曾来过:山泉日夜流淌,从不停息;泉水里有亿万粒珍珠上下翻动;雾气升腾在冬天的湖面,晨昏时分,岸边老柳树上栖满了数不清的鸟雀;南岸的海浮山绿树葱茏,梵钟悠远……

惟敏一家暂时寓居的益都,便是青州府衙驻地。

青州,古"九州"之一。青州之名,始于《尚书·禹贡》:"海、岱惟青州。"《周礼·职方》曰:"正东曰青州。"孔《传》云:"东北据海,西南距岱。"《博物志》云:"营与青同海,东有青丘……"杜甫当年曾在兖州城楼上高吟:"浮云连海岱,平野入青徐。"

总之,假如要用一个字来描述此地,那只能是"青"字。山水、林田、湖草、天空、大地,感觉没有一处不是青的底色。我写下这些字的时候,正处在青草萌生的青丘之中的一隅,这里的瓦舍屋顶都是青色的呢!

在青州,惟敏弟兄们很快有了新的同学和朋友,开始了新的生活。

惟敏长兄惟健一边在青州府学读书,准备科考,一边帮母亲伏氏打理生计。

长兄如父。惟敏的这个大哥在家里为父母兄妹的付出是最大的,他一生七上春官不第,实在不是他不聪明不努力,更多的是跟他忙于家中事务、操持弟妹们生活婚嫁,无暇一心只读圣贤书有很大关系。

惟敏的大哥很有才分,文品如人品,敦厚朴直,尤其是书法,不管是在南京还是青州,名气都很高。在他刚回青州的时候,当地府学里的士子在读了他的文章后,十分吃惊,大家"以为野王再生,敬通复出"。

野王和敬通都是冯姓子孙的骄傲,以文名著称于后世。

敬通名字叫冯衍,敬通是冯衍的字,东汉人。此人官场不得志,后来幽居,神游宇宙,目及八荒,追古思今,忧国忧民,文章颇有屈原笔法风格。因为他曾干过曲阳县令,明代有人把他的文章编辑刻印成集,是为《冯曲阳集》。想必这本书籍当时已经刊印,青州的士子们已经读过这本书,要不然也不会把惟健比作冯衍。

而野王就更有名气了。野王也姓冯,字君卿,他有个妹妹叫冯媛,是汉元帝的妃子,汉平帝的祖母。野王的这个妹妹就是历史上有名的冯昭仪,那绝对是个厉害主儿。当她还不是冯昭仪而是冯婕好的时候,有一次汉元帝在虎圈看野兽们搏斗,她和一众妃嫔侍奉左右。突然,一只熊跑出了圈外,还越过围栏大有跑到皇帝面前的意思。别的妃子躲得比熊还快,冯媛却径直走到了熊跟前,挡住了熊。熊没伤着人,很快被侍卫杀掉了。

妹妹强悍,哥哥丝毫也不差。

冯野王品行好,能力强。有一次,御史大夫职位空出来了,很多官员认为冯野王最适合。汉元帝让在符合条件(二千石俸禄)的官员中挑选,最后冯野王德能勤绩综合成绩第一,但是,最后那个御史的职位却花落别家。

什么原因呢?野王的小舅子汉元帝是这样认为的:"我如果任用冯野王当三公,后世一定要抨击我对后宫亲属徇私,要把这件事拿出来当例子。"

对此,冯野王也很无奈,只能一声叹息:"别人因为妹妹是受皇帝宠爱的妃子而尊贵,我们兄弟却因此而卑贱。"

当然,冯野王虽然没做成三公,但很受器重,曾位列九卿,当过琅琊太守,在当时很有名望。

班固《汉书》说他"受业博士,通《诗》",司马光《资治通鉴》评价其"忠信质直,知谋有余"。

南朝的时候,有个人原来叫顾体伦,因为十分仰慕冯野王,希望自己也能取得冯野王那样的文学成绩,就改名叫顾野王。据说,这个顾野王是清代大思想家顾炎武的祖上。

把刚刚从江南回到青州的惟健喻为敬通、野王,现在看来难免有过誉的成分,但当时青州府的士子们就像追星一样推崇惟健的文章和书法也是事实。

青州文化教育界刮起了"惟健小旋风",纷纷抄录惟健文赋,描摹其点画,模拟其文体,追求厚重质朴的文采、典雅庄重的文辞成为时尚。

惟敏、惟讷也同时入学,继续学《毛诗》,写作文,都是积极上进、笃信好学的"三好生",兄弟们当时就名扬齐鲁大地。

惟敏二哥惟重补广宁卫庠生,结了婚成了家。

古代学校称庠,所以学生称庠生。庠生、秀才、茂才、生员,都是一个意思。

在当时,秀才也不是想当就能当上的,要经过考试,合格了才能行。

惟重在广宁卫当学生的时候,个人表现十分抢眼。长得帅:下巴丰满,身材修长;有风度:谈吐风趣;有才华:文笔好,书法遒劲飘逸,有晋人之风。

虽然很优秀,但惟重一点儿也不骄傲,为人十分谦虚低调。这么优秀的生员,肯定是不少老丈人挑选乘龙快婿的合适人选。当时的清河县令蒋恺,和惟重父亲冯裕同是正德三年进士,读了惟健的文章后,惊异于他的文采和见识,特意和惟重见了个面。惟重应对自如。

这让蒋恺做出了一个判断:"这个年轻人将来一定大有前途!"十分符合选女婿的标准,于是他迅速地和冯裕商定了惟重婚事。

在广宁,惟重考上了秀才,成了婚,于嘉靖六年(1527)携新婚妻子移居青州。

因为,这一年,惟敏一家正式落籍青州府临朐县。

第 九 章
一波三折的赴任

明嘉靖四年(1525)的春天,冯裕在青州有很多事要安排。安家,办理落户手续,联系儿子们入学,上坟祭祖,走亲访友,一通忙活,转眼就到了三月。

他必须启程赴任了。

赴任途中,冯裕得到官报,平凉不用去了,那里替他留的知府一职,已经被窦明补任了。

和现在的人事调动一样,古代官员赴任,那也是有报到期限的。

冯裕收到任职平凉知府的文书是在上年的秋末冬初,三月份才启程,确实太晚了些。

冯裕即将任职的平凉知府是一个危险系数高、事务繁难、极不好干的差事。

平凉在明代隶属陕西承宣布政使司,下辖三州七县,版籍仅一百二十八里。"地薄粮重,民少差多,田无丰厚之获,岁多霜雹,偏僻贫穷。"(见杨一清《关中奏议》卷十四《为摞用繁难府分正官以从民便事》)

老天不赏饭,老百姓对乡土毫无眷恋之情,组团逃荒要饭,一点儿也没有重返家园的意愿,更别提重建家园了。加上官府经费紧张,内有宗室贵族兴盛,人口越来越多,每年单宗室丧葬费就要多支出千百两银子;外有入侵之敌到处杀掳,老百姓的牲畜都被抢光了;再加上此地盗窃案发案率高,社会治安状况不佳;边关时不时传来大敌入侵警报。真是内忧外患,作为政府部门一把手的知府,政务浩繁,责任重大,的确不能缺位太久。

因此,在平凉前任知府孙聪离职后,因冯裕迟迟没有报到,总督杨一清便奏请窦明为知府。后来,杨一清听说冯裕已在赴任的路上,于是,将窦明调到了凤翔。等了好几个月,还没见冯裕的人影,杨总督又奏请升任平凉同知任守德为知府。

古代交通不方便,加上边塞战乱不断,信息不通畅,总督杨一清的人事安排和惟敏父亲冯裕这边行程出现信息不对称在所难免。

第一次赴任半途而归。

五月,冯裕得知窦明已转任凤翔,但是,他还是没能走成。因为,小儿子(第八子)夭折,冯裕又忙又累又心痛,诸事不顺,身心俱疲,一阵折腾下来病倒了,实在走不了。

九月,身体好转,冯裕启程赴任,由惟敏二哥惟重护送。

一行人策马西北,再一次向平凉疾奔而去,一路迎风冒雪,跨越重重关隘,终于到了平凉府,才发现总督杨一清举荐的新任平凉知府任守德已经上任。

任知府到任的时间倒不长,刚刚三天。

不难想象冯裕到平凉后的境遇。可能在当地的官员那里,大概会认为他是畏艰惧难,不愿到这个兵荒马乱的偏僻之地当官。大家不了解实情,态度淡漠,也是可以理解的。

总之,平凉原知府冯裕千里疾驰而来,结果赶了个寂寞,他孤零零地立在远处,望着府衙叹息。

在那片贫瘠的土地上,竟然没有一处可以让他安身立足的地方,困顿委屈可见一斑。对此,惟重有诗《雪中次苏长公韵固原作》《寓平凉复雪再次前韵》纪事。

没办法的事,怎么来的怎么回吧。

这是冯惟敏父亲冯裕第二次遭遇仕途困境,补救的办法就是赶紧到京师申诉,待查明真相后另谋他途。

现在来看,总督杨一清的安排没错,冯裕也有自己的理由。但是,事情最终的结果是冯裕此后将近三年的时间处于被罢官停职状态,不上班自然没有俸禄,没有俸禄何以养家?

这让惟敏一家本就拮据的生活更加困顿。

惟敏母亲伏氏领着女眷们日夜劳作,靠织布纺线卖钱所得供儿子们读书;惟健也领着兄弟们,靠打理十亩薄田糊口;惟重收徒授课,办起培训班,一家人勉强维持生计。

冯裕几次进京申诉,大概要变卖部分家产,甚至还要借钱去疏通关系。他在这些方面不是很擅长,期间惟敏的大哥惟健曾代父多方联络打点,撰文申辩。最后,冯裕历尽"艰关途路","往来燕赵齐鲁之墟",终于在明嘉靖六年(1527),改任贵州石阡知府。

冯裕接到了改任石阡的任命文书。

前路漫漫,道阻且长,但没有什么能阻挡这位家主毅然奔赴。这是出路,也是前程。

实际上,这三年的时间里,冯家也是有好事喜事的。

喜事就是惟敏二哥惟重结婚成家,还有了女儿。

好事也不少。

惟讷考廪生,一考即中,进入了临朐县学。

惟重在青州郡学恢复了生员身份。郡学里的同学们十分仰慕他,纷纷向他请教。惟重剖析释义深入浅出,明白透彻,让同学们十分佩服。于是乎,他当起了教书先生,家中时常有培训班学员进出往来。

惟健有了儿子,十七岁的惟敏当了叔叔。冯裕这一年不仅复官,而且还荣升祖父,有了长孙,取名子益。应该是一辈更比一辈强的意思吧。

稍有遗憾的是,石阡地处南中之地,西南贵州偏僻贫穷,不能携家眷同往。

冯惟敏毅然请行:"万里之外,怎么能让父亲大人独自一人前往呢?让我一块儿陪伴父亲去吧!"

这是冯裕夫妇第一次两地分居。

冯惟敏第一次和兄弟们这么远、这么久地分开生活。

宦游石阡

冯惟敏二十一岁以前,不是随父亲冯裕宦居,就是在宦游的路上。

冯裕三十岁中进士,三十一岁踏上仕途。他初任松江华亭知县,之后一路升迁,官越做越大,职位越来越高,但任职之地离家越来越远。不管是距离出生地广宁,还是后来迁到青州,套用现在的一句广告词就是,没有最远,只有更远。

从华亭到萧县、从中都到留都,最后西北没去成,冯裕去了西南"蛮夷"之地(当时的说法)。

明嘉靖六年(1527)冬,十八岁的惟敏在母亲的殷殷叮咛和兄弟们的祝福中,从青州出发,踏上了他随父宦游史上路途最遥远、最艰险,当然也是尽赏沿途风光、开眼界长见识的旅程。

一行人穿越齐鲁故邦,渡黄河、济水,经大梁废墟,走湖北越湖南,涉湘江澧水,远眺九嶷山,最后借道夜郎国,历尽千难万险,终于在次年春到达了贵州石阡。

石阡隶属贵州省铜仁市,明代设石阡府,隶属贵州承宣布政使司。

现在的中小学生了解贵州,可能多因为一篇课文——《黔之驴》。我上学读书的时候,背全国各省简称,贵州的简称记得最快、最扎实,功劳就在于这篇有意思的短小古文。

研究哲学的人对贵州的一个地方更是顶礼膜拜,那就是一个叫龙场的驿所,因为在冯裕去贵州之前不长的时间,其实就是冯裕三十岁中进士的那一年,在那个偏僻的驿所附近的一个山洞里,王阳明灵光一闪,一声长啸,一个划时代的思想流派——心学诞生了。

贵州龙场在石阡西300多千米,冯惟敏和他父亲冯裕不会绕道去那里看看的,但两地同样的重峦叠嶂,荒凉偏僻,治安状况不佳等实在是差不多的状况。

王阳明在去龙场驿站任"招待所所长"的路上,被人形容得九死一生,历经坎坷,据此也大体能够推断出冯惟敏和他父亲一路同样历尽千难万险。

当然,那时候王阳明早已经不干"招待所所长"了。在冯惟敏出生的前一年，也就是明正德五年(1510)，王阳明被提拔为庐陵知县，从此仕途一路高歌，到明嘉靖元年(1522)的时候，冯裕任南京户部员外郎，王阳明任南京兵部尚书，虽然那时候冯裕还在南京任职，但两人应该没有交集，或者交情不深。

冯裕收到石阡知府任命的那一年，五十六岁的王守仁也接到了朝廷新的任命——两广左都御史，被皇帝派往东南地区处理少数民族叛乱。

上任之前，在北京，天泉桥上，他把自己的毕生心得汇成四句话，传给了他的两位弟子："无善无恶心之体，有善有恶意之动。知善知恶是良知，为善去恶是格物。"

明嘉靖七年(1528)十一月，王阳明留下他在人世间的最后一句话："此心光明，亦复何言。"之后，结束了他光明的一生。

冯惟敏不是王阳明的弟子，没有听过王阳明讲课，估计也没有正式接触过阳明心学，但心学思想中众生平等、思想解放等观点对后世影响深远。冯裕的几个儿子中，受这种思想影响最大的，就是冯惟敏。

在贵州大山深处，多民族聚居的石阡，新知府冯裕正式走马上任，陪伴他的，还有即将成年的儿子，冯家小四儿冯惟敏。

据报道，石阡县于 2019 年 4 月正式脱贫摘帽，同年底，实现未脱贫人口清零。

近 500 年前，这里的生产、生活是什么状况，可想而知。

此时的冯裕，已经有了比较丰富的执政经验，处理复杂问题很有自己的一套办法。冯裕来到西部边陲欠发达地区任职，看起来颇有些被贬谪的意思，但实际情况并非如此。

明朝开国以来，十分重视对西南地区的统治，对朝廷派去的官员，俗称流官，选拔条件十分严格。如朱元璋要求凡派往卫所统兵戍守的官员必须要德望素重，能够"镇其地而抚其人"；设置府县之处，更应择贤守令以"抚辑之"。所以，在西南少数民族任职的文臣武将都是德才兼备之人。朝廷还十分注重正副手之间的搭配，对于犯错的官吏予以严惩，贬官或撤职。这一切都是为了保持少数民族地区的长治久安。

冯裕无疑被纳入"德望素重"官员之列，因为不管是之前的平凉，还是现在的石阡，都属边陲重地，在这些地方干知府，资质平庸之辈还真干不来。

冯裕父子在石阡府衙安顿下来。居住条件还不错，前厅后院，在冯裕办公室后边有个现成的官舍。这个官舍有个名字：宦适轩。

此心安处是吾乡。

石阡虽然贫穷落后，社会形势复杂，治安状况也不好，但冯裕早已从当年的书生县令历练成为一名文韬武略能堪重任的朝廷命官；下班回到官邸后，还有个聪明儿子惟敏冬送温暖夏送清凉，这让他深感欣慰，似乎忘记了身在万里之外。

对当地的民情风物,冯裕曾跟惟健等家人谈起,和王阳明在贵州龙场任职时的感受差不多。

贵州石阡这一带风土民情并不差。虽然老百姓普遍文化水平不高,但从另一个方面来看,他们因此尊敬有文化的人,崇尚知识,敬畏上级领导;民俗彪悍,一言不合即舞枪弄棒,但民风淳朴,古道热肠。

社会治理方面,政事简单明了,官员对待百姓包容宽厚。

还有一点,石阡的自然风光也不错。虽然地处偏僻的山谷之中,但此地气候宜人,夏无酷暑,冬无严寒,物产丰富,鱼虾畜禽,稻米飘香,四季都有新鲜蔬菜吃。

接下来,好好干吧,作为一名优秀干部,岗位在哪里,就要在哪里干出成绩。

在石阡,冯裕不改其沉着稳重、清廉亢直的秉性,坚守初心,一如既往地爱民如子,处理问题公正无私,从不徇私,不偏袒,群众威信越来越高。

"心竭而誉远,功立而谤至。"七年后,即明嘉靖十三年(1534),冯裕遭人弹劾,被迫致仕,起因是他在石阡任上时刻了一块碑。

惟敏长兄惟健曾给时任兵部尚书陈经写了一封信,为父申辩,信中连用六个"家君与有力焉"。这六个"有力焉",可以视为冯裕在石阡任上的主要军功和政绩。

简而言之,在石阡,冯裕用了六七个月的时间,率兵平定了芒部叛乱;不用一兵一卒,不动用刑罚禁令,采用安抚怀柔政策,化解了赤水一带的民族矛盾,避免了一场战乱发生;苗族凯、播两位酋族首领多年来兄弟积怨,骨肉相残,伤及无辜百姓,冯裕焚香立誓,晓以大义,恩威并施,为之划定界线,计算各自伤亡人数予以赔偿,化解五六十年的矛盾;四川一带盗匪猖獗,冯裕克服重重困难,连饭都顾不上吃,为剿匪将士筹运粮草;大力发展生产,社会回归繁荣安定,百姓安居乐业,人口数扩大了五倍;为官清廉,拒收贿金,鞭笞行贿之人以儆效尤,令酋首詟服,营造了风清气正的社会环境……

如此看来,冯裕在石阡的政绩和贡献,虽不能与戚继光等光耀千古的名臣大将相提并论,但是,论及他的攻坚克难、殚精竭虑、励精图治、安定一方,亦可圈可点,功不可没。

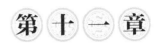

第十一章
冯裕单骑赴苗寨

上任后,石阡给冯裕的第一个"见面礼"实在不友好——"治城失火,民舍荒残"。

府衙驻地城中遭遇了一场火灾,并且火势凶猛,烧坏了不少老百姓的房子,灾民亲人离散,无家可归。这对于爱民如子的知府冯裕来说,自己家的房子失火也恐怕没有这么焦急上火过。

对这个只能收、不能退的"见面礼",冯裕积极应对。他迅速启动应急机制:组织灭火,确保人民生命财产安全,把损失降到最低;逐户走访慰问、安抚受灾百姓;多方联络,积极筹措资金,尽快修缮房屋,恢复正常生产生活;查清火灾原因,依法依规处理责任人……

事情得到了妥善处置。

老百姓住进了修缮一新的房屋,城镇安宁和谐,知府的威望得以树立,老百姓纷纷点赞。中华民族的良好风俗在当地逐渐形成。冯裕执政石阡三年,政绩突出,再一次取得了考核最优等的好成绩。

按道理,考绩最优等应该提拔,到更能发挥作用的地方去,但因为当地的良好发展态势需继续保持发展,加上当时北方边境有安答、东南有倭寇屡屡入侵挑起战事,于是朝廷下了道诏令:冯知府干得不错,在这里继续好好干吧,干好了提拔重用,但是不能离开贵州。

嘉靖十一年(1532),惟敏父亲冯裕擢升贵州按察副使。明朝的按察使职责大致相当于现在的省政法委书记,而冯裕也从地级市的市长,到省里担任政法委副书记,分管一方治安。

是金子在哪里都会发光的。不知道这是提拔重用还是明升暗降,但冯裕一如既往地励精图治。他担任政法委副书记时间虽然不是很长,但也干了件大事。这件事甚至差点儿让他以身殉职。

嘉靖十二年(1533),冯裕对所分管的工作进行了大刀阔斧的改革整顿,大力整饬当时的公安政法队伍——威清卫的纪律作风。

明代的威清卫所驻地在现在的贵阳清镇市。

明洪武十四年(1381),朱元璋出兵三十万分两路征讨云南梁王巴匝剌瓦尔密,胜利后,留下部分军队屯田驻守。屯田驻守的寨子按军队编制分布,由各个卫所管理。当时,贵阳和盘州之间的屯军寨子共有卫所六处,称为"上六卫"。威清卫就是"上六卫"之一。卫所的作用主要是寓兵于农、守屯结合,平时耕田,战时打仗。

新任按察副使冯裕实施的整顿改革措施很有成效,威清卫广大官兵军容整肃,纪律严明,开荒耕田,屯粮备战,做到了来之即战,战之必胜。

验证改革成效的时刻到了。

事情发生的时间:这一年的秋天。

地点:贵州铜仁龙里卫(明代"奇人"徐渭的祖籍)。

事情经过是这样的。

时任龙里卫平头著可长官司长官的苗族土酋死了,他的儿子还年幼。这个土酋的哥哥龙千雅就要来争这个吐司的位子。但他的弟媳妇,已死土酋的妻子可不是吃素的,十分彪悍,坚决不同意。双方互不相让,一言不合,复杂问题要简单解决。

解决的办法和文官们要文斗不要武斗的方式相反:要武斗不要文斗。

于是各自召集队伍,安营扎寨:谈不拢,就让刀枪棍棒说话吧。

一场械斗就要发生。

在这紧急关头,年事已高随时准备退休的贵州按察使做出十分正确的安排:让他的副手,贵州按察副使冯裕全权处理此事。

事关重大。冯裕不敢有丝毫怠慢,立即查明事情原因。原来,这兄弟二人矛盾由来已久,积怨很深,发展到现在,到了一触即发的程度。

土酋悍妻已经联络其他土酋寻求帮助,战事一旦升级,后果不堪设想,受伤害的还是老百姓。冯裕决定立即采取措施,制止矛盾升级,坚决不能发生群体性恶性事件。

冯裕思绪纷纭,毅然决策:他要"单骑赴苗寨",对苗民宣以道义,攻心为上,旨在安抚。

冯惟敏十分赞同父亲的想法,还对冯裕提出了个人的建议:"父亲,石阡任上,您讨平凯州、播州的兵患,处理化解了交恶已久的凯、播二酋争斗,还当地太平,兵民交口称颂,不忘您的恩德。这次,父亲您更要多加筹谋,倍加小心才是。最近我查了下史料,明正统十四年(1449),贵州镇民苗金台称顺天王,攻平越等地,而苗族龙氏素怀异志。铜仁平头地处贵州与湖南交界的险要之处,安抚自然是上上之策,但是,文治武功,父亲还需调兵遣将,显示朝廷兵威,以防后患。如此,父亲您亲赴苗寨实施安抚,则是感之以德。"

冯裕深感欣慰地说:"好啊! 德威并施,甚合为父心意。"

从惟敏的话语中，冯裕不仅感受到了儿子对他人身安危的深切关心，还看到四子惟敏的确长大了，看待问题和处理问题越来越全面。

冯裕立刻准备去知会巡抚，办理派兵手续，同时第一时间亲赴苗寨制止骚乱。

惟敏匆忙跟上，说道："父亲，孩儿不放心您，愿随父亲左右陪伴服侍，以尽绵薄之力！"

冯裕点点头，说："爹爹今日始悟，你已真正长大成人，能够替我分忧解难，为父甚慰！"

在征得巡抚同意后，惟敏陪伴父亲冯裕，火速向苗寨疾驰。

他们从贵阳出发，日夜兼程，一刻也不敢停歇，奔驰数百里，抵达贵州铜仁平头寨。

此时，附近各县知事也早有所防范，奉令迅速集结官军，做好埋伏，以防万一。

冯裕一行人进入丛林，但见前面隐约有苗兵人头攒动。霎时，百余苗兵迎面扑来，把冯裕父子和几名护卫围了个水泄不通。

"苗兵们听令！贵州按察副使冯大老爷奉朝廷之命，前来处置尔等事端。你们一律不得妄动！"一名护卫见状厉声喝道。

一位领头的苗兵盯着冯裕问道："你真是那位冯裕冯大老爷？"

冯裕手拉缰绳，肃然道："正是本官，吾奉朝廷之命，负责平息此次纠纷对峙。今日前来，意在会见你苗酋千雅，劝他停止械斗，行使宣抚。你赶紧为我带路！"

"嗯？……"小头目龙阿斗狡黠地眨了眨不大的眼睛说，"冯大人，在下听说您也算是一个好官，但是，小的也是奉命而行，要与那个女人一决雌雄。大人您这不怕惹火烧身吗？"

"怎么，这里难道不是大明的天下？土酋龙千雅眼下还没有造反呢，难道就不听朝廷命官吩咐？"

冯裕怒视龙阿斗，愤然道："快快为我带路！"

"且慢！"龙阿斗张开两手挡住冯裕一行去路，说，"冯大人，你若要去见我苗寨酋长，也只能一人前往，其他人一概不能同行，不知冯大人您可有此胆量？"

护卫大喝一声："你大胆！"

冯裕见苗兵和护卫剑拔弩张，就坦然说："如此，那我就一个人去会会那苗寨酋领！"

旋即对惟敏等随从吩咐道："尔等暂留此处！记住，以一个时辰为限，若超过一个时辰，我还不能回来，你们即可传讯，本官可能已经殉职，任凭上峰大兵征讨！"

惟敏虽然十分担心父亲的安危，但还是听从安排，和随从们一起就地待命，目送冯裕提缰策马，在苗兵的簇拥下直奔山寨而去。

山顶上，酋领龙千雅见一帮苗兵簇拥着一位身着圆领红袍、头戴乌纱的官员骑快马进了山寨。龙千雅毕竟见过些世面，他知道，三品以上的官员穿紫袍，五品以上官员穿红袍，六品以下官员穿绿袍，这位官员骑着高头大马，身穿红袍，不怒自威，气度不凡，一看就大有来头。他不敢怠慢，立刻迎了上去。

这时，龙阿斗也抢先一步，高声禀报："报——，小的带贵州按察副使冯裕冯大人来见酋长！"

"哎呀！冯大人！"龙千雅连忙迎上前来，跪于马前说，"冯大人，在下铜仁县苗族酋长龙千雅，刚听说有一位从石阡知府升为宪使的冯大人，今日得见，幸会幸会啊！快快有请大人到帐中歇息！"

冯裕并没有理会龙千雅的话，而是翻身下马，对他正言道："酋长大人，不必进帐了！本宪刚刚到任不久，负责一省司法，你身为一方土官，不保一方平安，反欲挑起事端，眼看就要酿成械斗，引发祸乱，殃及无辜苗众！我命你立即解散苗兵，停止争斗，我等立即处理你与弟媳侄子的争端……"

说完，冯裕即将马鞭倒插于地，道："我以马鞭立于此地，'立竿见影'，你慎重考虑，一个时辰内给我答复。不然，官兵就会攻你山寨，我不希望你和无辜苗民因此遭殃！"

龙千雅大怒："冯大老爷，我兄弟已死，侄子尚幼，那悍妇蛮不讲理，仗着人多势众，我若不争这长官之位，定被她欺压。这长官之位，我当定了！"

冯裕当即喝道："即使如此，你也应当先到县衙请求定夺，而万万不能这样聚众相斗，骚扰百姓，一旦引来官兵，遭殃的可是百姓！难道这样的事你见得还少吗？"

龙千雅愤然道："冯大老爷，你们汉官管我苗家之事，有所袒护，我断然信不得！"

"一派胡言，堂堂大明，难道没有你讲理的地方？"

冯裕厉声喝道："你这样煽动苗民作乱，引来官军，大开杀戒，难道这就是你解决事端的好办法？你——那你就真的成了这场祸端的罪魁祸首了！"

龙千雅一时气急，把手一挥说："你！……原来你也不是什么好官，与我苗人为敌！来人，将冯裕拿下，先砍下他的头来祭旗，再与官府决一死战！"

话音方落，就有苗兵向冯裕围了过来。

冯裕目光如电，高声喝道："大胆！本官乃朝廷四品官员，谁敢动手？你们的命不值钱，难道就不怕家中老小几代人因此命丧黄泉，给你们陪葬吗？"

见众人一愣，龙千雅气急败坏地说："别听他的，只管给我绑起来！"

就在苗兵犹豫不决,要上前缚住冯裕的时候,但闻山林四周喊声震天,正所谓"汉兵奋迅如霹雳,虏骑崩腾畏蒺藜"。霎时间,两万汉军就把几千苗兵一下围得如铁桶一般。

但是,汉军并没有立即展开进攻,而只是四面围定,呐喊示威。

见此状况,龙千雅气急败坏地说:"缚住冯裕,我要与他同归于尽!"

十几个苗兵将冯裕围住,将刀架到冯裕脖子上,准备以死相拼。

周围一下子安静下来,只见从汉军中走出了三人,冯裕远远望去,那不是惟敏吗?还有长子惟健,还有一个少年,是七子惟直吧!

冯裕大吃一惊,四子惟敏一直陪伴在他左右,以便他这个进士父亲"课子求学",何况惟敏刚刚驻留之地离苗寨不是很远,惟敏出现在苗寨在冯裕意料之中,但惟健、惟直远在青州,他们怎么会赶到贵州了呢?

事出紧急,冯裕来不及多想,厉声喊道:"你们住手,不要进攻!"

龙千雅见冯裕在制止官军攻击,便认为冯裕是个胆小怕死之辈,趁机说道:"冯裕,命令你的大军后退,否则,明年今日便是你我的祭日!"

冯裕朝着官军头目喊道:"你们都听着,现在不要进攻,我再跟苗寨酋长规劝几句,如果他能够迷途知返,和平解决事端,自是上策;如果他冥顽不化,我冯某也无力回天,你等方可付诸兵刃,以惩凶顽,扬我大明天威!"

冯裕的目光又转向三个儿子,说:"苗酋现在挟持我,无非要以为父之命相要挟,你们要以国事为重!为父若被苗酋所杀,为国殉职,虽死犹荣,为父一生堂堂正正,断不做贪生怕死之辈。你们都听明白了吗?"

惟敏与两位兄弟目睹父亲被苗兵刀刃压颈的样子,不禁泪水盈眶,泣不成声。

冯裕看在眼里,急在心上,旋即高声喝道:"事关国之大义,你们快快后退!"

弟兄三人带着哭声应道:"父亲大人,儿等听明白了!"

看着几个儿子后退了约十几步,冯裕即转身对龙千雅说:"龙千雅,我再对你良言相劝,也是你最后的机会,如果你现在命令同伙放下刀枪,将功补过,你们还是良民,对此前种种可既往不咎,对你所求,我自会陪你到官衙厘清是非,分出公道;但如果你仍一意孤行,你我的性命今天都断送在此处,这诚不足惜,只是要连累数千无辜百姓。对这些无辜的性命,难道你也不愧疚吗?是福是祸,就凭你一句话了!"

此时,龙千雅也冷静了下来,对事情发展态势心里已十分明了:冯裕还真是个不怕死的主儿,今天算是碰上硬茬儿了。好汉不吃眼前亏,留得青山在,不愁没柴烧。

打定主意,他立刻命苗兵把冯裕松开,说:"哎呀,误会!误会了!"又陪着笑脸对冯裕道,"冯大人,在这生死关头,我也只好向您说实话了。我哪能不知与官府相对立的利害呢?只是呀,冯大人,我们多年来受尽我那弟媳的气,吃了不少苦头。眼下我兄长已去,这弟媳更不知要怎样对付我等,讲理我也讲不过那个泼妇,被逼无奈,只能动武了!"

听此,冯裕忍不住要偷笑,西南夷族首领当中女领导的厉害他早有所闻。洪武年间,因为要安抚一个女人,也就是彝族吐司,后来接替早逝的丈夫出任贵州宣慰使的麝香夫人,太祖竟斩杀了一名镇守西南边陲的干吏。这名干吏还是朱元璋夫人马皇后的亲侄子。

谁说女子不如男,南中的女子不简单!

可怜龙千雅堂堂七尺男儿,竟被弟媳把持得要造反,冯裕今天算是开了眼界。

真是哪里有压迫,哪里就有反抗,一方水土养一方人啊!

冯裕转回思绪,继续听龙千雅讲完。"冯大人,眼下,我别无所求,只求冯大人主持公道,能将这苗民起事的前因后果查个清楚,我自然心服口服。怎么处置我都不要紧,但是,这些苗民壮丁们都是随从,他们无罪,若查办聚众闹事之罪,全由我一人承担。我这条件,冯大人您能答应吗?"

"哦?!龙千雅,听你所讲,你还算得上个义气之人!"

冯裕脸上终于露出了一丝笑意,说:"查清是非,那是自然!但是,你弟已死,按朝廷律例,父死子继乃长策,兄终弟及可救时。你有侄子,自然是要子承父位在先,祖制不可破,你何必大动干戈呢?"

看龙千雅有所动,冯裕继续说道:"抚慰民众,这是本官分内之事,也是本官来此的主要目的。你若聚众闹事,必按首恶惩办;若你停止闹事,本官自当向朝廷替你请求宽宥!龙千雅,事不宜迟,别与侄子争了,快下令撤兵吧!"

"好,就按冯大人所愿,但愿冯大人一言九鼎!"龙千雅随即向周围大喊,"我等愿做顺民,大家一律放下刀枪,听候官军调遣!"

本来众人大多数也不愿意为龙千雅卖命,听罢纷纷放下手中刀枪,齐声说道:"有冯大人为苗民做主,我们愿当顺民!"

冯裕立即指挥众官军收缴了苗兵刀枪器械,让苗民各回各家。

"谢谢冯大人,谢谢冯大人!"龙千雅率一众苗民叩拜冯裕,官兵也随即放苗民四散离去。

"把这个叛酋给我绑了!"汉军大将王忠见冯裕已脱离危险,旋即下令要将龙千雅拿下。

龙千雅面不改色,转身向冯裕抱拳,道:"任凭冯大人发落!"

冯裕挡住了王忠,说道:"王将军,我冯裕言而有信,要对龙千雅以礼相待,不能绑他,一切后果由我担负!"

说完,他又对龙千雅说道:"龙千雅,还要劳请你随本宪同赴官府,查实情由,再做定夺!"

汉军大将王忠见冯裕很决绝,便走近冯裕,小声说道:"冯大人,刚才是因那苗兵围在你身旁,末将顾忌大人安危,不敢轻举妄动;现在,大人您既然已经脱险,何不一鼓作气,将这些苗蛮一网打尽,以绝后患,也是杀一儆百啊!大人,您下令吧!"

"王将军,此事断断行不得!"冯裕劝阻道,"你若执意要去追杀,就不只是枉费了我冯某这一番心血,还会铸成大错啊!"

五十五岁的冯裕经过刚才的唇枪舌剑、刀刃压颈,现在一下子放松下来,显得十分疲惫。冯惟敏立即抢前一步扶住父亲,先找旁边一块石头安置冯裕坐定,惟健、惟直也纷纷向前围在冯裕左右。

冯惟敏这才对王忠说道:"王将军,我父单骑赴苗寨,用意已经很明显了。他要对苗民实行安抚之策。得民心者得天下,失民心者失天下,以德服人,方能让百姓心悦诚服。家父自来此地,兴办庠序,广施教化,所到之处,苗民讴颂不忘,所有这些,都是我父为保这一方平安做长远计啊!"

"四公子,王某明白了!末将佩服冯大人的胆略和眼光!"王忠又向冯裕请示道,"冯大人,这苗寨二酋,一向多有不合。这龙千雅虽然归顺,但也恐难保其他苗民不再起事啊?"

冯裕笑道:"王将军,这次苗乱,龙千一部为祸最重,官府宽大龙千,正是广示惠政!王将军你尽可宽心,屯兵待命,切不可轻举妄动,其余事宜,待本宪向扶台大人请命后再行定夺。"

王忠拱手应道:"冯大人,卑职就遵命布兵防守屯驻,待命而行!"

"王将军,文治武力,此后还赖王将军麾军镇抚啊!"说完,冯裕与王忠二人抱拳告别。

冯裕如释重负,向长子惟健、七子惟直问话:"惟健啊,你们是几时赶来贵州的啊?惟直啊,个子都超过你长兄了,不和你大哥站在一起,为父倒也不认得了。"

惟健连忙近前回道:"启禀父亲,孩儿和七弟侍奉母亲刚刚赶到程番,听说父亲面临苗蛮之危,立刻奉母命赶到铜仁来了。"

冯裕叹道:"哎!我与你们母子已有七年未见面了啊!"

惟敏急不可待地说:"父亲,我也七年没见母亲大人了。咱们快走,去见俺娘吧!"

冯裕起身叹道:"食君俸禄,国事为重!惟敏啊,你跟随两个哥哥去看看你母亲吧!我先去府衙处理公务。"

程番府设于明成化十年(1474),贵州布政司所辖,贵州宣慰司治所也设在程番(今贵州惠水县)。程番地处万山之中,治安想必好不到哪里去。

惟敏十分不放心父亲一人前往,说:"父亲,平乱之事紧要,我先陪父亲一起去府衙吧,让大哥七弟去陪伴母亲。"

惟敏刚刚说完,惟健也请求道:"父亲,就让我们弟兄三人陪您一起去吧!"

冯裕十分欣慰。于是,四人向程番疾速奔去。

第十二章
冯裕辞官

冯裕一路奔波,见过巡抚,汇报平乱经过。令冯裕父子没有想到的是,巡抚不但没有认可冯裕的做法,反而提出了批评:

"冯大人,你这次平息苗酋之乱,放任闹事蛮贼头领龙千雅,擅自放走参与闹事乱民,行使什么安抚之策,着实有损朝廷天兵之威。难怪有人弹劾你骄纵刁民、收买人心,依我看,你实难避沽名钓誉之嫌!"

原来,冯裕任贵州按察副使不久,发生了一件事,让一些同僚对他心生嫌隙。

据《(光绪)临朐县志》卷四十九《外传》记载,冯裕任贵州按察副使时,"苗犯程番,议者欲用师"。苗人骚扰程番,多数官员认为应派兵镇压,以扬天朝国威,冯裕则认为不可轻言战事,他派了一位威望和水平高的人先行安抚之策,不费一兵一卒,消弭了即将发生的战乱。

本来是积了德、立了功,却因此招来了个别人的嫉妒,以至于巡抚说出了上面难听的话。

冯裕为官亢直,最厌谄媚,虽然不善言辞,但对这横加之罪,他还是要据理抗辩的:

"抚台大人,下官奉您之命前往铜仁平叛之时,面请抚台亲授机宜。抚台大人要下官便宜行事,全权处置。下官置生死于身外,单骑赴苗寨,宣以大义,刀刃压颈,不曾悚惧,最终说服苗酋,让苗民放下刀枪,愿做顺民。未动一兵一卒,制止了一场骚乱。这难道也成了罪过?冯某实在不服啊!"

"冯裕,你!"王巡抚被冯裕一番话怼得无话可答,气得脸色青紫,喝道,"冯裕,怪不得有人说你的不是。原来,你真的是目无官长、以下犯上啊!"

这时,冯惟敏正等候在阶下。此时的惟敏,年轻气盛,听了巡抚对父亲的训斥,他早就沉不住气了,不由向前几步,对巡抚行了个揖手礼,说道:"抚台大人,学生惟敏愿向大人进一言!"

正在气头上的巡抚大人瞥了一眼这位精干瘦削但神采飞扬的青年书生,回道:"嗯?你是何人?这里有你插话的地方吗?"

惟敏慨然应道:"回禀抚台大人,学生冯惟敏,是我陪着我父亲去的苗寨!"

冯裕见此,急忙阻止惟敏:"惟敏,抚台大堂之上,哪有你说话的地方,快快离开!"

"且慢!"巡抚一改满脸恼怒,一挥手,说:"冯大人,老朽早有耳闻,你几个儿子个个才学不凡,四子冯惟敏更是锦绣文章。今天得巧见识,四公子,你只管近前说话。"

"谢抚台大人!"冯惟敏看了父亲一眼,见父亲没有再说话,便恭恭敬敬向前,向巡抚王满再施拜首礼道,"抚台大人,学生冯惟敏愿就大人适才所说的'骄纵刁民'和'收买人心'略进片言!"

见王巡抚没有阻止,惟敏便侃侃而谈:

"抚台大人,这次家父单骑赴苗寨,学生惟敏跟随左右。家父敢只身入蛮荒之地,不惧刀刃压颈之险,这本来就是仗着我官兵天威所佑。然自太祖开国以来,西南之治一直是恩威并施,德怀为主。此次苗民骚乱,看似是吐司之争,实则是两酋积怨已久,脓疮必破。积怨在苗家叔侄两支,而不在官府与苗民。家父冒险先予宣行教化,制止冲突,已经解决了问题一大半。后边,安抚好龙千雅一支,平衡好两家利益,方能从根本上解决冲突。如此看来,家父宣以道义,先礼后兵,实是扬我大明天威之道啊。"

王巡抚点了点头,但又质问道:"如此胆大妄为、聚众骚乱的刁蛮苗酋,就可以既往不咎了吗?轻易放走那些要闹事的苗民,以后还不无法无天了吗?自古首恶严惩,冯宪台欲从轻发落闹事酋领,朝廷威严何在?"

冯惟敏回道:"依抚台大人所言,当年汉丞相诸葛亮对那叛首孟获七擒六纵,更属骄纵刁民、收买人心了?正因为铜仁县的地方小吏断事有失公允,才引起苗民哗变。那些苗民也不是要造反背叛朝廷,实无弥天大罪可言。家父苦口婆心,向苗民晓以利害,喻之大义,才终使苗酋回心转意,避免了一场血拼。"

惟敏继续说道:"家父也确曾向苗蛮当众许诺,只要放下刀械,不再闹事,一律胁从不问。这也是替官府、替大人您广施仁德之政、归顺民心啊!"

听完惟敏一席话,王巡抚语气颇有缓和,说道:"并非本抚对你父亲求全责备,实在是有府县官员对你父亲做法不满,朝廷言官上书弹劾。这样吧,本抚向府县有关人等说明情由,再向朝廷奏明原委,但愿朝廷言官们不再追着此事不放。"

取得了王巡抚的理解,惟敏和父亲冯裕算是松了口气。这才匆匆赶回府中,亲人相见,畅叙离别之情,再为儿女前程谋划打算。

因为惟敏母亲和长兄惟健、七弟惟直来到贵州,冯裕便安排惟敏立刻回老家入学成婚。

惟敏别过父母兄弟,告别群山大川,直奔青州而去。

明嘉靖十三年(1534),惟敏父亲冯裕终被言官弹劾。他没有申诉争辩,而是向吏部递交了辞呈,致仕归田。

冯裕被言官弹劾源自其在石阡任上时冯惟敏写的几篇辞赋。这个史料里没有详细记载,只有简单的一句"为御史所论制碑事",碑文内容大概率与惟敏的诗文辞赋有关。

惟敏长兄惟健陪父母在贵州居住时,给陈经写过一封信,为父陈述事由。信中提到,"唯日夜冀以归田里,故舍弟欲来不果尔。舍弟所做诗赋,愚读之悲焉"。

看来,冯惟敏在石阡写的几首诗赋是冯裕致仕的直接原因。五十六岁的冯裕早就厌倦了官场险恶,终老田园的念头已十分强烈,所以阻止了儿子们要为他申辩的做法。

明嘉靖十三年(1534),岁在甲午,春夏之交,冯裕告别仕途,由贵州返回青州。

这是冯惟敏第一次因文惹事,连累了自己的父亲。这样的因文致祸,是第一次,但不是最后一次。

成长的环境,接受的教育,使他形成了儒家积极入世的思想,世态炎凉,明朝社会的黑暗,都融入他辛辣直白的词曲里。

性格即命运。这样的性格可能会成就一代颇有影响的词曲大家,但注定不能显达尊贵于当世。

冯裕去世后,嘉靖年间曾任内阁首辅的徐阶受惟健、惟讷之托,为其撰写墓志铭。其中,对冯裕在贵州最后三年的评价应该比较符合实际:

"在威清三年,忠信惠爱,孚于其人。然公以财廉,无书问以遗贵近,又不能饰词貌为媚悦,故当途之士乃先知公者,嘉靖甲午被论致其仕。公闻,怡然曰:'吾仕宦三十年,数脱奇祸,今得老牖下,足矣。'"

无论什么朝代,无论官职大小,无论何时何地,总有人能坚守初心。

冯惟敏有幸,有这样一位能守本心的父亲,有这样一位最优秀的师长。

冯裕理学,得其师贺钦真传,主静守心,知行合一。

冯裕晚年,曾回首一生,自问无愧于心:"希宠者负君,媚人者负己,谋身者负人。生平概三无负矣。"

这"三无负",是冯裕留给他的后世子孙最宝贵的精神财富。

冯裕仕途近三十年,历官所至,虽几经磨砺而不改其志。

首任华亭,离开的时候,民为之歌曰:"大水横发高树低,人死为鱼公凄悲,谁使公去上哉离!"(《崇祯松江府志》卷三二《国朝名宦绩》)入松江府名宦祠。

次任萧县。"岁饥,发瘰以赈□,日煮豆粥三百釜食之,又抚流移恳芜莱,补助不给,邑人依若慈母焉。……敷政慈惠,操守端洁,修葺黉序,振兴文教,在任八年,民歌其德。"(见《嘉庆萧县志》卷十一《名宦》)

再迁晋州。"亲校版图,度田入亩,量口收庸,凡力役挽运之金,无不协舆论者……及升任,晋人多德公而胥吏尤畏其威云。"(见《康熙晋州志·名宦》)

由晋州知府升任南京户部员外郎,冯裕两次考绩皆列最优等。

移调贵州石阡。"凯、播二酋交恶,兵连祸结,公讨平之。……盘江之役,貌著奇伐,一时士民讴颂不忘。"入石阡府名宦祠(见《黔记》卷三九《名宦列传》)。

终任贵州按察副使。"橐装惟图书公服,无长物……"(见《黔记》卷三九《名宦列传》)"青介绝俗,爱民如子,历官虽久,囊无余赀,里居敝衣粝食,淡如也。"(见《万历贵州通志》卷二《名宦副使》)

致仕后,归隐青州,儒道兼修。青州驼山有嘉靖年间重修道教宫观昊天宫所立石碑,碑额的"昊天宫"即冯裕所篆。

《黔记》卷三九《名宦列传》记载了他的退休生活:"所栖潇然蓬户,衣无完襟,饭一脱粟茇豆,不自知其惨于腹蛰于口也……终其身,啸咏清恬,荆扉昼掩,晏如也。"

冯裕晚年拮据,但他丝毫不以为意,而以读书吟咏为乐事。每端坐陋室,手不释卷,不忘忠爱之念、切偲之学。他汇毕生所思所悟,编著《医闾先生集》。

明嘉靖二十四年(1545),六十七岁的冯裕已经有病在身,但还亲为即将出版的《医闾先生集》写序。

一天,病情转急,相信他自己也有预感,告别这个世界的最后时刻到了。

他像对待此生遭遇的所有突来奇祸一样,安之若素,最后一遍订正字义,审核定稿,把笔摆正,收拾好书案,不多时,正冠敛衽而卒。

"有的人死了他还活着,有的人活着但他已经死了。"我不知道该怎样评价这位冯氏远祖的一生,只能借用臧克家评价鲁迅的这句话,以此告慰冯氏先人,以诚冯氏后人。

第二卷
乡居三十年

长年愿作无怀民　不愿出为唐虞臣

归 来

明嘉靖十年(1531),冯惟敏二十二岁。他奉父命北还青州,要完成结婚成家和入县学两件人生大事。

在此之前,冯惟敏随父宦游,辗转大半个中国,行万里路,读万卷书,学问见识大有增益。

不管是在劳顿的旅途中,还是在冗杂的公务之余,冯裕总能亲自教授惟敏。

在贵州,冯惟敏与父亲朝夕相伴,父子二人课总会在那个叫"宦适轩"的书房里博览群书,精心研读六经、诸子百家。

冯惟敏有聪敏之资,博闻强识,诗文词赋信手拈来。石茂华称其为文"汪洋闳肆,万言立就",《(咸丰)青州府志》说他"少承家学,聪颖过人,诗文雅丽,尤善为乐府",还有些人惊叹他是苏轼再世。总之,在石阡,冯惟敏文名初显,其文采风流令不少人大为叹服。

冯裕是知府,不免让人怀疑上述赞誉有追捧之嫌。后来,我读了冯惟敏在石阡时写的《宦适轩赋》,立刻觉得这些评价并不为过。

这篇三千余字的文赋,散韵结合,辞藻华丽,读来的确给人以洋洋洒洒、磅礴大气之感。

文章开篇用不到二百字的篇幅简要介绍其父寻调石阡起因、政绩、轩名的来历,介绍作赋缘由:"郡故有轩在厅事后,往,祁首题其额曰:'宦适'。嗟乎!守衔命万里,下郡芜废,鞅鞅宦况,日且不给,适岂易易乎哉?温清奉引之暇,展素抽毫,感而有赋。"

之后的正文采用问答体的形式,多四字、六字骈句,或五字、七字一句,连续运用排比、对偶、比喻、夸张等一系列修辞手法,引用大量典故,大肆渲染烘托宦适轩四时景物、四面山水风光、当地风土人情、郡守冯裕之文治武功,等等。看似叙事写景,实则托物言志。

其中写到了一株银杏树:"其木则有银杏一章,高数十丈。巨室之才,故国之望",很显然,青年惟敏已经立下成为国之栋梁的志向。

在这篇长赋里,冯惟敏还表达了对"圣人在位,乃建明堂。四郊奕奕,九庙皇皇"的赞美,对"三纲既正,百行端本。民斯兴起,昭训久远"的褒颂,对"圣人继天,皇极乃立。大道为公,心法弗秘"的向往。

在石阡,青年冯惟敏的世界观、人生观、价值观已基本形成,儒家积极入世的哲学思想照亮了他人生前行的方向。

他信心满怀,怀揣致君泽民的理想抱负,即将奔向新的人生之路。

这条人生之路,因为有了一份对国家社稷、对家人、对子孙后代沉甸甸的责任,注定充满坎坷。

他科举不第时的消沉,身处底层发出的呐喊,对世道不公作出的大胆揭露,因诗文而深陷牢狱之灾,因要改变现实而走向仕途,这一切皆源于此。

假如生不逢时,想做清官而不能,他选择用另一种方式表达自己的反抗:淡泊名利,向往隐居。

这点,从他在贵州时写的几篇诗赋来看已初显端倪。

冯惟敏长兄冯惟健有《启东渚》一文,那些令他读来感伤悲怀以至于葬送了其父仕途的"舍弟所作诗赋",无疑是指惟敏在贵州时所写《宦适轩赋》《二禽言·寓贵州作》《望远曲》等作品。

冯惟敏的文集中明确注明写于贵州的诗歌即《二禽言·寓贵州作》二首,诗文内容如下:

> 行不得哥哥,横山纵路长茅多。侧日但逢征马去,吞声不见归人过。鹧鸪鹧鸪尔莫叫,奋飞好去当津要。长安道上车如云,胡为哀鸣向远徼。夜郎逐客只余我,亦知归兴烈于火。腹中自有鹧鸪鸣更悲。借问能言鹧鸪之鸟知不知。万一一旦从此辞,回头顾尔叫阿谁。

> 归去乐,荒烟一望山花落。夜月原头血吻新,斜阳枝上声如昨。声如昨,长相语,微禽丁宁或可据。兽蹄鸟迹难久游,故国关山不尔御。不知尔家乐不乐,只是此中风雨恶。吾非有翅不能飞,唤尔醒时吾亦归。

诗中,年轻的冯惟敏借鹧鸪之口,道尽父子二人寓居石阡的艰辛悲苦,有不平甚至牢骚,有对言官和当权者些许的不屑。

在《宦适轩赋》一文中,惟敏认为,"宦适轩"名不副实,为宦者哪有什么舒适可言!

明朝那些极为尽职尽责的言官们要从这些诗文中给惟敏父亲冯裕挑个毛病、找个罪证,那真是光头上的虱子——明摆着。

冯裕被论,致仕归田,起因是在石阡时刻了块石碑,遭到御史弹劾,大概率跟这些诗赋有直接关系。当然,这仅仅是个人推断,查遍资料,冯裕致仕原因只有诸如"忤时弃官""被论解官""负不稽之谤"之类模糊的说法。

不过,冯裕确实早就有了解甲归田的念头。

在石阡的时候,惟敏父子一度"吁天求归不得"。

这种情形在惟敏《望远曲》一诗中有描述:"朝上西风楼,暮望夕阳津。""茫茫飞鸟外,望望离群人。离人不可忘,一望泪沾巾。"

因此,虽然遭弹劾解官,冯裕却开心地对儿子们说:"仕宦三十年,我数次遭遇奇祸,而今能得全要领,完其心以归,实在是一件值得庆幸的事。"

这句话实际上真不是冯裕矫情之词。在当时,混迹仕途而能够全身而退的确是一件值得庆幸的事情。

像被誉为"明朝三大才子"的解缙、徐渭及杨慎,三人自小就是神童,少小开局超好,人生这部大戏前半部分也曾人在仕途,却都有一个猜不透的结局。

编了《永乐大典》的解缙因为才华太高,并且好直言被忌惮,屡遭贬黜,最终被埋入冰窟窿冻死,卒年四十七,去世后,家中财产被抄没,妻儿宗族被流放。

徐渭晚年贫病交加,自杀九次未成,不知是装傻还是真的有精神上的疾病,曾自持斧头毁面破头,临终时,身边只有一条老狗相伴,床上连席子都没有。

结局最好的当属杨慎,但也是三十七岁时险些被朱厚熜的两次廷杖打死,从此人生从巅峰跌落低谷,被贬至比贵州石阡还远的地方——云南永昌卫,在云南边陲终其余生。

真是人生无常。

像徐渭这样的大才子可以不疯魔不成活,但冯裕要好好活,他不会让自己疯。

人要活得糊涂些,也要活得明白些。该糊涂时糊涂,该清醒时清醒。

在即将解甲归田之际,冯裕曾对长子冯惟健谈过这样的观点:人贵有自知之明,守住本分,得意忘形要不得,失意不失态更是难能可贵。

不干就不干呗,早就不想干了。

这应该是冯裕当时的真实想法。

青年惟敏对自己的文采应该是十分自信的,"英风在夙禀,弱冠传流芳",这是他的自我评价。

连弹劾冯裕的御史也不得不承认惟敏的才气。据说这位御史在冯裕辞职回山东后,在石阡看了惟敏写的碑文,大为赞叹。

只不过,文采越好,文章越有表现力,招致的祸端可能会越大吧。

从辞藻华丽的《宦适轩赋》开始,打开了文学这扇门,冯惟敏经历了从追求华丽纷繁回归简单质朴这样一个过程。写文章如此,做人做事也如此,这应该叫成长,或者叫参悟、明了。

其实,如果不是搞专业研究,或者要参加中考、高考,大概每有几个人再去读那些辞藻华丽实则也就是那么回事的文体——赋。包括汉赋四大篇,读来只有一个感觉——洋气。

个人认为实在没有必要把文章写得这么玄乎,好像让别人看得懂就水平不高似的。

我逼着自己读了几遍《宦适轩赋》,大约和读张衡那篇著名的《两京赋》差不多的感受,也只能大概了解作者要描述什么、表达什么,片面地看,这样的文章主要作用只剩一条——证明作者有学问。

好在我们的主人公冯惟敏终究是个聪明人。随着年龄和阅历的增长,文章越写越短,让人一看就懂,丢掉了华丽外衣,回归到初心本真。

这样也有坏处:让人一看就知道你骂了谁,揭露了什么事。

这些都是以后的事了。

现在,我们的主人公惟敏适逢弱冠之龄,刚刚从贵州翻山越岭回到户籍所在地山东临朐,马上要"洞房花烛"娶妻成家了。

第十四章
益都南门石氏

常言道:家有梧桐树,引来金凤凰。

惟敏弟兄们个个堪称"三好生",品学兼优,婚姻大事这方面倒是不用父母长辈操太多的心。

早在陪父亲去石阡之前,冯惟敏就和青州益都城里南门石氏后代石存礼的小女儿定了亲。

石存礼比冯裕年长八岁,比冯裕早十八年中进士,官至绍兴知府,两家门当户对。

冯裕当年把家小安顿在青州,入籍临朐,实际上在当地却并无近亲。而青州石氏,已在益都城里历经几代,尤其到了石存礼的爷爷石瑛这一代,在当地已有很高的威望。

石瑛于明景泰年间选贡入仕,官职不高,大概类似于街道公务员之类的职务。后来,因为个性朴直刚严,不谐于俗而隐退,在青州府的南门大街安家落户。

在青州,石瑛做了很多善事,如荒年施粥,救活了不少灾民;瘟疫之年施舍棺材三百多副,安葬死去的乡人;资助十几户人家结婚嫁娶,等等,是个大善人。

善有善报是有一定道理的。后来,益都城里南门石氏后代英才辈出,乡人们就有议论,把这些归因于祖上积了德。

封建迷信不可信,但石氏后代在明代官场十分兴旺昌达也是事实。咱们只挑和冯氏一家有关系的作简要介绍。

石瑛的二儿子叫石铭,考举人成绩不错,第四名。石铭有两个儿子:石存仁、石存礼。石存仁是举人,石存仁有个孙子叫石继芳,官至陕西副使,明万历年间,在那场震惊朝廷上下的宁夏哱拜之乱中,叛军杀死了时任陕西副使的石继芳,一同被害的还有宁夏巡抚党馨。

石继芳,就是惟敏二哥惟重大女儿的丈夫,也就是惟敏的亲侄女的丈夫。

比石继芳还厉害的是他的堂兄石茂华。

石茂华是石存礼的孙子,冯惟敏娶了石存礼的小女儿、石茂华的亲姑姑,

也就是说,冯惟敏是石茂华的亲姑父。

石茂华是石氏迁青州第七代、益都南门石氏第四代的优秀代表。对明朝历史感兴趣或者研究战争史的人们对此人应该不陌生。总之,这个人不管是在地方还是在部队,德能勤绩廉均表现突出,功绩卓著:他是一位优秀的战略军事家,治理河道也很成功,督御粮草,扬州抗倭,山西籴粮内运,甘肃上疏改革战争考绩,修建陕西三关边城,促成西北甘、宁互市,等等,还真是位全才。

石茂华为人正直,还很有政治智慧,能够在险恶的明代官场保全自己。他平时严肃庄重,不轻易发表意见,但一旦有所裁断,只言片语,句句说在点子上,举重若轻,大事立决,处理政务,周到谨慎,很难让人抓住把柄。

由此看来,石茂华对道家知者不言、善者不辩的观点有着透彻理解并能成功付诸实践。

明嘉靖后期,严嵩权倾朝野。严嵩父子拉拢了不少党羽,如当时的咸宁侯仇鸾、严嵩干儿子赵文华都是严嵩父子的"铁粉"。仇鸾和赵文华曾因工作上的事给石茂华出过难题,但石茂华处理问题理由充分合理合法,不多说话、乱说话,闷着头干自己认为应该干的事情。这两个人即使对他心怀怨恨,也奈何不了他。

石茂华这样的人称得上治世能臣,是德才兼备的模范干部。石茂华最后累死在了工作岗位上。

事情发生在明万历年间。石茂华巡察陕西、甘肃地区,正值地方上遭遇大饥荒,他积极向朝廷反映,免收百姓徭赋,开仓救灾,积劳成疾,呕血身亡。

积善之家,必有余庆。当年爷爷石瑛荒年施粥,救活灾民;现在,石茂华有能力打开国家的粮仓,泽被更多的百姓。

这应该就是所谓的"余庆"吧。

为褒扬优秀干部的先进事迹,激励其他人,万历皇帝要求礼部以高规格安排石茂华后事。以石茂华砥节砺行,呕心沥血,诏赐祭二坛,赠太子少保,谥曰恭襄,还专门安排了礼官主持他的丧事。

时任礼部尚书,明代文学家于慎行亲自为石茂华撰写墓志铭,称其"在位四十余年,始终一节……诸石氏皆用清谨立节,有古万石君家风……"

当然,这是多少年后的事,石茂华最后的荣光冯惟敏没能够亲眼见证,因为,冯惟敏比石茂华早去世了五年,他的墓志铭还是有劳这位妻侄亲笔撰写的。

而现在,青年惟敏正要娶这位石氏后人的姑姑呢。

正青春人在天涯

歌德说过,哪个少年不多情,哪个少女不怀春。

不管哪朝哪代,爱情都是永恒的主题。

熟读经书的青年惟敏和大家闺秀石氏,和其他的青年男女一样,都有着对美好爱情的憧憬。幸运的是,他们曾有缘相识。惟敏一家从南京移居青州、冯裕还没有赴任石阡的时候,媒人就上门提亲,冯家也给石氏送了帖子,定了亲。月老的红绳把他们拴在一起,男女双方以一种契约的形式确定恋爱关系,从此彼此情有所托,有相见时的甜蜜欢喜,也有别离时的相思之苦。

当关山万里,爱而不见,唯有一遍遍回想对方的容貌,说过的每句话,每一个动作,将一腔情思付诸笔端,比如《集贤宾·咏所见》。

【前调】

恰才相见方懊悔,悔只悔会面犹迟,悔到其间还是喜。动人处浅淡装饰,他有斯文风味。掩不尽千娇百媚,今日里,这场事委实希奇!

【不是路】

玉质冰肌,蝉翼轻松四鬓齐。多清气,钗梳不用金珠翠。步轻移,紧净丢修可体衣。正当时,觑了他青春一捏娇年纪,才是妙龄之际。

【调角儿序】

嫩超超百样娇姿,细弯弯两道蛾眉,窃生生三寸金莲,瘦亭亭一捏腰肢。最相宜,雪窗前,书馆内,拥红炉,斟暖酒,良宵清会。这场心事,应无了期,没来由不疼不痒,惹下相思。

【前调】

待和他月底吟诗,待和他灯下敲棋,待和他较量输赢,待和他比并高低。待和他按金徽,调玉轸,谱新词,依古调,传情适意。知音交契,相逢有期,乍相识心乎爱矣,何日忘之?

这是冯惟敏为数不多的南曲之一。曲中,有他对恋爱对象的美好想象、对未来甜蜜生活的向往。理想的爱人应该斯斯文文,模样清瘦,聪颖高雅,能吟诗谱词,敲棋赏曲,是人生路上的知音。

这不禁让人联想到著名女词人李清照和她的丈夫赵明诚定居青州时那甜蜜惬意的爱情生活。有少女回首嗅青梅时的笑靥,有结为伉俪后的夫唱妇随:饮酒、品茶、赏花、斗棋,笛声三弄,梅心惊破,吟诗唱曲,好生浪漫温馨。

无奈天涯两隔,爱而不见。恋爱中的少年独上西楼,望断天涯路,思绪翻涌,填一首《望远曲》,抒写感怀,遥寄情思。

望远曲

朝上西风楼,暮望夕阳津。夕阳照草头,荡漾平无垠。借问天低处,无乃大块滨。茫茫飞鸟外,忘忘离群人。离人不可望,一望泪沾巾。引领仍摧颜,极目翻长颦。君今怀往居,妾此悲徂春。寸肠不自续,况乃两地身。

而今,青年惟敏自遥远的西南边陲跨越千山万水而归,与少女石氏莲结并蒂,洞房花烛,同心永结。

冯裕安排惟敏从贵州回青州主要是完成两件事,一是完婚,是入学准备参加乡试。这两件事也是古代读书人的两大人生追求或者人生乐事:洞房花烛、金榜题名。

对青年惟敏来说,洞房花烛已经实现,剩下的唯有全力以赴读书学习,争取早日金榜题名,功名加身,去实现自己经世济民的人生抱负了。

入县学

　　和现在的中学生读书要参加高考一样,古代读书人的奋斗之路更是自古华山一条道:科考入仕。

　　科举考试给所有读书人提供了一个相对公平的竞争平台。只要你才分到了,首辅的儿子一样可以高中状元,如杨廷和的儿子杨慎;你才分再高,如果有舞弊嫌疑,一样可以终生禁考,如应天府乡试考第一的唐寅;你才高八斗,如果答卷不合考官的口味,那也白搭,如那位自我评价书法第一、诗第二、文第三、画第四的"有明一代才人"徐渭。徐渭二十岁考中秀才,之后参加八次乡试,也没能考中举人,连考进士的资格都没有。

　　惟敏弟兄们从一出生就注定要走科举仕途之路,那时候还没有胎教,如果有的话,读书科考应该始于娘胎。弟兄五人除了惟直二十四岁早卒外,惟健、惟敏举人身份,惟重、惟讷是进士,在当时的青州府城想必也是十分亮眼。

　　之前惟敏一直随父宦游,主要由父亲冯裕亲自辅导学业。在石阡,他虽有文名,但估计当地的政策把关比较严格,不符合入学条件,并没有成为当地正式的生员,也就没有参加乡试的资格。

　　像现在的"高考移民"一样,当时有条件的人家也能够到相对偏远、教育相对落后的地区入学参加科考,同样的情况考中的概率更大一些,这种情况在明代还有个专用词语——"冒籍"。

　　不过,政府不提倡甚至要严厉打击"冒籍"这类干扰正常科考秩序的行为。

　　有学者专门写了篇文章考证徐渭的父亲和哥哥是"冒籍"取得的举人身份。

　　据说徐渭父亲徐鏓在龙里卫获得生员资格,后来落籍江阴,本应在江浙参加乡试,结果当地人才济济,屡考不中,最后想了个办法,远赴祖籍所在地贵州龙里卫,也就是当年惟敏父亲单骑赴苗寨的那个地方,一考即中,当地人还专门为他建了个"跃龙门坊",从此踏上仕途。

　　后来,徐渭的两个哥哥也入了贵州卫学,取得龙里卫的生员资格。值得一提的是他的二哥徐潞,参加江浙的乡试不中,转学到龙里卫,动不动考第一,以龙里卫生员身份参加云贵乡试,结果被其他同学举报,取消了当年的考试资格。

看来冯裕的确是遵规守纪的模范,几个儿子并没有在相对偏远的云贵地区参加乡试。在石阡,惟敏甚至连个生员都不是。

回到山东后,人生大事之一的结婚成家已经完成,剩下的就是麻利地入县学,尽可能早地参加乡试。

为此,惟敏拜访了临朐县的知县褚宝。褚宝对冯惟敏的才学大为欣赏,极力推荐。

像现在每个州县的重点中学那样,县学也不是你想考就能考、想去就能去的,当时的县学录取率只能更低,就是有知县这个"后台老板",也不顶用,必须要经过层层选拔考试。

先要参加县试、府试,过了的,成为童生,这是第一步,说明你已经取得了参加院试去考秀才的资格。

接下来第二步,参加院试,考中了。恭喜你,你已经成为一名在四邻八舍有一定地位的读书人,且有一个响当当的名号——秀才。至此,你迈出了读书人鲤鱼跃龙门的重要一步。

考中秀才主要好处有三。

第一,能享受到一定的政治待遇。如能免差役,见到知县时不用下跪,作为父母官的知县还不能对你随意用刑,有意见可以直接向县官反映。

第二,能享受到一定的经济待遇。假如你成绩特别优秀,送你一个单独的称号——廪生,国家给你报销学费、伙食费。

第三个好处,可以继续考。

先是乡试。这个乡试听起来层次不高,但别误会,不是乡镇一级的考试,而是各省、直辖市一级的考试,这个难度系数有所提高。首先,不是所有的秀才都能参加乡试,也要经过选拔,优秀者才有资格。

乡试过了,中举。举人的社会地位比秀才更上一层楼。经济上,国家给你发补助,生活基本有了保障;政治上的地位也有所提高,你还可以参加来年三月初一的全国考试——会试。

会试的难道系数更高了,因为全国也就录取300人左右。会试过了,取得殿试资格,殿试录取综合排名前300名左右的优等生,有一个光荣称号——进士。考中进士,是绝大多数古代读书人的奋斗目标和梦想。

最牛的考生能连中三元:解元、会元、状元,不但全省第一,还要全国第一,最后一关皇帝也认为你第一,这个单凭文章写得好还不够,还要长得英帅,口才好,心理素质过硬,运气也不差。

这个难度系数空前大,整个大明共两人,其实也可以说一个半,都在惟敏出生之前。一个是洪武年间的安徽人黄观,因为永乐皇帝朱棣不喜欢,将其名字从登科录上划去,所以在后世多数历史记载中,三元并没有黄观的名字,咱给他算半个;还有一位叫商辂,宣德年间乡试第一,正统年间会试及殿试又是第一,是名正言顺连中三元的天才人物。

有人专门做过统计,中国的科举制持续一千三百多年,连中三元的"考霸"十三位,黄观不在其列,加上黄观,准确地说有十三个半。

如此看来,一般人能考个秀才也是相当不简单的,虽然不少戏剧文学作品总爱把秀才视为穷、酸、迂的代言人,但人家真有酸的资本。就算科考之路就此画上句号,秀才还可以办个培训班,当个私塾先生,虽然清苦了些,但好歹也是个文化人了。

以冯惟敏汪洋闳肆、万言立就的文学功底和良好天资,考个童生很容易,考个秀才也不成问题。

但毕竟大家都很努力,要成为吃国家粮的秀才——廪生,还是有一定难度的。这方面,从不求人的知县褚宝因为太爱惜冯惟敏这个人才,竟然破例向当时的考官求了情。

实际上,冯惟敏在临朐县学读书的时候,多少有些年轻气盛,不是发自内心想走科举这条道的,多亏褚宝及时给予了正确的引导教育。

褚宝过八十岁生日时,冯惟敏专门写了祝寿帖和《贺旧令尹褚凤台寿八秩序》表达对他的感恩之情:"曩余弱冠,不屑举子业,愿受一廛而为翁氓。翁弗许,使游乡校。督学使君阅卷置上等应试,翁固为请廪,弗许。翁出,以膝示余曰:'为尔固请,此膝屈于人者久之。然尔必博科名,无庸此为也。'既而果如翁言,乃余至今不即为翁氓者,谁之赐也?……"

由此看来,刚回到老家的冯惟敏一度不屑于为应付科考背诵写作那些八股文之类的文章,在这选择人生道路的十字路口,知县褚宝及时出现了,邀请这位年轻自负的青年才俊参观乡学,谈论治国经略,终于使冯惟敏坚定了走科举之路的信念。

在院试过程中,褚宝不惜放下身段,亲自找到主持院试的学政请求录取惟敏为廪生,虽然事情没有成,但事后褚宝还是拍拍惟敏肩膀予以安慰,让惟敏不用为这件事过意不去,说了些坚信能博取功名之类鼓励的话。

几年后,惟敏乡试中举,跟知县褚宝的教育引导是分不开的。

以上的贺寿帖序文是三十多年以后的事了,其时五十九岁的冯惟敏刚刚由镇江府学教授升任保定通判,而当年那个激励青年学生积极学习齐家治国本领的知县大人已是八十高寿。

冯惟敏在编撰临朐县志(《嘉靖·临朐县志》)时,专门为褚宝写传,详细记录了褚宝在临朐的功绩,褚宝位列临朐名宦之中。

在前文所述祝寿帖序中,冯惟敏总结了褚宝长寿的原因:"传曰:'必得其寿,归其本于大德。'"他祝福当年的忘年交、人生导师褚知县健康长寿。

第十七章
侍父郊游

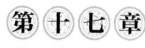

冯惟敏父亲冯裕过上了诗与远方的退休生活。

在益都,冯裕、石存礼、蓝田、刘澄甫、陈经、黄卿、刘渊甫、杨应奎相约缔结"海岱诗社",社名源自《尚书·禹贡》的"海岱惟青州"。

明嘉靖十四年(1535)冬至,他们在益都北郭禅林首次聚会,举行结社仪式。

诗社成立后,定期举行活动。第二年,明嘉靖十五年(1536)九月,因为陈经被朝廷起用,诗社解散。

因结社地北郭禅林有洋溪流经,故又名"洋溪诗社""益都北郭禅林诗社"。

"海岱结社"成为当时青州文坛盛事。

现在的青州有一条海岱路。此路贯穿青州城南北,东傍弥河,西、南群山青黛,路旁花木繁茂,梧桐小院人家。驱车行驶在海岱路上,每次想起海岱诗社,四周的景物和古城青州也随之诗意盎然起来。

海岱诗社成立几十年后,冯裕曾孙、冯惟敏二哥冯惟重长孙冯琦做官做到礼部尚书兼翰林学士,有条件为他的曾祖父倡导发起的海岱诗社编纂出版诗集,共十二卷,名为《海岱会集》。

再往后,冯裕的五世孙冯溥,清朝乾隆年间曾任文华殿大学士,相当于宰相之职,更有条件光宗耀祖。冯裕等人的会集作品共四百七十九首全被收录到《四库全书》中。

四库全书编纂者们在《四库全书·摘要》中对冯裕等海岱诗社社员们的诗作给予了比较高的评价,称"其诗清雅可观,无三杨台阁之习,亦无七子摩拟之弊……盖山间林下自适性情,不复以文坛名誉为事,故不随风气为转移……"

以上评价是比较贴切的,当繁华落尽,功利尽弃,文学作品也回归其本质:诗言志。

诗如其人。

归田后的冯裕,已然摆脱了身处官场物累形役的生活状态。据说他平日居家门扉紧掩,手不释卷,吃的是粗茶淡饭,住的是老屋旧宅,物质生活方面和青州的富裕人家没法比,但他似乎丝毫没有感觉到这样有什么不好的地方,几乎达到了不以物喜、不以己悲的人生境界。

对于惟敏一家来说,这段日子可以用岁月静好来形容。

一家人终于团聚。

惟敏二哥惟重和四弟惟讷于明嘉靖十三年(1534)参加乡试同时中举,适逢惟敏父亲冯裕被论辞官从贵州返回青州不久,喜讯传来,一扫家人沉郁情绪。

冯惟敏长兄冯惟健不无感慨地说:"塞翁之见,良亦不枉。"

失之东隅,收之桑榆。惟敏父亲冯裕辞官归田,儿子们业已长大成人,且个个德才兼备,承欢左右。多少年后,惟敏兄弟们应该十分怀念这段日子。

上年冬至日海岱结社,转眼已是来年春天。

这年的上巳日恰逢清明,是诗社活动的日子。

诗社活动由冯裕轮值召集,主题早已拟定:宴游东郊,每人拟赋题一道,古今体诗十首,命题作文题目为"东郊"。

冯惟敏兄弟们对这个日子十分期待。每次类似的活动他们都要侍奉左右,或兴之所至,或应长辈之命,提笔赋诗,有时也把自己的诗作让长辈们点评。

春日里,桃李吐蕊,清风拂面,大家放下世间的纷繁杂务,以诗会友,逸兴遄飞,笔走龙蛇。

东道主冯裕先行赋诗一首,抛砖引玉:

> 散步东郊外,春深景物繁。
> 高低杨柳岸,红白杏花村。
> 海气分阳彩,山容减烧痕。
> 方思古口客,移杖过柴门。

惟敏的老丈人石存礼接着助力亲家公,挥毫助兴:

> 为爱东郊好,笻枝伴独行。
> 花香能醉蝶,柳色欲迷莺。
> 但得青春在,何妨白鬓生。
> 斜阳红尽处,一片暮山横。

海岱诗社的活跃分子刘渊甫昂首捋须,吟诵自命题作文《花林野趣》:

> 碧水青山何处村,百花千树半柴门。
> 山藏柳市无车马,水隔桃源有子孙。
> 问舍地偏为得计,寻幽心远遂忘言。
> 悠然迥出尘嚣外,垂老犹矜兴味存。

众人纷纷叫好,展示各自诗作,相互欣赏点评,大有陶渊明"弊庐何必广,取足蔽床席。邻曲时时来,抗言谈在昔。奇闻共欣赏,疑义相与析"的意味。

冯惟健《清明日同诸弟奉侍家君游歌别墅,和韵三首》记载了畅游的情景:

……黄鸟不过红杏坞,白鸥飞到绿蒺洲。彩衣并舞清尊晚,敢拟华林洛水游。

活动从上午持续到晚上,午饭类似野炊,一张大席铺开,大家围席而坐,累了躺在草地上,晒太阳眯眯眼。

晚饭则提前进行,早定好了酒家,大家放开来喝酒吃肴,不醉不归,好不潇洒。

石存礼雅兴不减,呼惟敏又研磨铺纸,一首《杏村酒帘·春在山巅与水涯》记下当时的情景:

春在山巅与水涯,酒旗深巷有人家。
也知物态随时序,但惜年光改鬓华。
落日疏林低度鸟,东风平野乱飞花。
晚来扶醉长歌去,马首残烟点暮鸦。

老文友们"晚来扶醉","沉醉不知归路",惟敏弟兄们都是好酒量,估计要扶将父辈们各回各家了。

第 十 八 章
七友会济南

明嘉靖十六年(1537),丁酉。对大明的许多读书人来说,又到了一个十分关键的年份,因为这一年是大比之年。

辛苦读书的生员们是骡子是马只要你愿意都可以拉出来遛遛,遛得好的极有可能去省城,因为那里有个更高级别的考试平台——乡试。古代乡试又称大比,因为乡试时间在秋天,故也称秋闱。

在大比的舞台上,"海阔凭鱼跃,天高任鸟飞",咸鱼翻身或鱼跃龙门从此人生一路开挂的机缘都是有的,就看你有没有那个本事和运气。

二十七岁的冯惟敏对自己的才华十分自信,怀揣一腔兼济天下、经世报国的人生理想,大唱"男儿志向,休负了前人名望";志向远大,"心将跨十洲,气已吞七泽"。

当然,冯惟敏要实现他的人生理想,科举是第一等要紧事。对于他所喜欢的编曲写词,再喜欢也只能暂时放下,顶多放在第二等或最不重要的层面,因为人家考试大纲里没有这一项。

当时,冯惟敏弟兄五人,有举人三人。长兄惟健虽然操持着家务,事务繁忙,但仍然在嘉靖七年(1528)中戊子科举人;次兄惟重、五弟惟讷也于三年前考中甲午科举人。

兄弟们先后中举无疑给了冯惟敏一定的压力。结婚后,妻子石氏也在不断督促他的学业,十分期望丈夫能够早日博取功名。临朐县学的优秀生员冯海浮同志前有兄弟树标杆,后有新婚妻子不时督促,另外还有知县褚宝等的赏识和激励,不得不暂时放缓寻访奇踪的脚步,潜心背书积极应考。

现在,时值八月秋闱之期,冯惟敏即将出发,向着济南府,去奔赴人生中第一次重要的考试。

临走之前,兄弟们聚在一起,开了几次家庭专题会议,和他分享应考经验教训,捋一捋考试注意事项。

长兄惟健最是用心,再三叮咛嘱咐,分析惟敏强项、弱项,让他有的放矢,科学应对。

近水楼台先得月,向阳花木易逢春。在弟兄们的熏陶感召下,即将走向考场的冯惟敏对考试的套路已经了然于胸。他并没有初上考场的紧张,因为在去省城济南赶考的路上,他还有闲情逸致,提前半个月出发,顺道章丘,去拜访当时在文坛赫赫有名的词人李开先。

李开先和冯惟健同科中举。次年,李开先考中进士,做了京官。青年冯惟敏对李开先膜拜至极,堪称李的"铁粉"。

冯惟敏追星追到章丘李府,才发现偶像探亲假结束,李开先已经到京城上班忙工作去了。

第一次拜访偶像而不得见,冯惟敏不无遗憾地离开了。

一路走走看看,到济南府后,冯惟敏直奔王升客栈住下,和六位同门学友兼铁杆好友会合。

冯惟敏兄弟自束发以来,和六位学友比较投缘,交往热络,他们"书吏笔砚无不同,小试科举无不同"。大家一起学习,一起历经大大小小的考试,一起侃大山,一条船上谋前程。

冯惟敏的六友人员组成是这样的:老张张致远、老曹曹双印、老周周奎、老钟钟继政、老徐徐起予,还有一川宋延年。

和惟敏最交好的是宋一川。

一川是宋延年的号。宋延年,字仁夫,益都人,与冯惟敏二哥冯惟重同年出生。冯惟敏与宋一川要好到什么程度呢?当年从贵州回到青州,他先去拜会了宋一川,然后才回的自己家。

后来,惟敏二哥冯惟重客死庐州后,留下了不满百日的儿子子履,一川恰好第二年有了个女儿。惟敏的侄子子履和一川的女儿定了娃娃亲,后来女婿子禀、外甥冯琦倒真给惟敏这个好友增了光。

在科举考试这条光明大道上,冯惟敏和他的六位同窗好友组成了一个洋气的组合,暂且借用当代一度很有知名度的一档节目给这个组合起个响亮的名字——非常"6+1"。

在明嘉靖丁酉年的这次乡试正式开启之前,我们不妨先"剧透"一下非常"6+1"成员们最终的科考成绩。

总的来说,成绩还是不错的:"余(惟敏)与宋徐三人举丁酉科,周举癸卯科,登癸丑第,钟举丙午科。惟张曹二子屡举不第……"

首先祝贺下冯惟敏与宋一川、徐起予,你们三人马上就是举人啦!

总之,七人当中最终考中进士一人、举人四人、贡生两人。

冯惟敏到客栈后,非常"6+1"成员首次也是唯一一次在府城济南大集合。

离进考场还有几天的时间,大家免不了要一起放松下紧张的情绪。徐起予提议由他做东,为冯惟敏接风,其他人欣然应诺。

接风宴气氛活跃，众人谈天说地，聊得不亦乐乎。几轮酒下来，学友们大都有了几分酒意。

益都城北人张致远和冯惟敏一样，也喜欢些杂学，便起哄让惟敏唱曲儿。

冯惟敏也不推辞，先自饮一盅，说道：

"这回在王升客栈咱们七友会齐，如七星高照，愿咱们个个考中举人，明年春天咱们相约参加春闱会试，到时和我二哥、五弟一同进京，就是九个人了，久久长远。咱们若能考中进士，起码先做个七品知县，那我给在座的每人唱一句，预祝咱们七星高照，做官久久长远！大家看看，觉着说得对，那就干了杯中酒！"

众人哪有不应的道理，大家都知道惟敏平时喜欢研究周易，尤喜散曲，就都等着听听他又有哪些新鲜词。

冯惟敏先是对着张致远唱道："老张，绉腔，豪气三千丈。轻车熟路走科场，甚男儿自强。"

"好一个男儿自强，这科场路俺是走定了，不到南墙不回头！"老张平时说话文绉，实际却是个爽快人，这是他第三次来济南府参加乡试了，听了惟敏的曲词也不恼，把杯中酒昂脖而尽，撇着一嗓绉腔应道。

老曹年龄偏大些，也嚷嚷着让惟敏快唱唱他。

"老曹，气豪，轩昂山林貌。麟经传世好文学，不负乌纱帽。"惟敏张口即来。

张、曹二人年龄稍长些，都已近不惑之年，喝高了的时候大家就"老张""老曹"地叫着。老曹听了还挺高兴，笑笑回道：

"日子不顶混，三年三年地过，再过几个三年，大家见了面，别管官做得多大，咱们姓氏前面不都得加个'老'字。"

听着惟敏说他有乌纱帽可戴，实在人曹双印虽然高兴，但也禁不住嘀咕："那单咱这客栈里，就住着几十个茂才呀，如果都考上的话，当官的也忒多了些吧？"

大家都笑起来："老曹老曹，你这当官还嫌多？你快干了杯中酒，别耽误了咱大家伙戴乌纱帽，后边还有好几位弟兄等着呢……"

冯惟敏见大家催得急，先应道："那咱们接着来，老曹说得有道理，咱们早晚得在姓氏前面加个'老'字，比方我，觉着能被人唤作'老冯'，还是福报呢，后边不管年龄大小，我都先加个'老'字叫着啦！"

惟敏的话又引得大家一阵大笑。

"叫着叫着，我孩子都满地跑了，叫老周一点儿也没叫老。"周奎应声说道。

话说这周奎也是青州县学里的人物，倜傥儒雅，虑事周全。他见大家这么高兴，虽然觉得惟敏喜欢的这些杂学不利于科考仕途，但也不扫大家的兴致，就让冯惟敏也唱唱他，看说得对不对。

惟敏抿了口酒，不紧不慢唱道："老周，好修，道理都参透。同门儒雅更风流，功名必魁首。"

老周听了，虽然觉得这是惟敏说些过年的话，但仍然挺高兴。既然说到了功名，他免不了有些肺腑之言要对惟敏说，于是先把自己杯中酒干了，又推心置腹地对惟敏说道："汝行贤弟，你的杂学，尤其是那散曲，真是不一般了呀！但须知，这杂学功夫用多了，必定有误举子业、有误正途啊！"

"多谢宿天兄提醒。不过，这散曲随性随心而就，为弟也确实喜欢。况那章丘的李开先较我更喜杂学散曲，他不是也早已科考一帆风顺而登仕途！"冯惟敏笑着说。

后边还有三位好友等着惟敏说词，两人便不再磨叽深谈。大家继续听冯惟敏对剩下的三位一一道来：

"老钟，古风，太朴是大用。文章道义在胸中，瑞兆丹山凤。"

"一川，性善，笔力千人彦。天朝甲第早登攀，妙文声价远。"

"老徐，起予，有义气多声誉。长安道上不停步，名登丞相府。"

冯惟敏用寥寥几语勾画出几位学友们的人物画像，算是说到了每个人的心窝里，让众人佩服。同时，他给每位学友都送上了美好的祝愿，普遍进行了一遍大考前的"心理按摩"，活跃了气氛，缓解了考友们考前紧张情绪，起到了寓乐于曲、寓教于曲的良好作用。

现在大家处在同一条起跑线上，对未来抱有无限希望和憧憬，假如人生如戏，每个人的剧情大概总要留些遗憾。

三十多年后，冯惟敏已在保定通判任上，好友之一的老张当时任兴县教谕，来保定探访他。耳顺之年的两位老友相聚对酌，历数当年几位学友，周、钟、徐、宋四位"或得志而失官，或不得志而失官，或不得志不失官而殒命。""张、曹虽然没有取得一纸功名，但能老于儒官，也是幸事。"（见冯惟敏散曲《朝天子·六友》）

冯惟敏一生九上春宫不第，不知还记否仕途久久长远的祈愿和曾经的意气风发？

谈起过往，谈起人生，冯惟敏感慨不已。他感时念旧，口占《朝天子·六友》，作为非常"6+1"组合永恒的纪念。

当然，这些都是几十年以后的事了，命运就是这样，或者说生命的魅力正在于此，最后的结果虽然重要，但过程更接近于生活的本质。

住在王升客栈的冯惟敏和他的同窗好友们，没有哪一个不是奔着功名前程而来，也应该怀揣着匡世济民的人生理想，有一腔修齐治平的人生抱负，于家光宗耀祖，于国报效圣恩，这似乎是那一代读书人理所当然要走的路。

《左传》云："太上有立德，其次有立功，其次有立言。虽久不废，此之谓不朽。"

这"三不朽"为中国传统的知识分子指明了人生价值追求所在，人生一世,或立功立言,最重要的是立德,能实现"三立",那大概就是人生大圆满了。

在科举取士的年代,要达成这"三不朽",似乎科举才是正途。因为科举可以使你"朝为田舍郎,暮登天子堂",除非你会投胎生在天子堂,至于其他人等,管你是田舍郎还是这郎那郎,想进步,好好复习吧,都给你设计好了,沿着童生试、乡试、会试、殿试的路线图,一步步摘得秀才、举人、贡士、进士头衔,拿到进入不同层级仕途的入场券,然后才会有更多机会去实现人生理想和抱负。

归根结底,惟敏和他的同学们眼前的头等大事其实还是几天后就要应对的大比。

第十九章
借酒议科考

话题终究还是要回到大比上来。

老张张致远说:"汝行老弟,你家弟兄五人,除了七弟年龄尚小,你长兄、仲兄和五弟都中了举。这次来之前,你没有问问他们答卷的诀窍吗?你给大家说说嘛!"

老张先后参加了戊子科、辛卯科、甲午科乡试,陪出了惟敏家兄弟三举人,这次又来了,但愿这次他不是来陪考的。

周奎也应道:"是啊,考举人不考唱曲,咱们不如谈谈秋闱这三场考试吧,说不定能管大用呢!"

其他学友也多和惟敏兄弟们相熟,便催着惟敏谈谈惟健、惟重、惟讷三兄弟中举有什么秘诀没有。

其实,中国的科举考试发展到明代,已经形成了比较成熟完备的制度,内容较固定,程序很严谨。

惟敏和他的学友们要参加的乡试,依惯例共分三场进行,时间固定在八月九日、十二日和十五日,主要考查经义、诗赋、策论三门。

惟敏一听谈科考,也不推辞,继续借着酒劲侃侃而谈:"诸位好友,像咱们这样的同年好友,实在是情比兄弟!若谈及我家兄弟三人中举的事,里边真是大有文章。大家也都知道,我那长兄和二哥都是参加了两次乡试才考中的举人。窍门嘛,也确实有。"

大伙儿一听科考也有窍门,立马催着惟敏:"汝行贤弟,快别卖关子了,什么诀窍你就快说说嘛!"

"喝酒喝酒,"惟敏看着大家都干了杯中酒,才继续说道,"你们都想一想啊,这第一场要考的经义,是以'四书''五经'中的文句为题,阐释义理。这要考的是经书义理的熟知情况,咱们十年苦读,熟读经书,义理纯熟,天天写那时文,做梦也要背诵那些释义,这一场差距不会太大吧?"

大家点头认可。

惟敏抿了口酒,继续开讲:

"第二项诗赋,偏向考文学功底,天赋很重要,这个主要是平常的水平,正常发挥就行了,也不是问题吧。"

说到这,惟敏身子不由一直,提高了嗓门,发出了感叹:

"唯有那策论一门,从我家两位兄长科举考试看,这是治胜之关键,得策论者得科考啊!"

好家伙,看来"失行测者失公考,得申论者得天下"是一句老生常谈!不知有没有专家学者做个专题研究,方向就是"申论与古代科考策论关系之研究"。

众人听惟敏把策论说得这么玄乎,愿闻其详。

冯惟敏更加兴奋起来了,说:"咱们也都是经过小试大考磨炼的,这策论一场想必大家也颇有感受。策论文章的选题看起来相对自由,可以从几道题目中任选一题,但单这选题就颇有讲究,一般要选事关国之大计者论之,因这最能考出应试者的胆识才力,如果你选议的是一些相对简单的议题,格局可能小了些,也显不出大才之用来!依我看来,这策论一场,是要考你有没有治国安邦之略呢!"

徐起予一激动竟然站了起来,说:"说得对呀!国朝选士,不能选那只会写八股文章的书呆子,最应该选那有满腹经略的治国之才!"

冯惟敏见大家颇有赞同意味,便继续发表议论:"其实,这策论应试也有诀窍,我这里把策论好有一比……"

周奎问:"比作什么?"

只见惟敏挽了挽袖口,做了个挠痒痒的动作,说道:"这朝廷考策论,就好比让人为自己挠痒——挠轻了不解痒,挠重了就挠破了皮出了血,倒是不痒了,可疼呀!"

众人一阵大笑,冯惟敏感慨地说:"我那长兄,第一次大比未中,就是痒痒挠轻了;我那二哥,第一次大比又把这痒挠重了,也没中;咱们这次,既要找准问题挠到痒处,还要挠得恰到好处啊!"

众友听罢,都有恍然大悟之感。

一举中第

明嘉靖十五年(1536)年闰十二月,王慎中任山东提学金事,督学山东。

到任后不久,王金事组织山东的生员们进行了一次模拟考试。这次统考,让冯惟敏脱颖而出,名声大振。

估计冯惟敏自己也没有料到,他的答卷得到了王慎中的高度认可和褒扬。

试卷还没有拆封,王慎中就高兴地对身边的人说:"这次摸底统考,我得到了两位品学兼优的人才!"

成绩揭晓,冯惟敏是两位优秀人才之一,另一位,即冯惟敏的好友宋一川。

王慎中何许人也?那可是名留青史的"大咖"级别人物,号称"嘉靖八才子"之首、明代散文"三大家"之一,是能搅动当时文坛风云、引领文坛风向的能人。

提学金事是朝廷派到各省负责教育督导的行政长官,职责大致相当于现在的教育厅的厅长兼督学。

现在看来,这位当时的厅长相当年轻。

王厅长生于明正德四年(1509年)九月,惟敏生于正德六年(1511)九月,王厅长只比学生冯惟敏年长两岁整。

冯惟敏"三岁不成章",三岁的时候说话还不大成溜;王厅长四岁诵诗,教以对语,对答如流。惟敏"八岁问奇字","十二受遗经";王先生十一岁拜名师,十七岁中举人,十八岁中进士。

只能用一个字来形容咱们的教育行政长官了:牛。

就是这样一位读书天才兼文坛重量级人物,翻阅了冯惟敏的考卷后,对惟敏的文采大加赞赏,自叹不如!

《(光绪)临朐县志》记载:"晋陵王慎中督学山东,自谓无书不读,少所推许,及见惟敏文,乃大赏异,以为其才不能逮也!"

冯惟敏这是遇到伯乐兼知音了。谁说千里马常有而伯乐不常有?只要你是匹千里马,关键时候出来遛遛,何愁没有伯乐!

此时的冯惟敏,虽然从未怀疑过自己的才华,也不像他的两个哥哥那么谦虚低调,但能得到这么高的评价,想必也有些意外。

为这件事我专门查阅了不少资料,研究其中缘由,有了一个大概的判断。

第一,当然是冯惟敏确实文采斐然,才气勃勃。

第二,当时的风气使然。

在古代,老师也是要挑学生的,一日为师,终生为师。这方面咱们这位王先生一直做得不错。比如,明嘉靖十年(1531)的乡试,王慎中任广东主考官,亲自拔取的解元林大钦,在第二年会试中高中状元。由此,王督学博得慧眼识英才的美誉。再往后,除了提携冯惟敏,明后期驰名文坛的山东人"后七子"李攀龙,解元殷士儋,也都是由他一手选拔出来的。当然,后来李攀龙的文学主张和王老师背道而驰,另当别论。

第三,我个人认为最重要的原因是,从冯惟敏身上,王厅长似乎看到了他自己的影子。惟敏的文章很合王慎中的口味,很好地体现了他的文学主张。

这位王先生也是一位秉性狷介狂傲之人,不屑于逢迎上司,阿附权贵。

有段时间朝廷拟选拔各部员外郎入翰林充馆职,当时的内阁大学士张孚敬想借此笼络王慎中,暗中向他示好。但是,王慎中不屑于与他为伍,不但不去拜谒,还声言"吾宁失馆职,不敢失身"。

张孚敬,即张璁也,明代著名的"大礼仪之争"辩论赛反方一辩,因大礼仪事件而起家。

王慎中瞧不上张学士的人品就罢了,如此不给人家面子,这不是打张璁张学士的脸嘛!

最后,自然没有入翰林,却为他自己赢得了更大的名气。

再后来,王慎中在南京任职,因为工作比较清闲,有时间潜心研究阳明心学。研究的结果就是改变了他之前"文必秦汉"的尚古观念,趋向于唐宋文风,推崇北宋文学家曾巩、欧阳修等诸家学说,最终成为国朝反复古风的重要代表人物。

反对一种风气潮流需要勇气和底气,这底气来自理论自信和实践验证,还需要同盟和战友。而冯惟敏其人其文,恰恰具备这种特质,可以作为同道中人来发展培养。

所以,才有了王厅长对冯惟敏那看起来有些夸张的赞誉之词。

以上纯属个人观点。

明嘉靖十六年丁酉(1537)八月,冯惟敏和他的同学们如期参加山东乡试。

考试很顺利,三场考试转眼之间就过去了。

出于好奇,我查了不少的资料,也没有找到冯惟敏这次考试的答卷内容,多少有些遗憾。

不过,这些都不重要的,重要的是,冯惟敏在这一届乡试中一举中第,并且成绩还比较突出——夺得经魁。

十年寒窗终不负，一生韶华亦可期。

不知是不是惟敏的考前辅导起了作用，好友宋一川、徐起予也同时中举。宋一川策论成绩尤为突出，"以春秋魁七十子"。

这样算来，七人应考，考中三人，考取比例约等于一半，那成绩是相当不错的，要知道，正常的录取比例一般为三十取一。

是科山东乡试共有举人79人，后来有29人陆续中了进士。这个考出率相当高，也说明大山东自古就是教育大省。

乡试主考为明正德十六年（1521年）辛巳科状元杨方城（杨维聪，号方城）。在为新科举子专门举办的庆祝宴会上，杨方城鼓励新举人们说："此次大比选出的皆为海岱知名之士，希望你们再接再厉，明年春闱金榜题名，为国家社稷做出更大贡献。"

人在年轻的时候是需要被人认可的。

冯惟敏初战告捷，又得到了王厅长赞誉。主考官鼓励，极大地激发了他的自信心。他踌躇满志，挥笔赋就《灵椿行》古体诗一首。虽历近五百年时空之隔，但二十七岁的年轻举子冯惟敏那胜堪国之栋梁的一腔凌云之志仍扑面而来：

灵椿一株苍玉寒，樛枝千尺玄虬蟠。秀拔高标插地起，囷轮华盖当空团。翠叶葳蕤披云端，天风不动声珊珊。……北斗平临还相溢，南极遥瞻长不改。一元之气何茫茫，盎然生意回三阳。气转千林尽萌达，春归百卉齐芬芳。舒迟旭日升旸谷，滴沥华滋在乔木。条风习习扇微和，千枝万叶重发育。美荫已庇黄金台，灵根凤托燕山隈。华实尚充神仙饵，柯条腾堪梁栋材。老干去天才尺五，层霄沆瀣足吞吐。长将枝头一片云，散之八荒作霖雨。

读罢不由想起李白的名句——"俱怀逸兴壮思飞，欲上青天揽明月"。

传说灵椿树八千岁为春，八千岁为秋，全身是宝，假如这万物之中有称得上不朽的灵树，灵椿算是其一。

第二十一章
赴京赶考

冬去春来,过了农历新年,转眼之间便到了会试的日子。

明嘉靖十七年(1538)二月,青州冯氏兄弟四人组团赴京赶考。这次春闱比试,无论是参加人数,还是考取率,都堪称冯裕家族科考史上最豪华阵容,足以载入家史世录。

当然,此处科考不是科学考察,而是科举考试。

科考团成员如下。

领队一人,由惟敏长兄冯惟健担任。因冯惟健妻高氏上年八月去世,依制不能参加会试,他便自愿带队照顾其他三名考生的生活,负责后勤保障、心理疏导、加油鼓劲、与京城友人加强沟通联系等事宜,确保他们考试顺利,力争取得优异成绩。

队员三人:惟敏及惟敏仲兄惟重、五弟惟讷。其中,惟重、惟讷均为第二次参加会试,惟敏是"大姑娘上轿——头一回"。

一家之长冯裕在青州遥控指挥,兼任该科考团总顾问。

另有同乡好友如宋一川、徐起予等人同科参考。

考试地点:顺天府(北京)贡院。

考试时间:农历二月,具体日期待考。

考试场次:共三场,每场三天。

介绍到这儿,忽然想起昨天在社交软件朋友圈里看到的一条信息。

因为高考,所在城市连续三天实现错峰上班,为高考考生让行。今天是开考第一天,妈妈和女老师穿旗袍陪考已经不是新鲜事儿了,还有城市警车开道送考,这待遇一辈子大概也就能有一回,除非你复读来年继续考。还有一位考生考前上厕所,身份证被水冲走,警察叔叔开警车五分钟就把身份证明给开出来了,一点儿也没耽误该考生入场。另外,考场的安保措施、硬件设施那也是没得说。

看到当今全社会对高考的重视程度之高,不禁联想起前些年教育界有一句使用频率较高的口号:"再穷不能穷教育,再苦不能苦孩子。"这句话言简意赅,直奔主题,让人不由赞叹:不愧是干教育的,总结得真到位。

如今数十年过去,加大教育投入早已经成为社会共识,最好的证明就是各地办学条件得到彻底改善。不信的话你可以到处转转,一个地方最好的建筑往往是校舍,尤其在偏远的乡村。如果你远远看到一处地方有五星红旗迎风飘扬,一座座小楼整齐排场,那指定是当地的学堂。

按道理讲,我国古代十分重视人才选拔和科举考试,尤其如乡试、会试这样全省和国家级的人才选拔考试,安保措施应该非常到位,考试场所应该很有排场,比如江南贡院,建筑面积之大,考场数之多,可以用蔚然壮观来形容。但实际上,不论是考场条件还是安全保障措施等,真的和现在的高考没法比。

赶考途中就不安全。比如明嘉靖十三年(1534)的山东乡试,也就是惟重和惟讷考中举人的那一届,辽东考生乘船到山东参加考试时,发生海难,多名考生命丧大海。

考场的条件更是有一个逐渐改善的过程。单明朝而论,安全事件时发,尤其是火神爷时常光顾考场,真是想不火都不行。

明代开科取士,始于明洪武四年(1371)。直到明永乐十三年(1415),成祖朱棣才在北京建立起了"国家级"的会试考场——贡院,位置在现在的中国社会科学院那一带。

最早的贡院十分简陋,简陋到什么程度呢?就是一些木板和芦席搭建的棚子,里面摆上最普通的桌椅。

用脚趾头都能想象得到,木板芦棚,桌椅板凳,全是易燃物品。京城二月,寒风嗖嗖,考生们吃住都在号舍,要点火炉取暖热饭,晚上考试还要点蜡烛,一场考三天,搞不好还允许吸烟。加之考试事关个人命运前程,考生的注意力高度集中,顾不上安全防范。放到现在,以上哪一条也属于须立马整改的重大安全隐患,不来场火灾那全是运气,出大事那才是早晚的事。

明代最严重的一次重大科考安全事故当推明天顺七年(1463)的贡院大火。

据《明史》记载:"二月戊辰,会试天下举人,火作于贡院,御史焦显扃其门,烧杀举子九十余人。"清代《茶余客话》说这次火灾实际烧死的举子"百有十六人"。

总之,烧死了不少考生,烧毁了大部分的试卷,春闱只能改成了秋闱,考试时间改到当年八月。

这次重大考试安全事故还引发了舆情。

因为这场春闱的监试姓焦,人们就传闻,之所以烧死那么多人,是因为监考的御史焦显把考棚的大门锁上,导致考生无法逃生。有传言甚至说就是因为监试官姓"焦",才让贡院被烧成一片焦土。

想来这场悲剧给当时的知识分子尤其是一心走上仕途的士子们留下了不小的心理阴影。大家寒窗苦读十数年、数十年,不但没有一举高中得偿所愿,换来的却是顷刻间灰飞烟灭。

明代陆容《菽园杂记》中有一首悼亡此次遇难贡生的诗,读来令人无限哀伤:

回禄如何也忌才,春风散作礼闱灾。碧桃难向天边种,丹桂翻从火里开。豪气满场争吐焰,壮心一夜尽成灰。曲江胜事今何在,白骨棱棱漫作堆。

这场科考之难并不是最后的悲剧。据载,明正德三年(1508)春的会试,贡院又起火了。幸运的是,这次是考完了才发生的,没有人员伤亡。奇怪的是,"二十七日又火",不仅把贡院内的至公堂烧塌了一半,居然还把考生的档案也给烧没了。这让人严重怀疑这是有心理阴影的读书人故意为之!

不过,档案烧没了似乎也没有造成不可弥补的损失,因为惟敏的父亲冯裕参加了这次考试,并且中了三甲进士。是科全国共中出进士349名,人数相对算多的,不知道跟档案缺失是否有关。

这样看来,考上与否不是第一重要了,火神爷别光临考场是第一重要的!

这种境况大概一直持续到万历年间,张居正任内阁首辅后,上疏彻底翻修贡院,将木板芦棚改为砖瓦号舍,防火功能大大提高。之后,似乎再没听说贡院出现大的火灾。

而现在,离张居正干首辅还有段时间,弟兄们有困难克服下,寒门出孝子,芦席棚子里照样出状元。

考场条件再简陋,也阻挡不了天下广大的士子们追求功名的脚步。有资格来的,自然期待着能在不久的将来春风得意,一日看遍京城花;没来的,虽不能至,心向往之。

进入贡院后,已经"二进宫"的仲兄冯惟重和五弟冯惟讷给惟敏一一介绍,帮助惟敏熟悉考场环境。正中的是龙门,取鲤鱼跃龙门之意,一众"鲤鱼"们三年一次争相跳跃龙门,跳跃成功的,便成了人中龙凤;跳不过的,只得继续当"鲤鱼"修炼,三年后再来试跳,一直到跳不动了为止。

龙门和至公堂之间那座高起的小楼是明远楼,可以远眺整个贡院,是监考的地方。

至公堂东侧为外帘,至公堂后进有门,入门为内帘。

贡院两旁建有号舍,也叫号房,是鲤鱼们"歇脚"的地方。

号房很壮观,按省道划分区域,号房以十间至百间为一列,形成了一个个窄长的巷子。每巷用《千字文》编号,如第一列为"天"字列,依次为"天字"第一至几号。

开考后,鲤鱼们进入院内,便封号栅。号栅要等到交卷时才能打开,院墙外铺上荆棘蒺藜,外边的进不来,里边出不去,想作弊?没门!待号舍里安心答卷吧!

第二十二章
会试落榜

经历过决定命运前途大考的人大概会有这样的体会,再长的考试时间也是转瞬即过,有时候巴不得时间再长一些,再长一些,好让自己把考卷答得更圆满。

冯惟敏的感觉也是如此,几天的会试转眼间就结束了。虽然有些遗憾,但他自我感觉良好。这次考试天公作美,没有狂风,没有雨雪天气,一切正常,没有出现任何科考安全责任事故。

假如说有意外,那也是意料之中情理之外,并且仅适用于冯惟敏一家。不出科考队总顾问冯裕冯老先生判断,三兄弟中果然有考中者,并且是惟重、惟讷兄弟二人双双通过会试,创原辽东现青州冯氏科考新辉煌!

意外的是,被王慎中等不少人一路看好的冯惟敏落榜了!

因为凡会试考中贡士者,还要继续参加接下来由皇帝主持的殿试,所以,惟敏弟兄和大多数的应试者一样,选择了留驻京城,等会试发榜后再决定去留。

这天,冯惟敏和好友宋一川、徐起予在京城闲逛,走着走着就来到了京城孔庙。他们在孔庙的进士碑前流连忘返,充满羡慕地一遍又一遍地看那碑上的名字。

放榜的日子快到了,冯惟敏虽然有些自信,但又十分忐忑。他不知道自己的名字是不是也能像父亲冯裕一样刻在这进士碑上,如此,那此生无憾了!

正想着,只见五弟惟讷急匆匆走来,向冯惟敏道:"四哥,你看见二哥了吗?那榜已经张贴出来了……"

冯惟敏一看惟讷的表情,热血轰地上涌,脑子顿时一片空白,心仿佛要跳出来似的,半天才回过神来:"五弟,你和二哥都考中了?"

冯惟讷点了点头,不知如何来安慰惟敏:"四哥,你……"他扭头看了看围上来的宋一川和徐起予,继续说,"还有一川兄、起予兄,你们只得等三年以后再考了。其实,我和二哥也曾名落孙山啊!"

一向能说会道的冯惟讷一时也不知说什么好了,好在惟敏慢慢静了下来。他对惟讷说道:"五弟,你快去找二哥向他报喜吧!你告诉大哥、二哥,让他们放心,我会宽心的。"

说完,冯惟敏转身看向别处,不再说话。冯惟讷只能匆匆离开去找惟重报信去了,留下了呆呆立于进士题名碑前的三个失意之人。

虽然一考即中的天才实在是凤毛麟角,但当得知自己落榜的时候,相信换作任何一个人心里也定是五味杂陈。有失意难过,有懊恼委屈,那种难受的滋味和低沉的情绪唯有靠时间来治愈,这种滋味只有经历过的人才能感同身受。

徐起予喃喃地说道:"'解名尽处是孙山,贤郎更在孙山外',哎,这名落孙山的滋味可真不好受啊!"

宋一川一向明白事理,为人厚道。他倒反过来安慰起惟敏和徐起予两位好友:"毕竟惟重、惟讷考中了啊,大家应该高兴起来,咱们三年后再来!"

冯惟敏怅惘地望着那一块块进士题名碑,惨然道:"要把名字刻在这碑上,还这么难啊!"

其实,冯惟敏说得也对,也不对。

把名字刻在这碑上,对有些读书人来说还真是一点儿也不难。如"明朝三大才子"之一的解缙,明洪武二十一年(1388)乡试中举,次年即中戊辰科进士三甲第十名,廷试与兄解纶、妹夫黄金华同登进士第。再如"明朝三大才子"之一的杨慎,明正德二年(1507)与弟弟杨惇同举四川乡试,杨慎取得乡试第一的优异成绩。次年参加会试,虽然名落孙山,但原因很奇特,竟是因烛花落到考卷上烧坏试卷,致使到手的会元花落别家。三年后,即明正德六年(1511)他再次赴考,轻松考取状元,以成绩证明了自己的实力。

但是,人家的老爹杨廷和很低调,也可能人家真没把功名看得太重,反正没有把家中科第中举接连不断当成天大的喜事,而是这样说道:"读书第二,登科第三,修身齐家,乃是第一件事。"

当然,以上当属个例,不具备普遍性。屡考不中、屡败屡考的当属多数。

如"明代三大才子"之一的徐渭,一辈子也就是个秀才身份。但是,人家名气可大了,在当时就很大,可能他自己也没有想到,几百年后名气更大,连郑板桥都愿意做他门下之士。早知如此,"青藤老人"大概也不至于精神不正常了。

而当时的冯惟敏,也仅仅是刚刚经历过科考之路的开头,却猜不透结局。几十年后,当他完成九赴会试人生壮举的时候,大概才会明白,这点儿挫折算什么,不过是个开头而已。

而现在,在繁华的京师街头,冯惟敏正经历了他有生之来最大的一次打击。虽然正值充满盎然生机的北方之春,但冯惟敏的人生一片灰色。所有春暖花开、桃红柳绿都不属于他,失意和挫败的情绪替代了曾经的志得意满和壮志雄心,他神情恍惚,漫无目的地走着,走着。

一首《上巳日作,时落第客京师》记录了他当时的心境:

三月三日东风恶，满城桃李都摇落。

乍随飘飔入重云，还自低回委深壑。

长安道上东复西，曲江池边路转迷。

飞空不解作红雨，著土岂得为香泥。

风声如雷尘如墨，行道之人长太息。

春光犹有三之一，千树万树无颜色。

花开花落会有时，抵死不分狂风吹。

但愿周流御沟水，宁辞远别上林枝。

溟濛颀洞满天地，仓皇未识东君意。

不遣红英点翠苔，玉阶那得留余媚。

君不见昨日花开枝叶青，折来插之霭玉瓶。

画堂不省红尘到，袅袅花气芬中庭。

又不见楼头小妇深闭门，晨起竟日寂无言。

卷帘欲放飞花入，扑面惊沙总断魂。

刚刚要开启的仕进大门旋即关上，冯惟敏心情低落到了极点。

失意之人看什么都了然无趣，连那楼头俊俏的美妇人都院门深锁，竟日寂寥无语。想要卷起窗帘让飞花把那大好春光送入屋内，不承想被迎面而来的尘沙惊醒一帘好梦。

冯惟敏的远大志向就像那满城飞花，花谢花飞飞满天，从重云之上一下子跌落到了路边沟渠。

几家欢乐几家愁。

冯惟敏的世界一时"满城桃李都摇落""千树万树无颜色"，而有些人却在这个春天迎来了他们的高光时刻。

是科会试主考顾鼎臣、张邦奇。状元茅瓒，浙江钱塘人；榜眼罗程，江西泰和人；探花袁炜，浙江慈溪人。袁炜是会试第一名，即会元。

这一甲三人据说个个都是神童级的人物，皆出自江浙一带，果然自古江南多才俊！

《明清进士题名碑录》记载："冯惟重，山东临朐人，嘉靖十七年三甲68名。""冯惟讷，山东临朐人，嘉靖十七年三甲186名。"

当年全国共有进士320名，其中山东籍22人。冯氏一门即占两名，在青州乃至山东引起一时轰动。

北镇,北镇

正常情况下,除非清明、农历的十月初一寒衣日等这些特定的日子,人们是很少去祭拜已故祖先的。除非发生一些大事,比如家中有娶亲、生子等添丁进口的喜事时,要到祖先的坟头压红纸放鞭炮,祭告祖先在天之灵,意思大概是让祖先也同喜同乐吧。另一种情况,就是当人遇到一些与活着的人难以言说的烦恼苦痛时,也有到已故亲人的坟头倾诉生的不易,借以释放排解情绪。

冯氏祖先墓地远在辽东广宁,加上当时战乱不断,不能按风俗及时省墓祭祖,这成了冯惟敏父亲冯裕的一件心事。好在儿子们都已成人,惟重、惟健已替父专门几次赴广宁省墓祭祖。

这次兄弟三人赴京赶考,离家之前,父亲冯裕曾嘱咐惟健,弟兄三人若有考中者,可派一人赴广宁祭告祖茔。

会试发榜后,惟重、惟讷需继续在京参加殿试、候官,惟健要帮助两位弟弟在京活动联络,赴广宁祭祖探亲一事便由冯惟敏承担了。

冯惟敏因为一直随父宦游,入籍临朐后又忙于成家入学,准备应考,竟一次也没有去过祖辈生活和埋骨之地。这次会试落榜,倒成全了他多年来寻根北镇的心愿。

他打定主意,便把想法告诉了惟健。好友宋一川、徐起予等一路同行陪伴。简单准备后,"嘉靖戊戌科落榜生辽东自驾游旅行团"(简称"辽东自驾游")成功组团。几位最交心的人,给自己放了一个最长的假,骑着最快的马,走最远的路,跨最高的山,赏最美的景,向着广宁北镇的方向策马扬鞭疾驰而去!

出京师后,他们参观的第一个景点是天津蓟门"大明诏旨碑亭"。

冯惟敏在沂山东镇庙拜谒过"五岳五镇四海四渎神御碑",也听父兄说过医巫闾山北镇庙的御碑立在蓟门。

果然,到达平津蓟门碑亭后,发现御碑形制、内容、书体一概和沂山东镇庙内的御碑完全一样。

碑文是明朝开国皇帝朱元璋令当时的礼部侍郎王林所撰,大才子解缙的书法老师詹孟举所书,碑额为篆书"大明诏旨碑",碑文为楷书。内容如下:

奉天承运,皇帝诏曰:自有元失驭,群雄鼎沸,土宇分裂,声教不同。朕奋起布衣,以安民为念,训将练兵,平定华夷。大统以正,永惟为治,必本于礼……今命依古定制,凡岳、镇、海、渎并去其前代所封名号,止以山水本名称其神……

惟敏一行拜谒完御碑,又面向辽东广宁的方向,祭拜医巫闾山山神,祈愿山神护佑,国泰民安,此行顺达。

至于这医巫闾山的御碑为何立在了蓟州,冯惟敏也和父兄谈论过。

原来,自唐朝开始,就有了五岳、五镇、四海、四渎的封号,且备受之后历代帝王的推崇。

元末,出身布衣的朱元璋,以天下兴亡匹夫有责的使命担当奋而起兵最终一统天下,做了大明王朝的开国皇帝。在朱元璋看来,岳、镇、海、渎皆高山广水,盘古开天辟地以来一直存在,荟萃英灵之气有了神性,哪是国家封号可以说加就加的?他很不认同之前历朝封山封海之类的做法,下旨把所有岳、镇、海、渎一律去掉前代所封名号,而只以山水本名称其神,于是就有了下面十八尊神:

五岳:称东岳泰山之神、南岳衡山之神、中岳嵩山之神、西岳华山之神、北岳恒山之神。

五镇:称东镇沂山之神、南镇会稽山之神、中镇霍山之神、西镇吴山之神、北镇医巫闾山之神。

四海:称东海之神、南海之神、西海之神、北海之神。

四渎:称东渎大淮之神、南渎大江之神、西渎大河之神、北渎大济之神。

为了把皇帝的旨意广而告之,礼官们按照朱元璋的意思,以"五岳五镇四海四渎神御碑"为名,制作了相同制式和碑文的十八通御碑,立在以上封神之地,以护佑天下苍生,保大明江山永固。

洪武初年时,广宁多被元人所占,那通本应立于医巫闾山的碑石,实在无法运到北镇。聪明的礼官便采取了一个折中的办法,将御碑改立在了蓟州(现天津蓟州区)。祭山大典采用"望祀"的方式,也就是向医巫闾山方向祭拜,礼官口中还要念念有词,向闾山传达皇帝朱元璋的旨意:"维神功参造化,永镇北土,奠安民物,万世允赖。"

大意就是祭告闾山山神,你要好好履职尽责,永远镇守住我大明北方国土,不负世世代代百姓和万物的信赖。

就这样,一直到了明洪武二十三年(1351)广宁收复,按理说可以神碑归位了吧,但因为御碑没有迁址的先例,所以直到惟敏赴广宁祭祖,这通御碑仍然立在蓟州。

《蓟州志》记载:"医无山碑亭,在平津门外,洪武三年御制。"

世事变迁,蓟州的这通"大明诏旨碑"碑石终被湮没于战火。

公元2018年,山东省临朐县县志办办了一件好事,将东镇庙的"五岳五镇四海四渎神御碑"碑文拓片赠给了北镇市闾山管委会,一时成为美谈,这似乎有些重续前缘的味道在里面。

当然,这是后话。我们还是再回到几百年前,跟随"落榜自驾游旅行团"的马蹄踏踏继续旅行吧。

拜谒完御碑后,一行人晓行夜宿,踏文安古城墙,穿越孤竹国,站在秦皇岛古城墙下追忆孟姜女哭倒长城的壮举,三月里便出山海关,医巫闾山就在冯惟敏眼前。

医巫闾山位于辽宁北镇县西约十里,又称广宁山。此山乃阴山山脉分支,绵延二百余里,当年舜帝肇州封山,封为幽州之镇,号称"北镇",与临朐沂山均为五大镇山之一。

途中,冯惟敏印象最深的当属山海关了。有《度山海关》一诗为证:

此关信天险,咫尺不同风。楼外沙全黑,城中桃自红。海云迷故国,朔气振飞蓬。三月春如此,劳歌思不穷。

想象着当年祖上从山东临朐出发,千里迁徙,就是从这里出关而去,移居到了人烟稀少的辽左戍边;而他父辈,离开辽东广宁,又是从这里入京师,南北宦游,足迹穿越了大半个中国;如今,他们举家迁回山东,最终落户青州临朐。想到这些,冯惟敏不由感慨世事的轮回!

大约四五月间,冯惟敏到达了此行目的地辽东广宁左卫。此时,距其祖上冯思忠应征戍辽已过去约 150 年。

第二十四章
省墓祭祖

虽然是第一次踏上这片黑色的土地,冯惟敏却没有丝毫的陌生,他感受更多的是那种回到家的亲切。

这里的白山黑水,养育了他的祖辈父辈,他的外祖父母一家。

在辽东广宁,虽然冯氏已无宗亲,但冯惟敏的外祖母和舅舅还生活在这里,惟敏长姊嫁到了这里。

这里,有祖屋祖田;这里,有临朐冯氏祖茔。

冯惟敏高祖讳福通者,明正统十四年(1449)八月避安答战乱坠山而亡。葬于辽东十三山之东五家屯西(位于今辽宁凌海市)南百数十步,高祖妣吴氏,曾叔祖旺、兴,曾叔祖妣池氏、张氏皆葬于此。池氏享年八十三岁。

明弘治三年(1490)三月,惟敏父亲冯裕十二岁,惟敏祖父讳振者卒。葬于广宁城(今辽宁北镇市)东北分水岭下彭家园北百十步许;同年,曾祖春、曾祖妣张氏祖茔由十三山迁于分水岭;祖母李氏、曾叔祖俊,逝后皆葬于此。

冯惟敏先到十三山省墓祭祖,然后,一行人直奔广宁城。

惟敏回广宁省墓探亲的消息早让人捎信给了广宁亲戚。舅舅宽估摸着惟敏一行差不多该到了,就时常在城门守候,可巧,这天就碰上了。

原来,当年冯裕父亲冯振和岳丈伏翁都是天性淳朴、仁心宽厚之人,二人意气相投,十分交好,结成儿女亲家。冯裕十二岁丧父,十四岁丧母,孤苦伶仃,除了依靠叔祖母池氏照顾,经济上更多靠未来的岳丈伏翁资助。

冯裕十八岁那年,伏翁张罗女儿、女婿成婚,又出资送冯裕到义州拜贺钦为师。

可以说,冯裕科考仕进成功,离不开老丈人的助力。

冯裕是知恩图报之人。伏翁一病不起,冯裕像儿子一样为老丈人全力打理好生前身后事。老丈人去世后,他发誓为岳母刘氏养老送终,以报伏翁恩情于万一。

冯裕考中进士后居京师,即把岳母刘氏、小舅子宽接到京城一起生活,步入仕途后,四仕三迁。刘氏及其儿子一直跟随冯裕。冯裕对刘氏侍之如母。

冯惟敏兄弟与外祖母朝夕相处,感情十分深厚。

冯惟敏八岁那年,刘氏年事已高,思念故土。全家人极力挽留,无奈刘氏回辽东终老的意愿很坚决。冯裕只得尊重老人意愿,让长子惟健护刘氏母子回广宁,并让他们搬到冯氏在广宁城的家里居住,靠冯家在广宁的祖田佃租养家。

冯裕携家人卜居青州,欲接岳母同住。刘氏不堪舟车劳顿,不愿往来奔波,继续生活在广宁。这期间,惟健、惟重常来探望。惟敏这次来,除了省墓祭祖,还有就是要探望外祖母。

冯惟敏和外祖母、舅舅整整二十年没有见面了,当年的稚子已成家立业,如今器宇轩昂,神采飞扬。

舅舅宽亲热地拉着他的手,说:"惟敏啊,咱们先回家里!"

路上,惟敏舅舅遇见熟人就顺便打招呼说,裕公四子回乡探亲祭祖来了。这样一来,这广宁城冯、伏两家远亲近邻、新朋老友一传十、十传百地都得了信儿,屋里院里都是人。

冯惟敏进广宁祖宅堂屋,首先看见的是八仙桌正上方的一副楹联:忠厚传家远、诗书继世长,横批:积福行善。

这家风家训写成春联张贴在院落大门,挂在堂屋正中,随着代代血脉传承,也烙在了冯氏子孙的基因里。

在广宁祖屋里,冯惟敏回应着亲戚朋友们的热情寒暄、嘘长问短。大家热情地帮惟敏张罗省墓祭祖的大事小情,多少冲淡了冯惟敏落第后的失落之情。

第二天一早,冯惟敏拿出银两,让亲戚们帮忙筹备了丰盛的祭品,直奔医巫闾山山阳的冯氏祖茔而去。

这一片山水,惟敏听父兄说过多次。现在,在他遭遇第一次大的人生挫折时回到了这里,听老辈人再一次叙说着当地的风土人情和家族过往,冯惟敏十分感慨。

明洪武初年,惟敏祖上戍辽支边定居此地,官至千户指挥佥事,冯氏祖茔墓地选在北镇医巫闾山山阳。

冯惟敏姊丈傅伟一直陪着惟敏。他像一个称职的导游,边走边一一介绍。

傅伟遥指医巫闾山的主峰说:"汝行弟,你看,那是医巫闾山的主峰,称望海山。冯氏祖茔就是以望海山为华表,前绕西沙河为脉。西沙河又称墨海,这是祖上希望后代文脉相传,冯氏两代三进士,真应了'冯氏无拙笔'这句话啊!"

不知不觉众人便到了苍松翠柏掩映的冯氏祖茔。惟敏和众人摆好祭品,燃起香烛,郑重跪地行磕头大礼。

宋一川说:"我二人与石门兄弟乃同年学友,情同手足,汝祖即吾祖也!"说罢,他也和徐起予一同跪拜。

礼毕,冯惟敏又来到祖父、祖母的墓前,见墓前立着一块约五尺来高的碑石。墓碑刻有父亲冯裕亲笔写的《冯氏先陇表》,虽然是刻字于石,但那一笔一势,惟敏自幼再熟悉不过,那碑文的内容,也都能记着:

呜呼!我先君既丧之三十二年,不肖裕遣儿惟重刻兹石表。惟我冯氏之先居青州临朐,国朝洪武初,诏简山东之民三户徙一人戍辽。我始祖讳思忠者当行。遂家于广宁左卫。曾祖讳福通,祖讳春,世积善不衰。至我先君,平直宽厚,善声益彰。尝理卫之书数,每以济人为事,而自无所利也,故人多德之,而不知者顾以弗能致贿笑之。先母太宜人勤俭慈孝,相家政,井井有条,姻戚莫不称焉。

初,曾祖及祖若诸叔祖墓在十三山之东五家屯原上。先君卒,更卜地于分水岭之南,于是奉祖考妣而迁葬焉。叔祖讳俊,次于右,而我先君葬于其左。太宜人寻卒,附葬焉。时裕才十四,后十六年为正德戊辰,举进士,历官南京户部湖广清吏司署郎中事员外郎,阶奉直大夫。庚辰秋,裕以考绩诣京师,始得诰封先君及太宜人如例。是冬,裕南迁,道临朐,求远祖之墓而祭之。又明年,今上改元,疏乞还辽展墓,弗获报。呜呼!昔葬先君及太宜人,裕既幼且贫,弗克备礼。迨有今日,而禄养弗及,展墓之请又弗遂,哀痛尚忍言哉?

先君讳振,字文举,生于景泰庚午七月十四日,卒于弘治庚戌十月二十四日,年四十一。太宜人姓李氏,生后先君四年,卒后二年,年三十九。祖考年四十六,卒于天顺壬午,祖妣姓张氏,年六十六,卒成化癸卯。裕惧夫久而忘也,乃泣而书之,以示我后人。

大明嘉靖元年岁次壬午六月朔日立石。

男儿有泪不轻弹。

立在祖先的墓前,遭遇会试落第打击没有落一滴眼泪的冯惟敏,在读完已经很熟悉的《冯氏先陇表》的一刹那,控制不住地流下了滚烫的泪水!

当擦干眼泪的时候,已近而立之年的冯惟敏仿佛猛然惊醒,一次会试失败算什么,大丈夫生当成就一番伟业,怎能昏沉度日愧对祖先?!

明嘉靖元年(1522)岁次壬午六月朔日,在广宁医巫闾山山阳,青州府临朐冯氏始祖冯裕遣次子冯惟重立下了一块刻有《冯氏先陇表》碑文的碑石,以告诫后世子孙不要忘记祖先,因为他怕自己和自己的子孙后代会因时间久远而忘记从哪里来。十六年后,明嘉靖十七年(1538)戊戌,冯惟敏第一次站立于碑前,把碑文上的字刻在了血脉里,一辈子也没有忘。而今,公元2022年的农历五月,整整五百年的时间跨越,当我重读这碑文,仍觉言犹在耳,禁不住潸然泪下。

五百年,青州冯氏也应该有了二十代的血脉相传了吧?那该是怎样的力量才让这五百多字的文辞穿越五百年而传承至今?!

题诗观音阁

在广宁,天性喜爱游历的冯惟敏如鱼得水,如鸟归林。他流连于广宁的山水风光,沉迷于医巫闾山的奇闻传说,访亲探旧,四处拜访奇人隐士。

转眼天气转凉,已是初秋。

五月,冯惟敏二哥冯惟重被授为行人司行人,奉命四出公务;五弟冯惟讷居家候官,随时有可能启程赴任。今年的中秋节,惟敏无论如何也要赶回青州与家人团聚。

返程前,他和宋一川、徐起予相约再一次畅游医巫闾山。

初秋时节,家山峰峦叠嶂,漫山红遍,白云缭绕,正适宜登高望远,一展心怀。

陪伴惟敏一行游山的还是冯惟敏姐夫傅伟。冯惟敏父亲故友谢公也早在"仙人岩"等候,要陪他们一同登山赏景。

《全辽志》记载:"山以医巫闾山为灵秀之最。"

傅伟继续担任登山导游。他边走便指点介绍:"这家山有六山之称,你看那望海峰是广宁公子的头颅所化,那是骆驼峰,那是莲花岭……"

放眼望去,但见奇峰林立,怪石嶙峋,岩奇洞幽。在冯惟敏看来,眼前的山既有泰山之雄壮、黄山之秀美,又有华山之险峻、雁荡之奇绝。山围六重,气势非凡,实不负六山、广宁大山之名。

雄秀的自然风光与漫山红叶掩映下的亭台楼阁相呼应,星罗棋布的碑刻摩崖,烟云缭绕的古刹殿堂,赋予了医巫闾山浓浓的历史文化底蕴。

众人攀至半山,见不远处有一险岩壮势崔巍,山岩下有一石屋,其匾额书"仙人岩"三字。此处便是冯裕同年好友谢公归隐之处。

那谢公乃隐士高人。和冯裕不同的是,谢公几次科考不第后皈依道教,在医巫闾山修行悟道。

冯惟敏听说过,在医巫闾山的六重大山里,萨满教、佛教、道教信众会聚。在山中,大家各修各法,求佛的烧香拜佛,修道的潜心修炼,不少高人选择在这里归隐修行。据说,张三丰就是在山上的朝阳宫(今大朝阳三清观)出家,曾在阁山修道三年。

谢公早已燃红叶烹茶,静候惟敏一行。大家饮茶闲聊,稍事休息后继续登山。

先登仙人岩。仙人岩巨石垒撺,松衫红叶,交错丛杂。巨峰前面,刻有石佛造像,肃穆庄严。仙人岩主峰突兀,宛如一位仙人脸的侧面。大家纷纷指点,那是仙人的双目,那是鼻梁和嘴巴……

谢公又说起了仙人岩的传说。他说道:"你看此岩长宽丈余,乃是吕洞宾坐化而成。再看那岩上所刻三字'补天石',是上年名士张学彦游山时所写。"

谢公引领众人来到那刻有"补天石"的仙岩下。冯惟敏仔细揣摩观赏,听见不远处有水流潺潺;抬眼望去,只见圣水潭处飞流直下,尤以天然广厦石龛为奇妙。

稍远处是望海寺,由天然巨石垒叠而成。仙人岩与望海寺虽风景迥异,一个造化天成,一个人工垒就,但同样让人叹为观止。

谢公虽然年事已高,但步履矫健,走在最前边。他提着衣袍轻盈地登上一处处嶙峋巨石,一路引领着一行年轻人登上山巅,如有神助。

大家登临送目,俯仰天地,感叹宇宙之浩瀚,名利如微尘,极尽游兴。

回到半山腰的观音阁时,夕阳将坠,晚霞将高悬半空的观音阁涂成了一片赤红,而在东方,一片隐约的弯月已悄然升起于群山之上。

那观主也听说过广宁冯裕的四子少有文名,文笔汪洋阂肆,加之谢公也已安排,早已令小道沏茶候着,一张石桌上备了些好酒好菜。大家纷纷落座,谢公上座。

观主是一位银髯飘胸的道长,他拿出陈酿热情相待。大家一边乘兴观赏晚霞辉映的半山观音阁,一边喝酒吃菜。不觉月上东山,众人多枕曲籍糟,相扶着来到一方巨石之上,或卧或坐,酒意诗情,一时豪歌四起,宿鸟惊飞。

夜风微凉,多少吹走了些许酒意。惟敏起身立于岩下,题诗一首,诗曰《题阁山观音阁壁》:

> 冯生生平耽奇赏,五岳皆有冯生踪。
> 远探胜地兴不及,不知近在医阁峰。
> 家山最有医阁秀,游子归来问朋旧。
> 高人四五雅有情,登临正及悲秋候。
> 谢公健足轻嶙峋,褰衣直上如有神。
> 怪石啮穿东郭履,悬崖碍倒华阳巾。
> 会临绝顶跨寥廓,翩然回想山腰阁。
> 阁起山腰势已尊,笑看九宇何萧索。
> 蚁封蕞尔一城区,蜗角对出双浮图。

遥瞻白云隔沧海，回览大荒环羌胡。

泉飞龙口洒眉睫，意兴横生山可挟。

骚客题诗拭翠岩，山僧煮茗燃红叶。

天公注意诗酒豪，夕阳未下片月高。

掌上百杯作牛饮，胸中万事真鸿毛。

坐卧莓苔不知久，酒力耐风风遣酒。

起来咄嗟下山去，吾曹还是风尘偶。

书罢，随众人下山而去。

第二十六章
中秋团圆节

可以说,会试落榜后,冯惟敏便给自己放了一个长假。

三月三日东风恶,满城桃李都摇落。

会试发榜后,京城和煦的春风和繁花似锦都令他厌烦和伤情。

大概为了疗伤吧,他远赴辽东祭祖省墓,时间长达五个多月。当然,这五个多月的时间里,冯惟敏多数时间是和几位自驾游队友沿途游历。

其实,抛开会试落榜不提,能有资格享受这样一个超长假期的,在当时也应该为数不多。现在,更是凤毛麟角了,这实在让当下的"打工人"羡慕。

作为"打工人",辛苦些的"五加二""白加黑",好些的可以休年假。教师这个职业有寒暑假,但总共加起来也不过两个多月的时间。开始我也心存疑惑,冯惟敏二十七岁中举时,已成家立业,但主要还是读书准备科考。惟重还办个培训班啥的挣个孩子奶粉钱,冯惟敏顶多也就是到自家自留地里除草收种之类的。凭啥还能衣食无忧四处旅游?难不成是"啃老族"?

为此,我很仔细地扒了扒冯氏弟兄的诗文和相关史料,得出了这样一个结论:冯惟敏考中举人后,是享受了国家俸禄的,即使外出旅游,补贴照发。

明代秀才中的优等生(廪生)就可以发生活补贴了。当年,临朐知县褚宝还给冯惟敏争取过。举人那自然更应该享受,标准还要有所提高。

后期段顾言巡查山东时曾给冯惟敏停过一段时间的俸禄。反过来想,如果没有享受这个待遇,也就谈不上停俸这一说法。

当然,对明代官员和秀才举人们这些特殊群体而言,除了能端上铁饭碗,还有一个更加优厚的待遇,就是能免数十人的劳役和百亩左右的田税。

问题来了。

我国古代,百姓多苦于赋税徭役。明朝一直尝试进行赋税制度改革,但并没有从根本上减轻老百姓的负担。读书人的这项待遇确实太过优越,明显存在着很大的政策漏洞。

试想,国家明文规定你开公司可以不交税了,那自然会有不少公司主动对接要把公司挂在你的名下。于是乎,为合理避税或免征徭役之苦,远亲近邻小农小商拖家带口带土地家产投靠,向大公司献上土地田产,身份成了佃户与帮工。双方都不吃亏,但吃亏的是国家这个大户,获益最大的是被依附的官员和举人进士们,光吃赋税差价也能收入颇丰。

这在当时似乎是公开的秘密。据说大名鼎鼎的徐阶的儿子们就是利用这个办法,在老家累积了数万亩的田产,成了一家"大公司"。可惜这事整得有些大,影响不好,有人还天天写举报信,最终大清官海瑞亲自出马审理了这个案子。

这样看来,已是举人身份的冯惟敏虽然距离大富大贵还有相当的差距,但衣食无忧是毫无悬念的,休几个月的长假也是有资本和底气的。

突然有些明白古代读书人为什么要在科举仕途这条道上坚定不移地走下去了,因为考中了好处很多。无怪乎范进中个举都能喜极而疯,实在是中和不中的待遇反差太大了。

闲话不多说。

当年的七月末或八月初,冯惟敏结束了辽东一带的游历返回青州,一个元气满满的冯惟敏也回归了。

接下来就是中秋节,五月刚被封为行人司行人的冯惟重也获准回家探亲。

明代所设行人司,主要负责传旨、册封之类差事,也就是给皇上跑腿的。

给天子办事,那就称得上天上碧桃和日边红杏。行人一职虽然职位不高,但进步快,和其他职位相比,这个岗位要求和选拔标准相当严苛和另类。考中进士算是笔试和一面过关,其他比如社交能力、保密意识等都是考察的主要方面,还有,要长得帅,官话要说得好。

冯惟敏二哥冯惟重身材丰颐修干,仪表堂堂,谈吐不凡,饮酒斗许不乱,确实十分适合行人一职。单从这方面来看,明代吏部选人用人的眼光标准还是值得称道的,最起码和冯惟重岳丈看齐。前者是为皇帝选的前行管,后者是为自己姑娘选的如意郎君。

冯惟讷中进士后,由大哥惟健陪同在京城活动了一段时间。考中进士只是具备了入仕的资格,什么时候入职还要看职位空缺、岗位匹配度、多少人在排队等。惟讷在京城递交了相关职位申请后,便回到青州等候朝廷安排,也就是所谓的"候官"。哪一天圣旨一到,就要立马走马上任。

这样,青州冯裕一家,在外做官的、候官的、旅游的都赶在中秋节前回来了,老的、少的今年要好好过一个团圆节。

多年以后,青州冯氏一族一度子孙显达鼎盛一时,但今年的中秋节更值得惟敏兄弟们怀念。因为此时父母健在,儿孙绕膝;兄弟情深,未来可期。院中菊花盛开,一家人花前月下,"莫思身外,且斗樽前,愿花长好,人长健,月长圆"(见宋·晁端礼《行香子》)。

八月末，菊花次第开放，冯惟敏长兄冯惟健赋诗《仲秋晦前一日，亭菊尽开，同弟敏、讷、直侍家君宴》，记录了团圆的情形：

　　郊园种菊早秋回，诸从摇扶鹤驾来。月暗草阶莫欲尽，霜径花蕊色相催。海东看有灵椿气，楼外翻疑棠梨开。不是青山风物胜，并将彩服照金罍。

　　月圆必缺，花开必落。

　　人生这场宴席，迟早要散的。

　　来年的中秋，惟敏的二哥已客死庐州。彼时的冯家月圆人散，令人唏嘘哀叹！

　　世事无常。我们要做的，只有珍惜每一寸光阴和每一个人。万事随缘，但凭心定，仅此而已。

第二十七章

明世宗巡狩承天府

俗语说,人无千日好,花无百日红。又言,天有不测风云,人有旦夕祸福。

时运轮转。明嘉靖十八年(1539)开始,青州冯氏一家将经历一场场的生离死别。冯惟敏兄弟姊妹八人,"七年之间,骨肉逝者半矣"。

已经六十二岁、安享天伦之乐的冯裕,将经历一次次白发人送黑发人的人生打击。

这些家庭变故也影响着青年冯惟敏,他的思想逐渐带了些许宿命论的观点。

时也,运也,命也。

纵有凌云之志,终抵不过命运翻云覆雨手。年少时的恃才傲物和豪气冲天渐行渐远。顺其自然吧,相比于闹市的喧嚣,冯惟敏越来越向往一处世外桃源,门前种柳,水边垂纶,谱自己的曲儿,哼自己的调儿。

明嘉靖十八年(1539)二月,明世宗朱厚熜巡狩承天府。这是明嘉靖皇帝乃至整个明代帝王的最后一次离京远巡活动。

这次皇帝出巡,不仅改变了一些重要人物的仕途,如大奸臣严嵩开始逐渐得宠并步入权力中枢,还造成了很不好的政治生态。回京后嘉靖帝直接不到办公室上班了,后来干脆把办公地点改在西苑万寿宫。大明王朝在衰败之路上渐行渐远。

明世宗只爱闭门修道,不爱游山玩水。这次南巡目的很单纯,他要拜谒并实地查勘他亲生父亲即曾经的兴献王现在的兴献帝之墓——显陵,完成生母蒋太后遗愿:跟夫君也就是嘉靖帝父亲葬在一起。

如果说要体察一下民意军情,那也是顺便搭上的任务。

显陵位于遥远的湖广安陆州(今湖北省钟祥市及周边)。安陆州是嘉靖帝亲爹兴献王朱祐杬的藩地,也是朱厚熜生活了十五年的地方,他的发迹之地。

明世宗的这次出巡活动规模很大,据说随从一万五千多人,一路兴师动众,劳民伤财在所难免。

不凑巧的是,中原一带正遭受严重饥荒。如此规模声势的皇帝出巡,势必要搅扰半个天下的大明吏民,所以想方设法出来劝阻制止的大有人在。

人们纷纷劝阻皇上南巡,途中还发生了一件挺奇葩的事儿。

有个兵卒夜里竟然莫名其妙地越过重重护卫把守,摸到了皇帝朱厚熜御座前。

不过也不用太紧张,他倒不是什么刺客,而是本着为民请愿的初衷来拦御驾的。

这位小兵对明世宗进谏说,皇上您出行沿途建营帐啥的,累死的军民有一大半,您这样做实在不合适。

朱厚熜可不是兼听则明的主儿。他十五岁就能勇斗群臣,这小卒竟敢不按规矩御前拦驾,等待他的只有大狱伺候。

一名普通小卒敢于冒险为民请命,这种精神难能可贵。刑部审讯后,结论是此人病得不轻,事情就过了。而这位士卒也因此而载入史册,他的名字叫孙堂。

连一个普通士兵都有御前劝驾的壮举,朝中有为民情怀的王公大臣自然不甘落后。这方面大明王朝倒是有着优良传统,印象最深的是以死谏名留青史的"硬汉"杨继盛。多年后,冯惟敏保定通判任上,曾不畏强权专门为"杨大侠"出版作品集。这件事后续再作介绍,此处不作详述。

南巡队伍走到半路,世宗皇帝就收到了南京御史胡宾等人的上疏。奏疏中说了很多冠冕堂皇的话,中心思想是皇帝您不要再往南走了。这自然没能阻挡住世宗南行的步伐。

走到新乡的时候,郑王朱厚烷觐见世宗。谈到这次南巡,朱厚烷把民情民意如实向皇帝反映。他大致是这样说的:皇帝啊,民间议论很多啊!现在整个中原饥荒严重,沿途的官民为迎接圣驾出钱出力,实在太苦了!有的说皇帝您为了尽孝心不体恤百姓,有的说您这是衣锦还乡。人们怨言不少,只不过不敢说啊。

朱厚烷推心置腹地说了半天,也没能让皇上一行打道回府。

封建社会,百善孝为先。国朝更是以孝治天下,这种理念已经形成高度认同。

当年冯惟敏父亲冯裕经常端起饭碗就想起祖上。升任南京户部员外郎的时候,他向朝廷打报告要求回广宁祭祖,没有被批准,十分无奈,只得回到老家临朐认祖归亲,聊慰孝心。

皇帝也是人。据说每逢清明节百姓祭祖的时候,明世宗都因不能亲临显陵拜谒而涕泪横流。他十分羡慕普通百姓有父母在身边可以尽孝。

皇帝毕竟是皇帝,为了尽孝心,世宗决定任性一把。

他先是破格把老家安陆州升格为承天府,跟应天府、顺天府并称"三天";

帝位稳固后,封其父为"睿宗",将兴献王墓升格为帝王陵,赐名"显陵"。显陵前前后后修了四十多年,耗费数十万两白银。

这次巡狩,世宗皇帝更是"王八吃秤砣——铁了心",任凭百官百般规劝,一概置之不理一路南行,终于在离开家乡十八年后,回到承载了他许多美好回忆的地方。

史料记载,世宗皇帝的这次巡狩前后历时两个月,行程五千四百余里,沿途还赈济灾民,免了老家百姓三年田税,最终将蒋太后归葬承天府显陵,完成了其母遗愿,达到了出巡目的。

第二十八章
冯惟重客死庐州

历史上的一粒尘埃,落到一个人头上就是一座山。

作为南巡队伍中的普通一员,冯惟敏二哥冯惟重和他行人司的同事们的主要任务是祭告湖湘。

为了出色地完成工作,一行人冒着盛夏时节的酷暑和湿气,日夜奔驰,风雨兼程,顾不上休息。

到达徐州的时候,冯惟重积劳成疾。大约七月,到达庐州(今安徽合肥),湿气侵体,暴发疽病,他只得滞留当地医治。十月二十八日,冯惟重病重不治,客死庐州,时年三十六岁。

呜呼!哀哉,痛哉!时也,命也!

冯惟重是"疽发于背而亡"。疽病在古代称得上不治之症。

从中医学理论讲,病因系气血为毒邪所阻滞,致使疮肿发于肌肉筋骨间。这些脓疮深而重,病人十分痛苦。

古代咒人不得好死,最厉害的一句话莫过于"头顶长疮,脚底流脓"。三国时的范增,唐朝田园诗人孟浩然,明朝开国功臣徐达,据说都是因此病而亡。

可想而知,身处异乡的冯惟重在生命最后的时光里是多么凄苦无助。一年前科举中第时的荣耀,初入仕途的雄心抱负,身怀六甲的妻子,不知是男是女的后代,都在庐州的这个深秋成为殊途!

七月十八日,在他备受病痛折磨的时候,他的儿子在京城蒋家府邸出生了。这是他的长子,也是他唯一的儿子。一家人沉浸在添丁进口的喜悦里,立即遣使者疾驰传喜讯给他。

十月二十八日,他病亡之时,童仆四散,友人张潜溪、董霞峰为他办理了后事。当其时,送讣闻的使者还没有到达京城,家人正给他的儿子祝贺百岁。

十一月的时候,家人才收到他亡故的噩耗,无疑晴天霹雳!

父母闻讣大惊悲!

冯惟健南赴庐州迎丧,冯惟敏北上京城去接二嫂和侄子侄女。

十二月九日,冯惟健自青州出发千里啥奔于庐州,兄弟再见,阴阳两隔!

长兄以酒祭奠,扶枢恸哭:弟耶梦耶,其亡矣夫! 伤哉痛哉! 天其丧予!

次年,明嘉靖十九年(1540),正月,冯惟敏迎二嫂蒋氏和侄子女自京师回青州。

正月二十四日,长兄冯惟健迎惟重灵枢自庐州回到青州。

二月十九日,惟敏仲兄冯惟重葬于益都城西尧山东麓。

二月二十五日,惟敏七弟冯惟直因悲号过度,呕血而亡,时年二十四岁。三月四日,家人葬惟直于临朐南坟。

冯惟敏二嫂蒋氏,初闻讣告,惊痛晕厥。她决意随丈夫而去,看了看襁褓中的儿子,大哭道:"死易耳,如生者何! 又何以慰死者? 吾其为死者扶生者,以明吾志耳!"

于是,蒋氏抱着襁褓中的婴儿回到青州认祖归宗。

冯裕抱着这个可怜的小孙子哭道:"你爹爹殁世而有了你,是老天可怜功臣,不忍心让他绝后啊!"

冯裕爱怜地抚摸着小孙子,看了又看,亲了又亲。他对蒋氏嘱咐道:"这个孩子神采奕奕,定不是庸常之辈,这是天意让他来承继父业的!"

冯裕为这个孙子起名冯子履,取子承父志之意,并嘱咐蒋氏好好培养。

孩子是蒋氏活下去的全部意义所在。蒋氏余生的使命就是陪伴他长大成人。

冯裕为官清廉,家无余赀帮衬。冯惟重秉承乃父家传,对沿途地方官吏的一切馈赠分文不取,留下的行囊里空空如也。他能留给儿子的,恐怕只有那些曾经读过的书,还有读书的天赋。

蒋氏这位大家小姐从此摘下发簪首饰,辛劳操持生计,母子孤苦相伴。

子履稍微大些,最先读的书都是他的父亲读过的。子履上学归来,蒋氏夜夜秉烛织布陪伴儿子攻读。

冯子履十七八岁的时候爱喝酒,有时候还喝醉,大人规劝也不改。蒋氏伏地恸哭,谁叫也不起来,直到冯子履跪地认错,发誓改掉了酗酒的毛病。

二十八年后,明隆庆二年(1568),三十岁的冯子履中戊辰科三甲第七十名进士,官至河南布政司右参政;三十七年后,明万历五年(1577),冯子履长子冯琦中丁丑科二甲第二十二名进士,同年选翰林院吉士,这是青州临朐冯氏子孙唯一一个入翰林者,冯琦官至礼部尚书兼翰林学士。

蒋氏与冯惟重还有两个女儿。大女儿嫁给石继芳,二女儿嫁给石茂元。两个女婿都是青州石氏后代。石继芳在明朝也是很有名气的人物,前文有过介绍,不再赘述。

值得一提的是,冯惟敏好友宋一川与冯惟重同年出生。冯惟重去世后的第二年,宋一川生了一个女儿。女儿没出满月就与冯子履订了娃娃亲。宋一川和冯惟敏同年中举,可惜一生举进士不第,想不到女婿和外甥倒给他光耀了门楣。

冯惟敏七弟冯惟直遗孀陈氏,兵部尚书陈经之女,哥哥是宪副公(省道按察副使)。冯惟直殁时,陈氏二十二岁,有遗腹子。她对着腹中胎儿说:"如果有幸是个男孩儿,还可以延续夫君宗脉!"

几个月她后果然生下一子,可惜孩子两岁夭折。

陈氏痛哭道:"夫亡而有遗孤在,好像还没有离开一样,现在真的什么也没有了!"

之后,陈氏朝夕陪伴侍奉婆母伏氏左右。伏氏去世后她回了娘家,父亲陈经去世后又跟着哥哥一家生活。哥哥陈梦鹤去世后,冯氏子侄把陈氏接回青州奉养。陈氏晚年与冯惟重遗孀蒋氏饭同食,寝同榻。冯惟敏弃官归田后,让儿子们把陈氏接到自己家里不令失所。

陈氏话不多言,语无高声,深得家人敬重,入烈女祠。

对于正处于时乖运蹇的冯裕一家来说,假如说还有点儿让人安慰的事,那就是明嘉靖十九年(1540)三月初,候官整整两年的冯惟讷终于等来了朝廷的任命。冯惟讷初授宜兴知县,正七品。

可惜的是,七弟冯惟直再也不能分享他的这一喜讯。

正在京城收拾行囊准备赴任的新晋知县冯惟讷突然收到七弟去世的噩耗,无疑是平地一声惊雷。他恨不能策马扬鞭赶回青州,但是赴任期限十分紧迫,加上收到讣闻时七弟惟直已安葬,惟讷只得直奔宜兴。

旦夕间兄弟生离死别,羁旅中人涕泪不止。

八月仲秋,远在宜兴的冯惟讷回想起两年前的仲秋,阖家团圆,弟兄们侍奉父亲冯裕望月赏菊,醉酒放歌,那是何等的惬心快意。他悲从中来,作《祭岘泉弟》一文,安抚亡魂。

福无双至,祸不单行。

自冯惟敏二哥冯惟重英年早逝,青州冯府遭遇多事之秋。

十月,有人从广宁闾阳(今北镇市闾阳镇)送来讣闻,冯惟敏外祖母去世。

路途遥远,惟敏父母先率众子女妇人着丧服设刘氏灵位于家祭奠。

十一月初一日,冯惟敏和长兄冯惟健带着办理丧事用的白布顶风冒雪,自青州启程,千里奔驰,到闾阳处理外祖母后事。

这是冯惟敏不到三年的时间,第二次来到广宁。上一次是落榜后的祭祖,同时看望陪伴外祖母;这一次,是为外祖母吊丧。

次年,明嘉靖二十年(1541),秋天,冯裕三女去世,时年二十一岁。

又二年,明嘉靖二十二年(1543),十月,冯惟讷发妻熊氏在蒲州去世,时年二十六岁。

又二年,明嘉靖二十四年(1545),三月,冯裕长女病逝,享年四十三岁,家人在青州设灵位祭奠。

冯惟敏母亲伏氏随冯惟讷由蒲州回到青州。她再也经受不了白发人送黑发人的打击,恸哭不已。哭幼年早夭的晋哥儿、徐哥儿,哭次子惟重、七子惟直,哭远葬闾山的父母双亲,哭二十三年未见一面此生再也不能相见的长女。曾经的骨肉相连,今日的阴阳永隔,直哭得肝肠寸断,几次晕厥。

明嘉靖二十四年(1545),六月二十四日,青州府临朐冯(裕)氏一世祖冯裕卒于青州府城家中,享年六十七岁。

七月十五日,是冯裕的诞辰。往年的这个日子,家人都要为他祝贺寿辰。今年的这个日子,家人在他的灵位前祭奠。

这个日子也称中元日,民俗庆贺丰收、酬谢大地,以新稻米上坟祭祖,向逝者和祖先报告一年收成。

《周易》曰:"反复其道,七日来复,天行也。"

乐极生悲,否极泰来。

《周易·系辞上》曰:"生生之谓易。"

万物生生不息。

在生命的旅途中,生命中那些曾经最重要的人注定要离开,你学会了接受;又有最重要的人注定要来到,你懂得了珍惜。

明嘉靖二十四年(1545),十二月末,冯惟敏长子冯子复出生。惟敏夫妇结婚十余年,终于迎来了新生命的诞生。

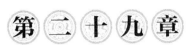

定居冶源

明嘉靖十九年(1540)二月二十二日,冯惟重安葬后的第三天,冯惟讷即匆匆离家,赴京师接受朝廷任命。三月初,冯惟讷正式受命宜兴知县。

赴任之前,冯惟讷十分放心不下四哥冯惟敏。

冯惟敏兄弟五人,即长兄惟健、仲兄惟重、五弟惟讷、七弟惟直。冯惟敏在弟兄中排行老四,只比老五惟讷大不到两岁。

冯惟敏生日是九月初一,冯惟讷生日是六月十九日,算来惟敏比惟讷实际大一年零九个月。

弟兄两人长得像一对孪生兄弟,"少小同笔札,出入学雁行"。儿时一起上学一起玩耍,感情甚是亲密。

兄弟五人中,惟讷最了解惟敏的脾性。他深知,四哥惟敏多少有些恃才傲物,自尊心强,会试不中肯定对他打击很大。

冯惟讷知道冯惟敏素喜临朐冶源那一方山水。他曾和父兄商量着在冶源熏冶湖帮惟敏置办些田产,以缓解些惟敏落榜的失落情绪,不料,家中突遭变故,便把此事给放下了。

此次他还没有从京师启程赴任宜兴,却收到七弟惟直暴亡的噩耗。悲痛之余,冯惟讷下定决心,尽快帮四兄惟敏了却卜居冶源的心愿。

主意一定,冯惟讷旋即启程,决意顺道临朐再南下赴任。

江苏宜兴乃秦时所置阳羡县,属会稽郡,隋改义兴县,宋改宜兴。此地位于江苏无锡西南,毗邻浙江、安徽两省,东滨太湖,北邻滆湖,是地道的江南水乡。

宜兴的南泥茶壶早有盛名。青州一带的茶商常赴宜兴采办,走的线路多为出青州城后南行临朐,过冶源、九山,越铜陵关南下,冯惟讷赴任宜兴走的就是这条路线。

到了临朐县城后,冯惟讷拜访临朐知县陆昌,请托为惟敏在冶源置办田产事宜。

陆昌乃应天府六合县人。他素知冯裕曾在南京任职,上任临朐知县后,曾前往青州府城益都拜访过冯裕,和惟敏兄弟也算熟识。

　　陆昌也是通达之人,听惟讷把想法说出后,他立即痛快地应允下来,并陪同惟讷来到冶源熏冶湖实地勘察。

　　站在熏冶湖边,冯惟讷也不禁被这一派湖光山色吸引了。湖西岸山脚处泉水喷涌,连绵不绝,下注而成湖泊。湖面宽广,南北窄东西狭长,一湖清水自西向东淙淙流去,一直汇聚弥河。湖两岸芦苇丛生,杨柳垂丝,更远处零零落落有几户人家。好一派安静的去处!

　　冯惟讷打定了主意,决定要为惟敏促成此事,便对陆昌说:

　　"惟讷祖居临朐仁寿乡,因祖上应征戍辽而迁居辽东。今举家落籍临朐,家父、家兄暂寓居青州。我四哥汝行,空负才学,会试失利,如今心情郁郁不畅。我想替他在此求田问舍,以便他远离尘嚣,在此静心读书寓居。若陆大人能促成此事,我家定会倾囊以待,万分地感谢!"

　　陆昌笑道:

　　"名地当有名人,方能名副其实,相得益彰。我刚来临朐,到这熏冶湖访察民情时听说过,北宋寿光名士刘概曾在此结庐而居。临朐冯氏一门两代三进士、两举人,名扬海岱。令兄举人出身,多才多艺,日后必将不为人下,若由他主持这一方胜境,必会修旧立废,让此地扬名的。更何况,这里原也是贵府祖上才兴公封地呢!"

　　陆昌办事十分敏快,颇有些招才引智的先进理念。熏冶湖四周不能耕种,既然闲置不用,还不如合理开发,同时也能增加政府财政收入,于公于私都是不错的决策。

　　为冯惟敏在冶源置办地产之事很快就定了下来,剩下的就是办理一应手续。

　　送走冯惟讷后,冯惟敏便与长兄惟健专程拜访知县陆昌,商定置地具体事宜。

　　父亲冯裕特意嘱咐,让陆昌报请知府大人,一应款项、程序等都遵循法度,一定不能为难地方官等。惟敏和惟健无不点头应诺,一一照办。

　　陆昌亲自陪冯惟敏、冯惟健二人来到冶源熏冶湖畔丈量亩数,还特意让衙役请来庄长一路陪同。

　　庄长姓苗,在村庄颇有些威望,他给众人一一介绍庄上的情况:这熏冶湖传说是东海龙王的后花园,村里人都称老龙湾;老龙湾水至清而恒温,冬暖夏凉,鱼虾鲜美;那老龙湾西北一片房舍,是苗姓族人聚居;北面的一片房舍,乃姓韩的人家;东南那一片,有姓井的、姓张的,庄子古时也称三角庄……

　　一行人绕湖而行。所见之处满眼的湖水清澈,水草在湖中扭动柔柔的"腰肢"左右摇摆,湖底有无数泉眼争相涌出串串水珠,如龙喷蛟吐,似珍珠脱线。

　　湖的四周有泉水四溢,沟汊纵横,其实这就是当今被比喻为"地球之肺"

的湿地。

湖南岸有山,曰海浮山,好一派真正原生态的绿水青山。

陆昌边走边指着四周对冯惟敏建议道:"四公子,这片水域及苇塘、竹园,本县悉数划归于你,建房的位置你自己挑,可否？"

冯惟敏连忙点头称谢。

在知县陆昌指点下,衙役丈量土地,填写地契,一切办理妥当。

冯惟健感慨道:"乙酉年,家父调任南京户部,路经冶源,就萌生了退隐此地的念头。我答应家父帮他实现心愿,并起号冶泉。家父这些年为官南北,退隐后又把心思都用在我兄弟几人应考上,故未多议此事。看来五弟素知父亲心愿,才决定为四弟惟敏募此先祖封地而为修养身心之所,真是万分感谢父母官大人成全！"

惟健、惟敏二兄弟免不了请大家吃席,又托苗庄长请了庄上其他姓氏族长,冯惟敏很快就和庄上几个有些威望的人熟络起来。

置地手续办妥后,冯惟敏即着手选址建房。设计依据为中国古老的风水八卦理论,以老龙湾为八卦中心,最终选址在老龙湾东北方向八卦之"生门"吉地。

房子图纸也是冯惟敏亲自设计,是两进两出的四合大院。入大门有甬道直达北墙根,建有高大的影壁,大门内有东、西两跨院,跨院院门相对。西跨院北方为正厅,南方建配厅,西向建马厩、厕所。

开工后冯惟敏亲自监工,地基为当地常见的青石砌墙,上为青砖墙体,青瓦屋顶,院子里植竹数棵,栽梅一株,放置奇石几块,其他绿植花草零星点缀,至房子竣工,大约半年。

阳月孟冬时节,冯惟敏偕夫人石氏由青州迁居新居,正式定居冶源。

冯惟敏父母也来小住时日。海岱诗社的老友们免不了要前来祝贺冯惟敏乔迁之喜,赏一赏这冯氏先祖得封故地新建的宅第园林。如此种种,不再一一赘述。

在喜欢的地方做喜欢的事,年轻的冯惟敏做到了。这里有诗,有远方,也有日常生活中的家长里短,是生活该有的样子。

依水而居、面山向水的生活并没有消磨冯惟敏致君尧舜、忧国忧民的情怀抱负。他自号海浮,人亦称海桴,取"道不行,乘桴浮于海"(见《论语•公冶长》)之意。

自此始,冯惟敏除了五十二岁时出仕为官十年,其余的时间都寓居此处,一直到六十八岁生命结束。

直到如今,冶源老龙湾岸边,多有惟敏的后代居住,冯氏为村中大姓之一。老龙湾已由国家收回,成为一处旅游景点。

　　那些沿湖的竹林小道,登山的石阶,雪花桥上,曾留下过冯惟敏的足迹;老龙湾清澈的泉水,映照过冯惟敏捻须而过的身影,和鸣过他的轻吟浅唱;铸剑池边,江南亭里,曾是他每天都要落脚歇息的地方,一首首词曲就是在这里写就。

　　这一切,如今都成了老龙湾景区的解说词。

第 三 十 章
拜访李开先（一）

榜样的力量是无穷的。特别是处于成长阶段的年轻人，需要一个榜样、一个偶像，去崇拜，去模仿；然后，去超越；最后，活成自己希望的样子。

青年时期的冯惟敏充满激情和热情，自言"早年志气藐三公"，高唱着"意兴横生山可挟""男儿志向，休负了前人名望"，大有目无千古、踔厉风发的气概。他志气飞扬，志业宏大，书生意气，自具一种昂扬向上的精气神。

作为仕宦子弟，他注定首选科考入仕的路子。

这是父辈的期望、家族的责任，是不得已而为之。

那些科考的八股文章，什么破题、承题、起讲、入手、起股、中股、后股，千篇一律，连四书释义也要以宋代朱熹的《四书集注》为标准，这对于思维活跃、天马行空的冯惟敏来说实在是味同嚼蜡。几次会试不第，甚至可以用深恶痛绝来形容了。

与科考文章形成鲜明对比的，是散曲。冯惟敏对散曲的喜爱，发乎内心，仿佛与生俱来。他很享受创作的过程和朋友之间的唱和对答。

青年时期的冯惟敏也有一个偶像：山东章丘人李开先。

崇拜的原因首先是李开先在金元散曲及杂剧方面的深入研究和创作实践。这让初入散曲创作之门的冯惟敏顶礼膜拜。

第二个原因是冯惟敏的长兄冯惟健和李开先是同年关系，二人同中明嘉靖七年（1528）举人。因此，冯惟敏是能敲开李家大门的。

和冯惟健不同的是，李开先中举后参加次年的春闱顺风顺水中进士，从此人生"开挂"步入仕途；而冯惟健七上春宫不第，最终选择了放弃。

第三个原因是李开先自幼颇负盛名，是"嘉靖八才子"中坚人物，在当时的文艺界有一定的话语权和影响力。

如果有兴趣，再仔细梳理一下李开先的人生履历，发现他确实不负"才子"之名，拥有冯惟敏这样的"粉丝"实属正常。

冯惟敏弟兄的这个山东同乡堪称神童级别的人物。

和明朝为数不少的神童一样，李开先自幼聪慧，琴棋书画无所不通，德智体美劳全面发展。

和其他神童不一样的是,李开先痴迷象棋,最终做到了打遍全国无敌手,连一流职业棋手也能轻松拿下的程度。下完棋还要发挥文学特长,赋诗一首作为留念:虽云国手同推汝,叵奈强兵独有吾。每让三先难成垆,纵饶一马亦长输。

假如晚出生五百年,妥妥的国手一枚。

聪明人考试也不在话下。

李开先二十七岁中举,二十八岁中进士。

李开先在户部任职的时候,有一次到宁夏出差,路经陕西关中,登门拜访了当时削职居家的文学家康海和王九思。自此,三人惺惺相惜,互帮互学,都成了名垂中国文学史、戏剧史的人物。

假如到现在你对冯惟敏的这个偶像还没有十分感性的认识的话,那你总看过,最起码听说过京剧《逼上梁山》,或者《野猪林》《夜奔》吧,这些剧本有个共同的"老祖宗",或称蓝本,叫《宝剑记》。《宝剑记》的作者就是李开先。

当然,《宝剑记》也有个蓝本,即中国四大名著之一的《水浒传》。

《宝剑记》是李开先的戏曲代表作。全剧共五十二出,后世多有改编,随便一出就可以上演个百八十年。本着奇文共欣赏的原则,摘录《宝剑记·夜奔》诗句如下:

> 登高欲穷千里目,愁云低锁衡阳路。
> 鱼书不至雁无凭,几番空作悲秋赋。
> 回首西山月又斜,天涯孤客真难度。
> 丈夫有泪不轻弹,只因未到伤心处。

一句"丈夫有泪不轻弹,只因未到伤心处",把八十万禁军教头、大丈夫林冲有家不能回、有国不能投、逼上梁山的伤心、悲愤、孤苦、无奈刻画得出神入化,深入骨髓,其艺术感染力可见一斑。

在文坛上,李开先反对当时风头强劲的"文必秦汉,诗必盛唐"的复古文风,文学创作主张平易朴实、言之有物。他还十分推崇与正统诗文相异的戏曲小说,戏曲语言主张"俗雅俱备""明白而不难知"。这些文学主张与冯惟敏的文学认知志同道合。冯惟敏对他长兄的这位同年好友十分钦佩仰慕,一生当中三次专程拜访。

第一次前文有所提及。明嘉靖十六年(1537),冯惟敏听说李开先在老家章丘绣水休假,在去济南府参加乡试时,顺路到李开先府上拜访,不得见,失望离开。

是年,冯惟敏二十七岁,李开先三十六岁。

第二次拜访在明兆乙《李开先年谱》中有记载:"四十一岁,嘉靖二十一年

（1542），公在故居建孝廉堂。秋，词客冯惟敏来访，语言投契，结为文友。"

是年，冯惟敏三十二岁，李开先四十一岁。

第三次是明嘉靖三十七年（1558），冯惟敏济南入狱释放后回家途中，再次顺路拜访。

那时候，冯惟敏已经四十八岁，李开先五十七岁。

第二次拜访对冯惟敏产生的影响最大。可以说，这次拜访之后，冯惟敏确定了自己的文学主张，开始真正步入明代散曲"第一大家"的创作之路。

第一次到李府拜访之后，冯惟敏一直关注着李开先的消息。

明嘉靖二十年（1541）春天，惟敏赴京师参加会试，匆匆见过李开先一面。彼此都挺忙，未得深谈，冯惟敏大为遗憾。

孰料，四月里皇家太庙的一场大火，很快给第二次拜访创造了机会。

据《日下旧闻考》记载："嘉靖二十年四月，雷火，九庙灾，惟睿庙存。"

这场火灾事故史料多有记载，场面很震撼。

黄昏时分，京城阴雨雷霆骤至。夜间，巨大的响雷炸响在太庙上空，先是引燃仁庙（明仁宗朱高炽的庙号）。狂风之下，火势迅速蔓延，火光映红整个太庙上空。看守的官吏仆役束手无策，呼天天不应，叫地地不灵。大雨在火光的映照下如鲜血一般落在人的衣服上，雷霆通宵不止。

第二天，除了睿庙（世宗嘉靖皇帝老子的庙号）尚存，其他八庙都烧成了灰。

这场火灾堪称重大消防安全责任事故。只不过，主要责任在老天爷，其次，当归咎于当时消防知识的欠缺。

民间议论八卦纷纷，多有封建迷信成分。

太庙作为奉祀已故皇帝灵位的祖庙，是当地最高的建筑物。太庙为木质结构，有六十八根周长三米多的大立柱，全是很好的楠木，大概也没有安装避雷装置，很受雷神偏爱，火神爷不光顾才怪呢！

这场大火毁掉的不只是九庙中的八庙，还有不少人的仕途。

其中就有冯惟敏的偶像李开先。

当时，李开先任太常寺少卿。太常寺主责有一项就是负责宗庙祭祀，虽然他不是太常寺的一把手，但被追责是免不了的。李开先被追责罢官，结束了十二年的仕途生涯，卷铺盖打道回府——回到了老家山东章丘绣水。

太庙毁了，世宗皇帝可以集全国之力重建。被撤职的官员，除了极个别的很难再被皇帝想起。

李开先壮年归田，龙泉时自拂，尚有气如虹。他希望有朝一日能被重新起用，但是，到死他也没有等到这一天。

实际上这未免不是最好的安排。

李开先为官正直清廉，爱提意见和建议，经常揭露社会的黑暗面，又不肯趋炎附势,巴结当时的"政治明星"夏言、严嵩等,这样的个性在明朝的官场上发展如果没有人家王守仁等人的道业,倒真不如回老家著书立说来得实在。

赋闲在家的李开先潜心于挖掘搜集戏曲及民间文学作品,很快写成《中麓小令》一百首,在民间广为传唱,轰动一时。明嘉靖二十六年(1547),他又结合自己为官只知忠君报国,不解趋炎附势的经历心得,写成传奇戏曲《宝剑记》。他的好友"前七子"之一的王九思给此书写了后记,给予了高度评价,称其为"一代之奇才,古今之绝唱"。

该剧改编传唱近五百年而不衰,这样的评价并不为过。

第三十一章
拜访李开先(二)

明嘉靖二十一年(1542)秋天,忙完秋收秋种,征得父兄赞同,冯惟敏从青州益都县城直奔济南章丘,专程拜访李开先。

益都到章丘绣水,行程二三百里,冯惟敏第二天下午就到了。他怀着激动的心情,敲开了李府大门。

李开先一生有三好:戏曲、藏书、交友。

冯惟敏是来对了!

李开先早前已经听家人说过临朐的冯惟敏曾登门拜访之事,今见冯惟敏专程前来,立即热情相迎。

冯惟敏望着眼前这位身材魁梧、仪表堂堂、谈吐不俗的齐鲁名士,钦佩之情溢于言表,他上前毕恭毕敬地行过晚生礼,便被李开先握着手步入府中。

彼此寒暄问候。冯惟敏向李开先表达了这次来的主要目的:去年在京师匆匆一晤,没有来得及请教,这次是专程来学习的。

李开先对冯惟敏的到访表达了诚挚欢迎和喜悦之情,又关切地问起同年冯惟健近况:

"汝行贤弟,令兄去年京师曾与吾一晤,他近来可好?"

惟敏感叹:"家门近年可谓多事之秋,流年不利,兄弟五人逝者有二。长兄治家治学,日夜操劳,去年家兄第五次春闱落第,归来后大病一场,近日好多了!"

李开先深情回忆了他与冯惟健的同年之谊,说道:"令兄陂门弱冠即声闻艺林,品正德厚,嘉言懿行。嘉靖七年秋,他与我同举于乡。第二年,我有幸考中进士,步入仕途,摸爬滚打十二年,到如今我也是落得个解官归田!"

他看一眼冯惟敏,像是安慰冯惟敏弟兄的落第,又像是自我解脱,说:"去年春上,在京师见到令兄时,我就曾劝他:求仕为做官,但做官何其难!这官,不做也罢!这科考,不中也有不中的好处。"

冯惟敏说道:"伯华贤兄,你与我长兄是同年,惟敏视您为良师益友,我几度欲慕名拜访,一直未得机缘。说句实话,自从我仲兄惟重客死庐州,我和长兄对科举仕进已心生畏惧,只是为了光耀家族,不得已而为之。伯华仁兄您正值壮年,德才兼备,竟遭罢官,令人不平!"

此时,酒宴摆上,冯惟敏再致谢意,二人边饮边聊。

惟敏的一席话引来李开先一声长叹。李开先盛年被罢官归田,正有一腔的愤懑无人可诉。酒助谈兴,他敞开心扉,畅所欲言,把心中块垒向冯惟敏一吐为快。

原来,李开先为官正直敢言,曾给嘉靖皇帝上了一道奏疏,建议罢黜术士之官。世宗朱厚熜最喜修道问仙,他这不明摆着整事吗?结果落了个抨击朝政之名。

另外,李开先还是原任内阁首辅张璁门生。这张首辅是被现任内阁首辅夏言整下去的,再加上嘉靖二十年的九庙火灾追责,才有了被罢官归田的结局。

其实,这结局已经不错了。据说有个叫周天佑的状元郎,九庙火灾后向朝廷上了一道奏折,结果惹恼了皇帝,被重打六十大板,关了监狱,三日绝食而亡。人家更年轻,才三十一岁。

酒逢知己千杯少。

李开先借酒浇愁,频频与冯惟敏碰杯对饮。惟敏免不了要说些安慰的话:"伯华仁兄,请恕我直言,当朝当代,近在齐鲁,远及华夏,文人志士,俺就知道一个'嘉靖八才子'的李中麓。那'八才子'之中,王道思(王慎中)、唐顺之、陈东、赵时春、熊过、任瀚、吕高,除王师慎中乃我恩师外,别人我是只闻其名不识其人;恩师道岩居士(王慎中号),乡试亲点小弟五经魁首,今任河南参政,从三品,但在小弟看来,仍远不如这'嘉靖八才子'的名声之大啊!"

这话李开先愿意听。他应道:"汝行贤弟所言极是!仕途官场,若逢有道明君,可施展抱负,致君泽民,建立不世之功。可如今,我大明朝廷实在容不下我等不事阿谀、耿介直言之辈!"

冯惟敏愤然道:"伯华兄,自古有言,天生我才必有用。纵观前贤,大凡有大成就者,多怀才不遇,感时事而发忧愤!在愚弟看来,功名富贵何足为,此身岂为儒冠误!伯华兄辅国之才,如今安答寇边,朝廷急需将才,贤兄有朝一日必将起复,大展经纶,为国立下擒寇之功!如若朝廷不用,那也是当今皇上损失。伯华兄你归田以来,即作小令数十首,传唱于井巷之间,教化百姓,焉知这不是苍生之福呢?"

李开先大为感慨,击掌应道:"汝行贤弟,正如前贤所言,天将降大任于斯人也!人只有历经坎坷,历经磨难,涉世至深,才能够有大手笔,写出大文章!愚兄官场一路平顺,近年亲睹朝政,萌生正义之感,直言进谏而遭罢官,这才尝到了世态炎凉的滋味!今日你我二人共勉,愿能写出几篇传世之作,也不枉此生!"

夜深漏残,添了几次灯油,两人仍促膝长谈,说古论今,意犹未尽。

他们从上古谈到当朝,从尧、舜、禹谈到伏羲、文王、周公、孔子,直谈到当世文坛"七子",二人观点一致,言语契合。

冯惟敏佩服李中麓"心窝儿包尽了前朝秘府,舌尖儿翻倒了近代书楼";李中麓感慨冯惟敏的到来是"琴遇知音、棋逢对手"。

曾经的偶像,一夜之间成了志趣相投的铁杆文友!

李开先安顿冯惟敏在府内客房安心住下,这也正合惟敏心愿。

一方面,冯惟敏觉得需要向李开先讨教的学问还有很多;另外,他早听长兄冯惟健说过,李开先喜欢藏书,俸禄主要用在了购书,府上藏书万卷,且多以话本词曲为主,惟敏早就渴望有朝一日能亲眼看一下这万卷书藏,好好研读那话本词曲秘本;当然,还有一个原因,冯惟敏对《易经》有些研究,李开先回乡后正大搞土木工程,建亭修园,修建"藏书万卷楼",正好邀请冯惟敏帮忙堪舆监工。

据明兆乙《李开先年谱》记载,冯惟敏在章丘绣水李开先府上住了月余,方依依而别。

此间,他还通过李开先,结识了名士雪蓑,拜晤了谢久仪等。总之,不虚此行,干货满满。

第三十二章
拜访李开先（三）

章丘一行让冯惟敏大有拨云见日、云开月明之感，他更加坚定了自己的文学创作主张："诗由性出""声与政通"！

在他看来，诗文辞赋要反映作者真性情，不能脱离社会和民情。为得其文而失其意，失其声，不是散曲的正途。

应该说，在明朝中叶，这个观点很有革命性、创新性、先进性，与改革开放后我们提倡的文艺"为人民服务，为社会主义服务"的方针高度契合。

李开先府上有"词山曲海"之称的万卷藏书，特别是那些词曲话本秘本，让冯惟敏感叹不已，眼界大开。

李开先对金元以来散曲创作之变的品评给了冯惟敏很大的启发。相信在章丘一个多月的时间里，冯惟敏看得最多的书籍当是那些词曲话本，和李开先聊得最多的也是关于散曲的话题。

原来，散曲要写的，并不局限于文人的"叹世"和"归隐"；要表达的，也不仅仅是风花雪月、男欢女爱。它要承载的可以很多：可以咏史伤时，可以写物叙事；黎民百姓的喜怒哀乐，世间苍生万物，三教九流，士农工商，皆可入曲！

简而言之：曲无事不可写，无意不可入。

但是，要说真话，写真事，道真意。

前文有述，李开先和初开明代散曲风气之先的康海、王九思志趣相投、彼此欣赏。此次章丘冯李相会，使得明朝中叶北曲"豪放"一派又增加了冯惟敏这位新成员，且这位新成员后来居上，成就将最终超过康海、王九思两位老先生，成为明代散曲的殿军，获得"明代散曲第一大作手""明代散曲第一大家"的美誉。

对明代散曲，尤其是北曲，现代曲评家郑骞先生有这样的评价："康、王、冯之作，描写其个人之生活，表现其个人之情性，风格理趣，面目各殊，尤为超出元人，而非同时婉丽一派之所能及。至是而散曲境界始宽，堂庑始大，体制内容，乃臻完备；明人之所以别于元人者，固在此耳。"

郑骞先生还认为，"冯惟敏以前的散曲，技巧虽很精湛，内容风格则相当狭窄低陋。……有了冯惟敏,散曲这种文体方才从末技小道走上尚雅纯正一途"。

郑骞先生对冯惟敏散曲创作贡献和成就给予了高度评价。

刘勰《文心雕龙·通变》用"文律运周,日新其业"概括文学演变的一般规律。散曲的产生和发展也是如此。

金、元时期,宋词式微,胡乐番曲流入,散曲应运而生。散曲功用和词一样,可抒情,可叙事,供人清唱,分小令、散套两种。

小令短小精悍,只有几句,最多十几句,每个曲牌有规定的字数、平仄、韵脚,通常以一支曲子为独立单位,也可以重复,各首用韵可以不同。如元代散曲大家马致远的《天净沙·秋思》就是一支曲子为独立单位的小令。冯惟敏的《傍妆台·效中麓体(六首)》,则由六首用韵有异有同的小令组成。

散套通常用同一宫调的若干曲子组成,长短不论,一韵到底。

小令在元代发展得已较为成熟。冯惟敏对散曲的贡献还表现在发展了散套这种形式,使它趋于成熟。

在章丘客居一个多月后,冯惟敏与李开先道别。

途中夜宿临淄古都,他思绪万千,文思泉涌,作散曲大令《李中麓归田》,表达谢意。曲中他对李开先的才华、气度推崇备至,大加赞赏,称其:

囊括了三坟五典,八索九丘。网罗了百家众技,三教九流。席卷了两汉六朝,千篇万首。弹压了三俊四杰,七步八斗。

多少词林翰府侪,则被他一笔勾;乾坤豪士眼中收,这其间能说会道堪居首。

他还将这一个多月来的经历和心得诉诸笔端,作为此篇大令之序文,称"秋夕共语,昔所未闻,偶论乐声,深契予意"。

后来,《李中麓归田》成了冯惟敏散曲集《海浮山堂词稿》开章首篇之作。该散曲及其序文完全可以看作冯惟敏文学创作主张的宣言。他要用自己的笔,昭示这世间百态、人生万象,向当时颓靡复古的文坛宣战。

两年后,即明嘉靖二十三年(1544),李开先《仙侣傍妆台·中麓小令百咏》问世,传抄、传刻者不计其数,为其作序作跋者达数百人。这数百人中,有冯惟敏长兄冯惟健、五弟冯惟讷。

冯惟敏更是欣喜不已,作《傍妆台·效中麓体(六首)》赠李开先,顺便"蹭了把热度"。其中第五首是这样写的:

杳茫茫,周回十里水云乡。望日寻蓬岛,乘月泛沧浪。追随陶令白莲社,啸傲裴公绿野堂。三山帽,一苇航,得徜徉处且徜徉。

可以看出,几次科考不第的冯惟敏,越来越向往寄情山水、归隐田园的生活。

十六年后,明嘉靖三十七年(1558),世宗朱厚熜继续潜心炼丹修仙以求长生不老,空余时间调解下徐阶同志和严嵩严贼的矛盾;李开先始终没有等来朝廷起复的消息,仍然在章丘绣水将他的三大爱好发扬光大;还在老家临朐冶源熏冶湖畔种田填词的冯惟敏却遇到了人生的一道坎儿——"在乡多纠缠",他被巡按监察御史段顾言逮至济南入狱,"久之乃解"。

这段御史是严(严嵩)党成员之一。

释放归途中,冯惟敏第三次来到章丘绣水,拜访李开先。

和十六年前不同的是,当年的词客冯惟敏已经成长为一名"词曲家"。据明兆乙《李开先年谱》记载:

五十七岁,嘉靖三十七年(1558),词曲家冯惟敏再次来访。冯作《醉太平·李中麓归堂夜话》赠公,其中有句"定知早晚兆熊罴,听儿童道喜"。冬,"后七子"领袖王世贞过访,下榻李开先近游园,两人诗酒歌舞,数日方归。

冯惟敏在《李中麓醉归堂夜话》中继续表达对李开先的崇敬之情:

文章不数三都赋,忠诚不忘千秋录,精通不但五车书,老先生自许。

当然,在《李中麓醉归堂夜话》最后二首,冯惟敏毫不客气,将逮他入狱的段顾言狠狠骂了一顿:

宝龙图任满,于定国迁官,小民何处得伸冤?望金门路远,严刑峻法锄良善,甜言美语扶凶犯,死声淘气叫皇天,老天公不管。

休随心作歹,莫倚势胡歪,须知暑往有寒来,不多时便改。强梁自有强梁赛,聪明反被聪明害。后人又使后人哀,看斑斑史策。

看来,文人是不能轻易招惹的。冯惟敏释放出狱还没出济南府,即作古诗《七歌行(七首)》,在序中不点名开骂:"效少陵体,历下作。时有墨吏煽惑齐鲁间,六郡甚苦之,予亦致至历下,久乃解之。"

行到章丘,继续开骂。

这还没完,君子报仇十年不晚。

冯惟敏对时势的判断还是比较敏感正确的,他的"休随心作歹,莫倚势胡歪,须知暑往有寒来,不多时便改"预言很快成为现实。

明嘉靖四十一年(1562),把持朝政十余年的大奸贼严嵩被迫退休,其子严世藩入狱并充军雷州。

明嘉靖四十四年(1565),三月,严世藩被斩,严嵩被抄家,严党成员纷纷作鸟兽散。

冯惟敏终于能够畅所欲言,作杂曲《正宫端正好·吕纯阳三界一览》《般涉调耍孩儿·骷髅诉冤》《般涉调耍孩儿·财神诉冤》,借八仙之一的吕洞宾、地下的骷髅冤魂、天上的财神爷之口控诉万恶的封建社会,揭露社会和官场黑暗。

每曲的序或跋,直接点明写作背景:

迨戊午丁巳间,有酷吏按治齐鲁,大猎民赀,以填谿壑,累岁无餍。人人自

危,莫知所止。(《吕纯阳三界一览·序》)

嘉靖丁巳戊午间,有墨吏某,每按郡县,辄罗捕数百千人,囹圄充塞,重足而立,夕无卧处。计民产百金以上,必坐以法竭之。凡告人命,虽诬必以实论;有厚赂,虽实必释。由是诬告伺察之风盛兴,而依法强发民塚者不可胜计。(《财神诉冤·跋》)

如果没有被逮入狱的那段经历,冯惟敏对社会的黑暗和百姓之苦也不会有如此切肤的体验,也写不出如此一针见血、针砭时弊的文字。

段顾言是否名留明史不大清楚,但在文学史上的确是留了名——一个骂名,成了冯惟敏文字中明中后期贪官酷吏的代言人。

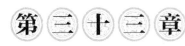

编修临朐志

从章丘回来后,冯惟敏回归正常的生活。他平日在临朐冶源诗书耕读,时常到青州府城看望父母,春闱之年和长兄惟健同赴京师参加会试。

家人也能感觉到冯惟敏的些许改变。对家族的事务,他能够多替父兄分担;对县乡政事,似乎更加关注和多有参与;对乡邻百姓之苦,多了一份关切。

还有,就是用在词曲杂剧上面的功夫更多了。

明嘉靖二十六年(1547),兄弟们为父亲冯裕守孝期满。二月,惟敏和长兄惟健重整旗鼓,再次赴京参加会试。

九月,五弟惟讷进京活动起复之事,等待朝廷任命通知。

十月,冯惟敏次子子升出生。子升的名字是大伯惟健给起的,有世代能够高中高升的寓意。

世事在变,但生活总是要继续。

这一年,临朐县换了父母官,新任知县姓王,名家士。

据《(光绪)临朐县志》记载:"知县王家士,字汝希,河南光山人,举人,嘉靖二十六年任。兴学举废,好以儒术饰吏治。县故无志,旧闻阙如,家士始与邑人冯惟敏征文考献,勒为成书。"

总之,因为来了一位注重文化建设的父母官,重修临朐县志很快列入政府工作内容。

开始,编修小组有四人。知县王家士担任主编,小组成员分别是教谕祝文、训导夏云鹏、严怡。祝文、夏云鹏负责考证研究史料,严怡负责文字起草。

王家士《临朐志叙》记载:"豫川(祝文号豫川)、草堂(夏云鹏号草堂)皆尝考索往事,严子(严怡)尝草创之,会其迁去,随托海浮冯子终厥事焉。"

编纂工作开展了一年多的时间,到了第二年的冬天,负责县志文字工作的严怡迁官嵩县博士,升职离开了临朐县。冯惟敏特意跑到临朐七贤村,顶风冒雪去为这位好友送行,并赋诗两首留念。

《送严石溪博士稍迁嵩邑便归省母》就是专门赠送严怡的:

北地风高雪霰飞,出门何处恋轻肥。十年三徙官犹冷,千里孤征客始归。

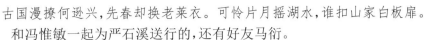

古国漫撩何逊兴,先春却换老莱衣。可怜片月摇湖水,谁扣山家白板扉。

和冯惟敏一起为严石溪送行的,还有好友马衍。

这马衍祖上科考成绩不是一般的好。他爷爷的爸爸即明朝江北第一位状元马愉。状元的后代自然也写了一首诗为严石溪送行。惟敏又作《赋得雪中柏次马合川韵兼呈石溪》和韵:

山寺经行怜古柏,关河从此赋离群。孤根已自乘阳气,直干还看插冻云。

荏苒岁时长不改,昂藏雪月两平分。青青总为添行色,笑杀先生冷广文。

可惜的是,马衍的身体素质一般。送走好友后,他和冯惟敏迎着凛冽的北风各回各家。天寒地冻,都要把这位状元的后代冻僵了。冯惟敏脱下自己的外衣给马衍御寒,马衍也坚持不要。回家后,马衍受风寒感冒,一病不起,第二年四月病逝。

死后,冯惟敏为这位好友写了行状,其中提到这样一件事。马衍与严石溪告别时,竟然说了这样一句不太吉利的话:"吾行就木矣。"好像有先知先觉一样,很让冯惟敏伤心、感叹。

而今,严怡走了,马衍也永远地走了,但他们的事业还要继续。知县王家士真诚地邀请冯惟敏完成好友严石溪未竟的事业,接手编修临朐县志的工作。惟敏责无旁贷地答应了。

接下来,整整四年的时间,冯惟敏除了日常工作生活外,一心扑在一件事上——编修县志。

冯惟敏一生中,曾三次参与编修地方志:主修临朐县志、参与编订青州府志、主修保定府志,而创编临朐县志投入的热情和精力最多,他是发自内心地把这项业余工作当成事业来干。

冯惟敏先是全面通读《永乐县志》《成化县志》这两本临朐旧志,找来《齐乘》《山东通志》等史料仔细研读揣摩。他发现以往的临朐旧志内容多残缺不全,体例也不够严谨。

冯惟敏决心尽全力搜集第一手材料,严加审核把关,让这次县志重修能起到补史之缺、参史之错、详史之略、续史之无的作用,真实地记录地方风土民情,延续那段历史。

他走遍了临朐的山山水水,访遍大大小小的村庄,对志书中所要记载的山水地理、人物故事都要亲自实地详考,掌握了大量的一手资料,也更加了解了临朐的民情世情。

这份工作虽然辛苦,但有一个好处,为冯惟敏的散曲创作提供了丰富的素材。

知县王家士十分支持冯惟敏的工作,专门为他配备了一头毛驴和两个随从。因为跋山涉水,高头大马实在不如一头小毛驴更实用。

冯惟敏和随从继续外出采编。走到临朐县城南二十余里的丹河边时,他们远远看见一处墓地里像是有人在打架。他们走过去一看,发现有一座墓穴被扒开了,一打听,原来这是当地人在打旱魃。

旱魃是民间传说中能致旱灾的怪物,虽然谁也没见过,传说却是有鼻子有眼,形象可怕。

有人说旱魃看起来像身穿青衣的女子;有人说像一只脚走路的软毛猴子;有人说魃是一个南方人,身高二三尺,赤身裸体,眼睛长在头顶上,走起路来像风一样,走到哪里哪里必大旱。

《诗经》有云:"旱魃为虐,如惔如焚。"

在青州临朐一带,老百姓更认同"尸变旱魃"一说。

因此,遇上大干旱之年,村民就集合队伍,自发到各处墓地找旱魃。如果发现百日之内新坟,坟上不长草,坟边有明显湿土,坟里埋着的人就不得安眠了:被掘坟挖尸,秸草焚尸。这是当地驱除旱灾的传统做法,俗称打旱魃。

虽然朝廷已明令禁止掘坟焚尸这种打旱魃的做法,但屡禁不止,很令地方官头疼。

冯惟敏是不相信什么尸变旱魃之类传说的,更不相信这种打旱魃的办法能消除旱灾。他现场断了一次案,制止了这种违法行为。

原来,这领头扒人家新坟的,与坟主家有矛盾,是借打旱魃之名报私仇的。其他随大流的乡民听冯惟敏科普了下坟边湿土是因为挖坟坑时用了熟石灰和泥。石灰泥不渗水,这一块自然看起来比别的地方潮湿了。见举人老爷都过来管事了,加之乡里乡亲,人们便重新帮忙堆好坟头,此事就此而过。

冯惟敏又联想起前些年临朐榆林店的一件旱魃奇闻。有个妇人生了一个男婴,头顶凹陷,头上还有一个深约一寸的孔窍,头两旁有肉角突兀地耸起来,眼睛距离耳朵出奇地近,嘴小得连吃奶都困难。乡人纷纷传言这个小孩是旱魃,要烧死这个婴儿。孩子的父亲坚决不让,在当地引起一场轩然大波。

一位老秀才专门为此事写了一篇《旱魃解》,提出了一个鲜明正确的观点:"此人形之不备而稍异者,奚旱之所为?"算是下了一个定论,救了这孩子一条命。

秀才就是秀才,没有文化害死人啊!

这位秀才的观点令冯惟敏大为赞同,这件事也让冯惟敏深刻认识到普及科学文化知识的重要性和必要性。

他向知县王家士建议把老百姓喜闻乐见的临朐历代祥异、遗事、孝义、风俗等史料和传说精心筛选整理编入县志,让百姓辨真伪,明事理,起到潜移默化教化民心的作用。这篇《旱魃解》也被编入了县志。

位卑未敢忘忧国。

冯惟敏虽然是举人身份,闲居乡里,躬耕自给,但他始终关心时政,关注民生疾苦,愿意用手中的笔为民鼓与呼,大胆揭露社会的不合理现象和黑暗面。

自明嘉靖十五年(1536)以来,大概是朝廷财政吃紧,明世宗采纳武定侯郭勋等人建议,下令在全国范围内找矿开矿(金银矿)。这场政府行为时断时续,明嘉靖三十四年(1555)前后,这波采矿潮波及山东临朐。

临朐县城西南七十里有座嵩山,嵩山和它附近的山上有矿。山上蕴含丰富的铅、锡、铜矿藏,山下的河水中能冲出沙金。因为开银矿成本低,收益大,最容易开发,此地盗采银矿事件频发,成了地方之害。

朝廷想了一个折中办法:官监民采,官民同利。

如此一来,与嵩山相连的黑山名正言顺成了地矿区。

冯惟敏居住的冶源距黑山三十多里,他十分了解开采银矿是弊大于利。因县志采编,他又亲临黑山矿区进行了实地调研,掌握了第一手资料,于是不吐不快,撰文《临朐银洞议》,向朝廷建言献策:

山泽之利,从古有之。然而银洞为朐剧害,何也?民采之率弃本业,啸聚山谷,分落树敌,杀伤无算,必捐躯覆族而后已;官采之则大吏必至,有司奔命,供帐舆马之费,骚动数百里,而朐为甚。工役佣作之直殆又过之,且虞不逞之徒群起而为乱也。兵防馈饷,用出无经。瘰官秕政,耗材蠹民,至是极矣。乃复有官民同利之议者,官监民采,贷以公帑,已乃偿之,仅无少余。是三者,朐皆行之而无一所利,顾蒙其害至今未苏也。夫矿亦石耳,一掘不复生息。古今掘之不遗余力矣,其不可复得,理有固然,无足辨者。

全文层层递进,条理清晰,充分论证了黑山开矿,于国于朐于民,皆弊大于利的道理,对于临朐来说,更是有三弊而无一利。

在冯惟敏看来,矿石是不可再生资源,一旦开掘不可复得,此理不容置辩!

不得不说,此文虽短,但充分说明了冯惟敏不但散曲写得好,思想观念还相当超前。在四五百年以前,冯惟敏已有了自觉自发的生态保护理念,这与新时代两山理论十分契合。

除对开发银矿发表自己看法外,冯惟敏还针对临朐县县情,对力役、赋税等事关民生问题发表见解,撰写《临朐枪手议》《临朐贡赋议》等,均收入县志。开矿、力役、赋税并称临朐县"三大害",得到了知县王家士的重视。

明嘉靖三十一年(1552)冬月,经过前后五年多的努力,临朐县志终于修成。

知县王家士为志作序。庆功酒喝过,除严怡修志第二年即升任嵩县教谕外,原来的教谕祝文升任沛县知县。知县王家士完成这件大事后,次年即解甲归田。冯惟敏也回归日常生活,只不过他似乎更加关心时政了,时不时地写一些贪官污吏不喜欢的诗文。

《(嘉靖)临朐县志》称得上临朐第一部真正意义上的县志,现宁波天一阁有藏,影印资料专业网站可查。

第三十四章
与疏狂之士雪蓑的交情（一）

临朐冶源老龙湾西首，有一七八百平方米的水池——铸剑池，此处即为老龙湾主源。

传说铸剑祖师欧冶子曾取水铸剑于此，故铸剑池又称熏冶泉。

泉水东流，过雪化桥，汇成一片广阔水域，称熏冶水、熏冶湖，乡人俗称老龙湾。

铸剑池西坡怪石嶙峋，石中有一股清泉流出，如散珠跌落池中。池中亦有无数泉眼，如龙喷蛟吐。池内水草摇曳，游鱼穿梭。池西南有磐石，石上刻有"铸剑池"三个大字，字径尺余。左首崖壁上刻题名："天丁呵护阴阳剑，鬼斧凿开混沌池"。并后跋数语："为海浮山人索，雪蓑渔者并题，戊申岁麦月囗日也"。

石刻字体古拙浑朴，疏狂不拘，如老龙湾岸边老干怪虬，苍古逼人。

这是将近五百年以前老龙湾湾主冯惟敏和他的朋友雪蓑留给老龙湾的一笔财富，也是两位疏放旷达文人交往和友情的见证。

石刻历劫犹存，今虽略有残缺，但每次驻足观望，总有种字犹在、神犹在之感。

据《（光绪)临朐县志·杂志》记载："明嘉靖间有道人徜徉沂山、冶水间，不知何许人，亦无姓名。常雪中披蓑而行，人以'雪蓑'呼之，遂亦自名雪蓑。举止怪诡，好谈元理。嗜酒，饮无算。或赠以钱物、衣服，遇贫者即欲之。醉辄箕踞，嘲骂贵人，或取困辱亦不为意。诗尚豪放，善作草书。沂山仙客厅、冶泉铸剑池皆存手迹，体式飞动，见者诧为仙笔。"

以上史料约略介绍了雪蓑的基本情况。

在明嘉靖、隆庆年间，冯惟敏的这位朋友在莱芜、章丘、青州一代知名度很高，但他的真实身份就像他本人在莱芜棋山观村所题碑文一样，"玄之又玄"。

民间孩童喊他"要饭的"，因为他常以披头散发、疯疯癫癫的形象游走于乡间田野。他时而放声长啸，声振林樾；时而旁若无人，用枯枝在雪地上写写画画。这场面相信能吸引一批"熊孩子"的围观。奇怪的是，任凭别人怎么羞辱他，他也毫不在意。

文化界视他为全才。雪蓑诗、书、画无一不通,还弹得一手一弦琴,蹴得一脚好鞠,学问广博,近道似仙,连衡王都认他作朋友,曾为青州衡王府门客。

雪蓑一生好友有三:莱芜董一壶、章丘李开先、临朐冯惟敏。朋友的文化层次、社会地位还真不低。

今人有好事者还对其身份进行了详细考证,提出了一个大胆的猜测:雪蓑乃明正德皇帝朱厚照。武宗皇帝其实并没有死于豹房,因为他的不思进取,影响了大明光明的发展前景,所以被太后和杨廷和合谋逼下台,于是乎隐姓埋名,四处云游。文章论据翔实,论证充分,观点鲜明:朱厚照即雪蓑,雪蓑即重生之后的武宗。

别说,从雪蓑有些为人处事和书画诗词造诣来看,如吃席从来要坐上席,王公贵族不入其法眼,才识广博,如此种种,的确有些王者的范儿。

至今,山东青州临朐仍然流传着雪蓑的传说。如"雪蓑献寿戏衡王",就把雪蓑传得神乎其神,在益都城里的衡王府就能把十几里之外云门山上人无寸高的那个大"寿"字缺的一点给点上。这明显是神化了,不足为信。

雪蓑在山东的第一个八拜之交是董廷金。

董廷金,号空壶,当时的济南德王府腆膳官,为人轻财仗义,崇古尚道。有一次,董廷金去泰安出差,巧遇在泰安的雪蓑。雪蓑在泰安谒孔庙、登泰山、观沧海,完成上述"旅游项目"后,打算在泰安住下来,又苦于一无所依。好巧不巧,董廷金出现了。两人一见如故,结为八拜之交。

此后,雪蓑有了安身之所,住到了董廷金的家里。

董廷金十分赏识这位朋友,除关心雪蓑生活外,还大力向周边县区、社会名流推介雪蓑。他把雪蓑引见给了章丘的李开先。

李开先对雪蓑的学问才识颇感惊诧,十分赞赏。明嘉靖二十五年(1546)的某一天,雪蓑搬到了章丘李开先府上,成为李开先的门客,在李府住了大约两年的时间。

冯惟敏与雪蓑的相识相交缘于李开先的引见。前文有述,明嘉靖二十一年(1542),冯惟敏曾到章丘李开先府上住了一个多月的时间,期间,结识雪蓑。

三人有着共同的兴趣爱好,诗文、唱(或赏)曲、喝酒。有相似的脾性和境遇,耿介疏放,仕途不顺(或不屑),归隐田园或浪迹天涯。还有一点就是,皆通读诗书,喜欢杂学。

这样三观一致"志趣相投"智商在线的三位"大咖"坐在一起,想想就有意思,定是一幅相谈甚欢、弦歌不断(雪蓑擅弹一弦琴,冯惟敏喜欢唱散曲)、喝酒吃肴、不醉不归的潇洒场面。

冯惟敏从章丘返回临朐时,再三向李开先和雪蓑发出诚挚邀约,期盼他们早日到临朐冶源寒舍一聚,游一游浮山冶水,赏一赏东镇沂山的碑林,品一品临

胸全羊和熏冶湖河鲜。

于是,时隔五年半后,即明嘉靖二十七年(1548)的初春时节,雪蓑来到临朐冶源,拜访好友冯惟敏。

冯惟敏兑现了曾经的应诺,同雪蓑游山赏水,好酒伺候。时任临朐知县的王家士,惟敏长兄冯惟健、五弟冯惟讷(在家为父服丧守制,是年八月始奉母赴松江府同知任上)等时常陪同活动。

沂山是必游之地。冯惟敏兼任导游,知县王家士提供车马,一行人轻车熟路,由冶源出发,直奔"大海东来第一山"沂山。

他们从沂山北麓上山,登上玉皇顶,极目远眺,但见峰峦披翠,峡谷奇秀,风起云涌,气象万千,实不负"鲁中仙山"盛名。

再拜法云寺。沿途揣玩奇峰异石,如雄狮、伏虎、苍鹰,千奇百怪,令人赞叹。驻足圣水泉,冯惟敏向众人讲解吕洞宾斩杀妖魔,用神剑凿开圣水泉的传说。雪蓑遂取泉水品味,果然清冽甘甜,喝完恍若仙人。

惟敏引众人沿圣水泉、名琴溪攀缘而下,远远听到轰轰隆隆的声响,似万马奔腾,雷鸣震响。雪蓑不禁心旷神怡,叹道:"这小泰山的百丈崖瀑布,气势不逊泰山西溪瀑布啊!"

说话间,众人已行至百丈崖下。

冯惟敏不由高声吟咏起前朝弘治进士江西泰和人陈凤梧巡抚山东时所作《登百丈崖观瀑布泉》,其中写道:

> 百丈崖高锁翠烟,半空垂下玉龙涎。
>
> 天晴六月常飞雨,风净三更自奏弦。

众人赞叹。雪蓑点评道:"好一个'半空垂下玉龙涎',尤为文奇思妙!"他恨不得立马与作者相识相交,可惜陈巡抚几年前已经作古归西了。

一阵山雨袭来,众人纷纷避雨于吕洞宾洞中。崇奉道教、喜欢玄学的雪蓑倒不急于进洞,而是立于洞口,凝望吕洞宾题联,"修道百日无人晓,雷鸣三月天已知",并高声诵读着。

好在他披着蓑衣,众人便由他在这神仙洞前与吕洞宾神游一番。

不多时,山雨初歇,众人登上仙客亭,欣赏百丈崖瀑布三叠的风光和神韵。清风拂面,飞瀑奔泻,大家诗兴大发,即兴赋诗。冯惟敏先成,作《雨余游沂山闻莺》一首:

> 好雨初收百卉青,马蹄泛泛扑沙汀。
>
> 空山一个黄鹂语,胜向烟花闹处听。

众人夸赞诗的清新自然,静动两宜。雪蓑则从中看出了冯惟敏独有的慧根道缘。

正议论间,浓雾散开,晴日朗朗,白云越过山巅,飘荡在树梢峰顶,知县王

家士远眺近观,也不由吟诵:

> 东沂名镇洞天巍,晴日联镳历翠微。
>
> 万径俯临幽涧度,悬泉高并白云飞。

众人身临其境,再看百丈悬时,果然瀑接山顶白云,云水一色,十分壮观。

知县王家士知雪蓑能诗擅书,尤以草书最奇,便请雪蓑为这百丈崖题字。雪蓑见仙客亭年久失修,正慨叹沂山的道教景观黯然,听临朐父母官如此一说,便顺手拈来,书"山静凝神气,泉高识道源"楹联一副,并请王家士将此亭加以修缮后把楹联刻于亭柱之上,王家士爽快应诺。

因为种种原因,一直到明嘉靖三十五年(1556),傅希孟任临朐知县后仙客亭方得以重修,算是完成了临朐父母官对雪蓑的承诺。

第 三 十 五 章
与疏狂之士雪蓑的交情（二）

冯惟敏陪雪蓑在沂山转了两天，看古迹，赏碑文，尽兴而归。

转眼到了四月，雪蓑在临朐冶源已住了两三个月的时间，他打算辞别好友，再前往青州去云门山小住时日。

是晚，冯惟敏拎着酒菜来到雪蓑住处冶官祠。

雪蓑来到冶源后，冯惟敏曾专门在自家为其安排了住处，但雪蓑看中了老龙湾西侧靠近熏冶泉的冶官祠。冯惟敏便安排人在祠内整理出一间房屋供雪蓑居住。雪蓑住得倒也自在。

二人像往常一样，收拾好院中石桌，对饮对酌，扪虱而谈。

因雪蓑要辞别，冯惟敏更加推心置腹。酒后吐真言，言及那老妖精、小猢狲、恶虎贪狼之辈，更显激愤异常。

在冯惟敏眼中，当时的社会黑暗透顶，"扭曲为直，胡褒乱贬"，"老妖精爱钱，小猢狲弄权"。官场是"邪神假仗灵神势，小鬼装作大鬼腔"，"尽都是张牙饿虎，露爪贪狼"。百姓生活是"蛐蜓穴内难逃命，虎狼唇边怎脱身"。

雪蓑对冯惟敏悲天悯人的情怀和诗词散曲大为赞叹。他称赞冯惟敏不入俗流，在善恶不分、是非颠倒的世界里，以笔为剑，以文为斧，挥剑成河，凿开混沌。

不知不觉，酒至半熏。

时值四月望日，皓月当空，冶官祠小院清辉泠泠，夏虫啾啾。二人要暂时抛开这世间的不平和烦忧，夜观熏冶湖，听泉雪化桥。

冯惟敏与雪蓑携手走出冶官祠，但见熏冶湖烟波浩渺，岸边竹声飒飒，熏冶泉叮咚有声，如思古鸣琴，声动金玉，让人不由得怀古思今。

再攀至泉边磐石之上，遥想春秋时吴越人欧冶子曾在此一遍遍地淬火铸剑，最终练成混沌宝剑，一剑劈开混沌池，劈开人间熏冶泉。

冯惟敏不由感叹道："北宋贤士寿光人刘概曾隐居此地，朝廷元勋富弼、韩琦亲临冶源，劝刘概出山。刘概坚辞，范仲淹因此发出'先生已归隐，山东人物空'的慨叹。可惜刘概未曾为这冶源胜景留下几首诗句，如今道长要辞别此处，希望能够留下墨宝,赐书熏冶湖!"

雪蓑慨然应诺。他将随从递上的好酒一饮而尽,乘着月色,丹书石上,留下"铸剑池"三个大字,随后疾书:"天丁呵护阴阳剑,鬼斧凿开混沌池。"他还留下后记:"为海浮山人索,雪蓑渔者并题,戊申麦月望日也。"

月色溶溶,万籁寂静,唯余熏冶泉流水淙淙。

雪蓑辞别惟敏后,即前往青州游云门山。下山时半途遇雨,遂卧于一山石下避雨。因山石不能完全护其全身,头的一半被雨淋。

雨后,雪蓑在石上留书"蓑老卧豆岩","豆"乃繁体字"頭"的一半。

落款中有三字至今尚能辨认,记录了留书时间:冶泉回。

离开青州后,雪蓑继续浪迹天涯,冯惟敏再也没有见到他。

明嘉靖三十九年(1560),冯惟敏五弟冯惟讷升河南布政司右参议(从四品),分守河北道。有一天,雪蓑突然到访。冯惟讷热情接待,并作《共城午日酬雪蓑见访》相赠:

十年不见苏耽面,千里相逢宁子城。岂有龙舟酬令节,即看鹤驾慰山灵。

泉通碧海供垂钓,石依苍穹待勒名。遥忆客星惊太史,紫薇光映少微明。

共城在今河南辉县,雪蓑老家河南杞县,想必他叶落归根,回到老家了吧。

雪蓑七十四岁那年,多年不见雪蓑的李开先有些想念这位门客兼挚友,作《雪蓑道人传》,记录雪蓑大致生平,让人了解,在这个世界曾有雪蓑其人。

他狂妄简傲,不拘礼节。在层级分明、严守礼制的年代,他见人只作长揖,从不行跪拜之礼,坐上座,就是王公长老来了也不让座。他喜欢高谈阔论,和人争辩时口若悬河,滔滔不绝,自认为见解独到。人们习惯称他为道人,实际真不是。

他神龙见首不见尾。爱施舍,有人认为他出身高贵;能书擅画,有人说他是中书舍人;通晓音律,会蹴鞠,有人觉得他定是花酒烟柳子弟。问起他的家世,秘而不告,更让人摸不着北。

他天资聪颖,堪称奇才。书画、弹琴、蹴鞠、歌唱,水平国内一流;对古董也很有研究,还懂中医,善于调制药材。每次写完大字和诗词后,即作"冒雪披蓑"手押,奇特古朴,令人称奇。

他仗义疏财,乐善好施。如有穷人或病或灾,他总是毫不犹豫地帮忙出钱出力施药救助,丝毫也不计较。别人赠给他一些好的衣物和钱财,他转眼就送给穷人。

雪蓑真实身份和经历其实是这样的:姓名苏州,无字,号雪蓑道人。他原籍河南杞县,后来迁居唐县。十一二岁时父母双亡,跟随伯父苏百当生活。伯父家开了一个酒馆,因为有顾客醉死在酒馆里,为躲避官司一家人穷困四散。雪蓑从此无依无靠。他上了几个月的小学,就辍学云游四海,足迹遍布半个天下。

人物总评:品行高洁,不染尘埃,个性疏放,难拘礼法。

在李开先看来,雪蓑虽然狂妄简傲,但终究不是常人。比起那些丧心病狂者,做人更不知高出多少。

李开先和雪蓑交往深厚。雪蓑曾在他家住了大约两年,他笔下的雪蓑应该是可信的。

雪蓑大约卒于嘉靖末年或隆庆初年。

从此,世间再无雪蓑子,唯留笔墨写乾坤。

"雪里披蓑,寒动一天星斗;云间补衲,暖回大地阳春。"这是雪蓑喜欢的楹联,应该也是他所向往的生活方式或人生理想吧。

现青州市博物馆存雪蓑十二条幅狂草书法和水墨画《松鹰图》,山东博物馆存其亲书自挂中堂一幅。

书画确实独具一格。

道不同亦可为谋——与王世贞的交往（一）

明嘉靖三十二年（1553），冯惟敏四十三岁，他为母服丧未满（母伏氏嘉靖三十一年卒），家中再遭变故。

先是七月的时候，惟敏妻子石氏病故，撇下了三个儿子。三子子渐年方两岁。十二月，长兄冯惟健去世。亲人接连离世，给冯惟敏打击很大。他不得不承担起更多的家族责任。

社会和国家层面，有两件事事关冯惟敏。

一是临朐知县王家士卸任归田。不知是不是跟冯惟敏关于黑山银洞的议论有关，毕竟那是世宗皇帝的决策，在县志中妄议朝政，王家士作为主审要负把关不严的责任。

还有一件事，杨继盛因死谏严嵩父子十大罪、五奸被下大狱，被严嵩父子用下作手段致死，一时震动朝野。

人和人之间的缘分，真的很奇怪。

当时，远在临朐冶源声援杨继盛的冯惟敏不会想到，十多年后，他将来到杨继盛的故乡，为这位大明第一谏臣、"人间硬汉"杨继盛做点有意义的事。

当然，这种缘分还需要一个中间人，这位中间人就是王世贞。

杨继盛的壮举在史料中多有介绍，经典的桥段就是他被杖打一百后，夜半痛醒，打碎瓷碗，以瓷片为刀，一刀刀割掉自己身上的腐肉，把给他端灯照明的狱卒给惊得胆战手麻！

冯惟敏十分钦佩王世贞的为人。因为在杨继盛的老师和同学朋友中，只有王世贞不怕得罪严嵩父子。杨继盛入狱后，王世贞一遍遍到监狱探望，为杨继盛送药疗伤，给予安慰、鼓励；杨继盛妻子要为夫申冤，替夫赴死，王世贞亲自执笔起草诉状；杨继盛被处死后，也是王世贞为杨收尸，买棺材安葬。

这种情义已经远超铁哥们的情分，总能让人感受到正义和良善的力量！

以上为前情铺垫，本章主角人物，苏州太仓王氏家族后人、明代文坛"后七子"领袖王世贞马上出场。

《论语·卫灵公》曰："道不同，不相为谋。"

实践证明,此话也可以反过来用:道不同,亦可为谋。

当然,这谋有个前提,必须大道同。

学术见解不同的人,因为有着高尚的人格和相同的精神气质,同样可以做朋友,甚至做好朋友。

王世贞与冯惟敏的交往就是这样的例子。

明嘉靖二十七年(1548),当冯惟敏在章丘与李开先就文学创作展开热烈的学术讨论,共同声讨文坛复古之风,倡导文学创新的时候,王世贞和李攀龙正在京师重扯前七子"文必秦汉,诗必盛唐"的复古大旗,且声势更为浩大,成立了文学复古七人团,世称"后七子"。

在王世贞、李攀龙等人看来,古文已有成法,今人作文只要"琢字成辞,属辞成篇",认真模拟就可以了。

还有更极端的。他们认为,西汉以后的散文,盛唐以后的诗歌,根本不值得一提,不值一看。

由此看来,冯惟敏与王世贞的文学主张简直南辕北辙。

好在后来,王世贞也慢慢觉察到了复古的某些弊端,认识到"代不能废人,人不能废篇,篇不能废句"的道理,对那些"直写性灵,不颛为藻""不求工于色相雕绘"的诗文也给予了肯定。

二人的交往始于明嘉靖三十六年(1557)。

因为王世贞在杨继盛这件事上公开和严嵩父子叫板,让严嵩十分不爽,心怀大恨,并伺机报复。吏部连续两次提出提拔王世贞为提学,都被严嵩退回不予采纳。

明嘉靖三十五年(1556)十月,三十一岁的王世贞被安排到地方,任山东按察副使,兵备青州。第二年春天,他正式从京城到青州赴任。

这一年,山东还来了一位巡按监察御史段顾言。

段顾言,字汝行,号古松,遵化人,进士。

可惜的是,段汝行对冯汝行实在太不友好,巡按山东不到一年,便把冯汝行送进了省城监狱。

没有对比就没有伤害。

这位新任巡按和他的前任毛鹏有着天壤之别。

毛鹏其人正直廉洁,有很高的群众威信。现代有出京剧《四进士》,也称《节义廉明》,其主角就是进士毛鹏,堪比其前辈包青天。

冯惟敏散曲《醉太平·李中麓醉归堂夜话(戊午即事)》有云:"包龙图任满,于定国迁官",指的也是这位毛鹏。

而段御史在巡按山东的时候,严刑峻法,大肆搜刮民财,一时诬告成风,怨声载道。

段御史处理诉讼案件的手段简单粗暴,不大讲究技术含量。本着"宁错杀一千,不放过一人"的原则,不管有没有证据,把嫌疑人统统先送进号子尝尝牢饭,拿钱放人,不拿钱候着。省城监狱一时人满为患,百姓叫苦不迭。

举人老爷冯惟敏没有幸免,也被逮入狱。

冯惟敏在其五言长诗《七里溪别墅(五首)》中提过此事:"非无五亩田,在邑多纠缠。"《燕州别驾行》也有记载:"一朝乡里相逼迫,横加束缚婴其身。"

至于入狱原因,冯惟敏语焉不详。这导致后来不少散曲研究者认为是冯惟敏因揭露段顾言的暴政而得罪了段,从而遭报复入狱。

经过我的认真考究,认为这个结论较为片面。因为,那些揭露段顾言暴政的散曲诗文都是在冯惟敏出狱以后写的。写作时间或近或远,如古诗《七歌行(七首)》作于狱中,《李中麓醉归堂夜话》是出狱后归家途中顺路拜访李开先时所作,《十美人被杖》《吕纯阳三界一览》《骷髅诉冤》《财神诉冤》等写作时间更晚,冯惟敏已到镇江任府学教授,大约过去了十年。

因此,我更赞同冯惟敏的老乡曹立会先生的推测。冯惟敏入狱大概与房产纠纷或田亩税赋方面问题有关,抑或纯是被人诬告。

当然,冯惟敏那些尖锐辛辣的文字让很多人不爽也是实情,又赶上来了位雁过拔毛的段钦差,行事酷猛,家里资产若值百金以上的均列嫌犯。如果有人被实名状告,不管是不是诬告都先关起来再说。凡此种种,词作家冯惟敏不可避免地多了一份人生阅历——蹲大狱。

在大明,官员蹲个小监大狱是家常便饭,有时候还很时尚,只要不是身体和心理素质不过硬死在牢里,东山再起都是有可能的,出来后似乎还多了一种值得炫耀的资本。

举人冯惟敏并不是官员,蹲大狱毕竟不是赴琼林宴,一家人搜集证据积极申辩的同时,还是要趁早找关系"捞人"。

最着急、最出力的自然是冯惟敏五弟冯惟讷。他专程从秦州任上回到山东,采取以其人之道还治其人之身的做法,迅速展开了一番调查取证,以进士的文笔修奏折一封直递京城,实名弹劾专事弹劾他人的山东巡按监察御史段顾言。

结果还不错,段顾言在山东的劣行在朝野传开。段顾言虽然有严嵩罩着,但迫于舆论,最终还是不得不释放了冯惟敏。

第 三 十 七 章
道不同亦可为谋——与王世贞的交往（二）

在冯惟敏洗脱罪名这件事上，王世贞和他的父亲王忬应该给予了大力支持和帮助。

此时，王世贞来青州已经一年有余，与冯惟敏弟兄们应该早有往来。冯惟敏五言古诗《冬日凤洲西堂命酌观〈金虎集〉》中记载了他某年某月某日傍晚赴王世贞府上喝酒并欣赏《金虎集》的经过，其中这样写道："愿言良已惬，命酒自斟酌。陶然爽归路，宁知雪已深。"

王世贞父亲王忬，明嘉靖二十年（1541）进士，比冯惟重、冯惟讷弟兄晚一届，仕途起点为行人司行人（差点和冯惟重共事），后迁任御史。明嘉靖三十一年（1552），王忬任山东巡抚，后任右副都御史、右都御史等。曾经的王御史专业特长就是监察、弹劾及建议，冯惟讷找他出点主意、说两句公道话应该不成问题，专业的事找专业的人指点一二，效果自然不一样。

假如说冯惟敏和王世贞的相识始于一般的官场或文人间的应酬交往，相信通过这件事，两人关系有些非同寻常的味道了。

在冯惟敏出狱后顺道章丘绣水拜访李开先时，年轻的"后七子"领袖、青州兵备副使王世贞也前来过访李开先，下榻李开先附近客栈。不知是巧遇还是早有邀约，总之，他们在李开先府上相谈甚欢，诗酒歌舞，逗留了几日。

不幸的是，明嘉靖三十八年（1559），王世贞父亲王忬因战事失利被严嵩下狱。虽罪不至死，但因杨继盛之事王世贞得罪严嵩父子太深，王忬终被定为死罪。

王世贞向皇上交了辞职信，前往京城营救父亲。他放下身段，和弟弟王世懋天天跪在严府家门口求情。严嵩表面安慰弟兄二人，但实际并没有减轻王忬的罪责。有刑部朋友把这个消息告诉了王世贞。王世贞痛不欲生，自扇耳光。他和其弟王世懋跪在朝官上下班的路上，号啕大哭，向官员们求情。

因为严嵩父子势力太过彪悍，连王世贞的老师徐阶都只是绕着从他兄弟二人身边经过，其他人更不敢出头为他们说句公道话。王忬终被问斩。

王世贞与弟弟王世懋万分无奈，痛哭哀号，扶父棺回老家江苏太仓，青州自然也不用回了。

在王世贞辞职离开青州，进京为父求情后，冯惟敏常常想起王世贞在青州的点点滴滴，想起他们父子给予自己的帮助，感慨万千，慨叹天运无常，人事反复，作古诗《有怀凤州使君兼呈仲氏麟州先生（二首）》，表达敬重与谢意，送去真诚的宽慰与祝福。

王世贞虽然离开了，但他身上那种不事权贵、率真正直、充满个性的文人气质令冯惟敏钦佩并深深影响了他。或者说，在王世贞的身上，冯惟敏看到了自己的影子：爱憎分明，不入时流，不善权谋，不设城府，永葆一颗赤诚之心，心怀正直良善，肩扛家国责任。

正义可能迟到，但永远不会缺席。

明隆庆元年（1567），王世贞与弟弟王世懋上京为父申冤，其父王忬平反，王世贞再入仕途。

王世贞还是那个王世贞。张居正已羽翼丰满，出任宰辅。

据说张居正再三向世贞示好笼络，王世贞却并不领情，也不避讳对张居正的厌恶。在杨继盛这件事上，张居正太过于保护自己的羽毛，没有去撼严嵩父子这棵大树，在王世贞看来，这才是真正的道不同不相为谋。

王世贞因恶张居正被罢归故里。张居正死后，王世贞起复，累官至南京刑部尚书，死后赠太子少保。

有一首歌曲《牵手》，歌词不错，不仅适用于爱情，同样适用于世间所有真挚的情谊。歌词大致是这样的：因为爱着你的爱，因为梦着你的梦，所以悲伤着你的悲伤，幸福着你的幸福。因为路过你的路，因为苦过你的苦，所以快乐着你的快乐，追逐着你的追逐。

十年后，明隆庆二年（1568）二月，冯惟敏由云南典试返程镇江，访王世贞兄弟于娄江。惟敏《娄江访凤州麟州不遇，因同郭五游返棹》曰："欲话十年别，还看二月花。"

王世贞有《海浮子自滇归，迂驾过访，值余他出，怅然因赋此寄怀》，亦云："十载诗相忆，乾坤鬓共苍。"

八月，冯惟敏邀王世贞集于北台，作《中秋同诸文学邀王凤洲使君北台宴集》《次日得凤州见和之作走笔答谢》，再续友情。

明隆庆三年（1569），五十九岁的冯惟敏来到杨继盛的家乡保定，任保定府通判，同年被命主纂保定府志。

冯惟敏在编修府志时，除专门为杨继盛立传外，曾数次专程前往保定荣城杨府，看望忠臣遗属，搜集杨继盛遗作，汇集成书，后人刊行之，名《杨忠愍集》四卷，《四库全书》全文收录。

其时，杨继盛虽已平反昭雪，也被隆庆帝追谥"忠愍"，但为其写传立说，实在是事关皇家颜面的大事。皇亲国戚讳莫如深,世人多有顾忌,没有人愿意接手这烫手山芋。

冯惟敏秉笔直书,以慰忠魂。除他自身秉性原因外,其中肯定有王世贞的影响在里面,为朋友的朋友做点事,那才够朋友。

又十年,明万历六年(1578),张居正推行"一条鞭法"。早已回归田园的冯惟敏作《清江引·戊寅试笔》,发表对时局的看法:

雪月风花细裁剪,又喜年成变。三农到处安,五谷殊常贱,愁只愁折官粮难办钱。

好年成一文钱一片金,不似今番甚。棵粮没去头,变产无人赁,一条鞭不弱如十段锦。

谷贱伤农传自古,并不分贫富。今年下下门,旧岁超超户,抛荒了好庄田千万亩。

山县从来民害民,虎一分狼一分。明加又暗加,法尽情无尽,好清官不觑檐下狼。

在冯惟敏看来,张居正之流,从学堂进朝堂,善于争权夺利,并不了解民情。全国严推"一条鞭法"新税制,真正受害者,还是贫苦百姓。

不知道冯惟敏对张居正的看法,是否也受王世贞的影响。

大明王朝日薄西山,真不是一个张居正能够扭转乾坤的。

王世贞也一直关注着冯惟敏,关注着冯惟敏的散曲。他在其文艺评论《曲藻》中高度赞扬冯惟敏散曲的杰出成就:"近时冯通判惟敏,独为杰出,其板眼、务头、撺抢紧缓,无不曲尽,而才气亦足以发之。"他还评论冯惟敏曲风豪放,如"幽州马客"。

当然,作为负责任的文坛领袖和朋友,他也颇为惋惜地指出冯惟敏散曲的不足之处:"止用本色过多,北音太繁,为白璧微瑕耳。"

岂不知,这些不足恰恰正是后世评价冯惟敏散曲的可贵之处和最大贡献。

看来,文坛领袖的评论也有个人和时代的局限性。

科考之路与梁状元不服老

明末清初,山东出了位文学大家,姓王,名士祯。

王士祯本来叫王士禛,在他去世十年后,因"禛"字犯雍正御讳,被改名士正。

再后来,清朝乾隆皇帝觉着"正"和"禛"不同音,改得不够精准,又赐名"士祯"。

因此,王士祯即王士禛,一个人。

当然,此"士祯"非彼"世贞"。王世贞是南直隶苏州府太仓人,王士祯是山东新乡(今山东桓台县)人。王世贞逝世后四十多年,王士祯才出生。

但二人在明清文学史上的地位可谓旗鼓相当。他们除了都是著名诗人、文学家外,还有一个共同的称呼——文学评论家、诗词理论家。

王士祯对促进文化繁荣的贡献之一就是能够抛却所谓的正统文坛和文人偏见,对小说、戏曲、民歌等通俗文学给予高度评价和大力倡导。

晚年,他写了部漫谈类的文学理论著作《渔洋诗话》(王士祯又号渔阳山人),其中谈到了冯惟敏和他的父亲及兄弟们的诗文:"冯氏自闾山先生(裕)起家进士,以诗名海岱间,有四子:惟健、惟重、惟敏、惟讷,皆有诗名。惟敏兼工词曲;惟讷纂《古诗纪》《风雅广逸》诸书,有功艺苑。"

从王士祯的评论可以看出,青州临朐冯氏起家科考,父子均有诗名,惟敏尤善词曲,惟讷有功艺苑。

冯惟敏弟兄受其父教育和影响,首选儒家积极入世的路子,毕竟功名仕途是实现修齐治平、致君泽民人生理想的最佳路径。

当然,假如这条路实在走不通,那也不用太过痛苦纠结。知进退,能取舍,该干什么干什么,归隐田园也是不错的选择。

冯惟敏当受其父影响最大,终生游走于仕与隐之间。

回到科考上来。这方面,惟敏父亲冯裕开了一个好头,中明正德三年(1508)进士。此后,除七子冯惟直青年早亡,仅得了个茂才之名外,其余四个儿子将科考的荣耀发扬光大。长子惟健中明嘉靖七年(1528)举人,四子惟敏中嘉靖十六年(1537)举人,次子惟重、五子惟讷皆举嘉靖十七年(1538)进士。父子五人,三十年间两举人三进士,名冠齐鲁。

按道理讲,能考中举人,已是人中翘楚,可以知足了。但冯惟敏和他的长兄冯惟健则不这样认为,就像现在的学霸要瞄准清华大学、北京大学一样,他们的目标是金榜题名,考中进士。

于是,便有了冯惟健七上春宫、冯惟敏九上春宫的壮举。当然,结果不理想,弟兄二人终究没能金榜题名。

多数时候,冯惟敏是和他的长兄冯惟健一起参加会试的。

明嘉靖二十九年(1550)的庚戌科春闱,是冯惟健参加的第七次会试,也是最后一次。这一年,冯惟健五十岁,身体大不如前。他终于下定决心,将全部精力放在治家和治学上,不再参加科考。

长兄如父,冯惟敏的这位大哥在这个大家庭中承担了太多的责任。

家族生计打算,奉养双亲,弟妹婚嫁丧娶,事无巨细,无一不需他用心经营筹谋,亲力亲为,就连冯裕当年官场上的应酬往来也多由他来处理打点。

可贵的是,在忙于家族事务的同时,冯惟健始终不忘研究学问,赋诗撰文,有《陂门集》《南征圣泉赋》存于世。

惟敏长兄冯惟健五十三岁病卒,众友人扼腕痛惜,纷纷写诗悼念。他的同年李开先叹曰:"可惜大冯君,善书更善文。有才终不售,今又一刘蕡。"

冯惟健绝对称得上一个好人,一个过于自律、过于牺牲自我的人。他弱冠之年即声闻艺林,可惜七上春宫不第,一件心事未了,终究遗憾了些。

在长兄冯惟健停下科考的脚步时,冯惟敏的科考之路也已经过了大半。

冯惟敏于明嘉靖十六年(1537)中举,次年即取得会试考试资格。仔细算来,从嘉靖十七年(1538)一直到嘉靖四十一年(1562),朝廷共举行了九次会试,他一次不落,次次参加,前后二十五年的时间,名副其实地从少年考到了白头。

我特别佩服高考复读同学的勇气和毅力,为了理想的大学,去再读一遍或者多遍高三。冯惟敏复读了二十多年,这勇气和精神也是了得。

其中的酸甜苦辣大概只有经历过的人才能体味。好在冯惟敏善写散曲,这些经历倒是不错的创作题材。如《折桂令·下第嘲友人乘独轮车(四首)》是这样描写下第友人的:

问先生归计如何?也不张旗,也不鸣锣。小小车儿,低低篷子,款款折磨。蜷得个腿倸腮软瘫做一朵,敦的个手撞胸世不得通活。怕待奔波,且谩腾挪,只落得两眼迷离,四鬓婆娑。

友人一把年纪,春闱铩羽而归无颜见人,羞惭地蜷缩在小小的独轮车上,鬓发散乱,精神恍惚。曲词幽默中夹杂着辛酸,看似是在写友人,这又何尝不是作者自嘲!

但冯惟敏仍然对仕途充满了信心。在词曲结尾,他决绝地写道:"未了的冤业,终有个结绝。投至得卷土重来,那期间再辨龙蛇。"

这种信心和决心集中体现在其杂剧《梁状元不伏老玉殿传胪记》(以下称《不伏老》)中。该剧写作时间大约在明嘉靖三十五年(1556),这一年,四十六岁的冯惟敏第七次会试落第,沮丧而归,感慨万千,于是构思完成了这部励志剧。

剧中写梁颢一生屡试春宫不第,但初心不改,愈挫愈勇,五十年科考不辍,终于在八十二岁时高中状元的故事。

有专家考证,这是中国戏曲史上第一部以科举考试为题材的剧作。

在我看来,梁颢最后能够高中状元固然可喜可贺,但以八十二岁的高龄依然能够积极应考且能考完考中更让人惊叹!

在万恶的封建社会,人到六十古来稀,八十二岁绝对称得上高寿,如果没有远大的目标在前方召唤,估计梁状元也坚持不到这个年龄,这就是信仰的力量吧。

该剧主角梁颢,历史确有其人,是一位宋代科考状元。和剧中不同的是,真正的梁颢二十三岁中进士第一,四十二岁急病暴卒。

很显然,在这部杂剧中,冯惟敏是要借主角梁颢之口,写他自己当时所思所想所遇。

有对心中理想追求的吐露:

我想读一场书,怎肯做那半截的前程,却不负了平生之志?

当不当官不重要,中不中进士才是最重要的。这应是当时多数读书人的价值追求和目标所在。

有落第时的失意和境遇。连书童都多有轻慢和抱怨:

从小跟随相公进京应试,来来去去总是失败,只怕挣钱娶老婆也给耽误了。

有多年不遇的感慨:

俺年也曾小来,到如今发白;俺也曾早来,到如今不谐。俺也曾好来,到如今命乖;福不齐难强求,时不利权耽待,端的是天老其才。

有追求科考仕途的执着和自信:

则俺这万丈虹霓吐壮怀,包藏着七步才。你道你日边红杏依云栽,俺道俺芙蓉高出秋江外。打熬得千红万紫无颜色,终有个头角改精神快。都一般走马看花来。

他还借梁颢之口,总结了屡次科考失利的原因:

文章由乎己,穷达在天;取舍存乎人,迟速有命……非干皇网疏,不是儒冠误。打不过时乖运阻。

理想很丰满,现实很骨感。

在追求理想的道路上,也为了证明自己,得到社会的认可和尊重,"梁颢们"唯有不畏艰难挫折,勇往直前,直至用尽一生气力。

用现在的眼光来看,实在不值得。

但对处于那个时代的士人来说,却是顺理成章的事,以至于二百年后这篇杂剧仍旧在上演。

吴敬梓在《儒林外史》第二回中写:"顾老相公点了一本戏,是梁颢八十岁中状元的故事。"

《儒林外史》中范进中举的故事家喻户晓,说起来是笑谈,但又何尝不是当时那个时代读书人的真实写照。

冯惟敏不是前朝的梁颢,更不是后世的范进。

明嘉靖四十一年(1562),他第九次来到京城参加会试。三月十八日发榜,五十二岁的冯惟敏望榜兴叹,他仿佛看到了那个二十八岁的自己,初来会试,意气风发,一腔希望,准拟连登,结果满城狂风吹醒了他的美梦。接下来,三年一次,"连了又连,登了又登",二十几年,恍若一梦。

他终于梦醒,对科举彻底绝望。冯惟敏参加了随后举行的吏部谒选,被授涞水(今河北省涞水县)知县。

多年后,冯惟敏内侄石茂华在《明故保定府通判海浮公行状》中记载:

壬戌北上,所知力劝之仕,曰:"以公之才,如应龙垂壁,所至自成云霖,呈虹气,奚区区一第为?"遂稍稍肯之,谒选天曹,授知涞水县事。

石茂华前边褒奖的话且不论,但那句"奚区区一第为"实在是精辟。人的才能有多方面,区区一个进士并不能代表人生的全部。

当然,如果没有那段被逮入狱的经历,以及被停发举人俸禄的不公待遇,大概也激发不出冯惟敏心底那还没有熄灭的功名抱负。

一段人生之路即将结束,另一段人生之路即将开启。

冯惟敏重整旗鼓,收拾行装,仕途十年,品味另一种人生。

第三卷
出仕十年

去住丹心切　相将答圣明

第三十九章

邑斋初度——谒选涞水令（一）

明嘉靖四十一年（1562），老冯家的祖坟估计青烟直冒，冯惟敏弟兄（仅剩惟敏、惟讷二人）时来运转，仕途顺达。

会试放榜后，九上春宫不第的冯惟敏终于放下科考执念，参加了吏部组织的谒选，被授为涞水（今河北省涞水县）知县，正七品，结果相当令人鼓舞。

要知道，在明朝，举人虽然也可以参加吏部谒选，但真能博个一官半职也不是那么容易的事。

一是机会比较难得，要等有人退休或提拔等出现职位空缺。等待期长短不等，有些人等他个十几年、几十年也不一定。

二是也要正儿八经地参加考试，接受吏部的挑选。一般长得帅的晋级，国字脸的尤其受待见。

三是即便被选上，职位也多不理想，大都是些小官，如县里的主簿、典使、教谕、教授等。据此看来，冯惟敏长得应该特别帅，运气也特别好，毕竟，一般进士也就这待遇，如其父冯裕初任华亭知县，五弟惟讷初任宜兴知县，侄子子履初任固安知县。

对冯惟敏来说，这任命虽然晚到了十几二十年，但在接到任职通知的那一瞬间，他仿佛重新迸发了生命的热情和活力。

五弟冯惟讷进京述职。

四月，惟讷收到了敕封诰命文书，由河南布政司右参议调整为浙江按察司副使，官职由从四品擢升正四品。

兄弟二人京城相会，手捧《敕封冯惟讷为浙江按察司副使提督该省学政诰命》文书，一遍遍拜读学习，深刻领悟其中要义，决意好好工作，不负圣恩：

……夫总理一方学政，是即一方之表率也。然率人以正，必先正己。尔其务端轨范、严条约、公惩劝，俾为师为弟子者一崇正学，迪正道。革浮靡之习，振笃实之风，庶几储养有素而待用不乏，斯足以称简任之意。如或因循岁月，绩效弗彰，朕将尔责焉，尔其勖哉！……

冯惟敏也暗下决心，要牢记从政初心，严守朝纲法纪，做一名廉洁勤政、公正无私、一心为民的好官。

他和五弟惟讷交流自己的执政理念,勾画着不久的将来涞水治下一派安居乐业、文明和谐、德厚流光的太平景象:德政广施,没有了繁杂的赋税徭役;百姓手中有钱,家有余粮,吃穿不愁,生活有保障,再也不用远走他乡;城市乡村民风淳朴,长幼相守,神州大地一片祥和美好。

这不就是小康社会吗?

为了全身心投入工作,以实现自己的政治理想,冯惟敏决意不带家人同行,以免受到家庭影响。他只带一名仆童随从,便踏上赴任之路——可不能因耽误报到期限再节外生枝。

五月份,新任涞水知县冯惟敏正式走马上任。

他上任后的第一件事便是深入一线调研走访,了解县情民意。

和不少新任官员喜欢走上层路线,先拜访当地豪绅名流不同,冯惟敏走访的是百姓。他带着两三个衙役,连饭食都自己捎带,坚决不拿群众一针一线,翻山越岭,蹚水过河,走遍城市村庄,访贫问苦,了解百姓生产生活。经过实地考察,冯惟敏掌握了涞水的基本情况,找出工作重点、难点并精准施策,政绩初显,写成半年工作总结《乐府南吕引》。

原来,涞水县地处河北道中部偏西,太行山东麓北端,北与京城接壤,据京城也就百八十里(不过三舍),地理位置十分重要。

涞水有着悠久的历史和深厚的文化底蕴。汉置遒县,三国改范阳郡,隋代又改范阳为遒县,后改固安、永阳等,因为有条拒马河流经此地,又因为拒马河也称涞水,最后干脆改名涞水县。明永乐年间,成祖朱棣迁都北京,涞水属北直隶易州。冯惟敏上任的时候,涞水属保定府所辖。

涞水历史上最厉害的人当属那个将圆周率精确到小数点后七位数的大数学家祖冲之。还有一个叫祖逖,你可能不知道祖逖是干什么的,但应该听说过成语闻鸡起舞、中流击楫、竞著先鞭,祖逖就是这三个成语故事的主人公。

通过调研走访,冯惟敏还明白了一件事,果然天上不会掉馅饼,涞水的父母官不好干。

涞水县地近京师,豪族众多。武官多"为将军,为校尉,为力士",大姓巨室则"为执金吾,为中贵人"。总之,什么皇亲侍从、宦官权贵,还有汉光武帝刘秀那句"当官当做执金吾,娶妻当娶阴丽华"中很神气的官职执金吾,似乎皇帝身边的人都全了。这些达官贵人都是些手眼通天的人物,他们大多在此置办田产,兼并大量平民土地,肆意逃税。更有甚者,十分骄横跋扈,根本不把一个七品芝麻官放在眼里,一旦有所得罪,京城立马就有使者前来找碴儿。冯惟敏了解到,他的前任们多数在这里栽了跟头,被整回老家,把任职涞水视为畏途。

历史遗留问题多,现状也不好。

自明嘉靖三十九年(1560)以来,此地连续三年大旱,民生凋敝,特困户数量猛增,外出逃荒的占了一大半。留守的老百姓靠野菜树皮充饥,货真价实地吃糠咽菜,吃了上顿没下顿,饿死者有半。稍稍殷实富足的,都是些惹不起的豪强,收他们的税好比割他们身上的肉。朝廷的赋税催得急,催收税赋的文书一道接着一道,一时民心骚动,舆论哗然。

冯惟敏上任就接了这样一个烫手山芋,脱贫攻坚任务之艰巨,豪强大户之豪横,实在有些出乎他的意料!加之举目无亲,看来,考验冯知县的时刻到了!

冯惟敏五弟放心不下这个初入官场的哥哥。惟敏到涞水任上的当月,冯惟讷即从京城专程(因为要到浙江赴任,也算顺路)来到涞水,在惟敏的邑斋住了几日。在涞水,兄弟二人无话不谈,畅叙兄弟情,彼此勉励,相互鼓劲儿。惟敏还在惟讷的参谋指导下,制定了大胆可行的施政方案。

几天后,有任在身的冯惟讷便动身启程。二人依依惜别,冯惟讷《发涞水后寄别家兄(六首)》序文对此有记载:"壬戌仲夏,家兄海浮解谒补涞水令,时余祗役浙江,过邑相存,淹留积日乃发。哲兄送余白河之南,感怆讪别,赋此寄呈。"

惟敏五弟惟讷仕途比较顺达,其时已官拜正四品。虽然官阶高出其兄冯惟敏好几个级别,但他对冯惟敏十分佩服敬重,尤为欣赏冯惟敏的人品,称惟敏"耿介违时誉,清贞出世氛"。

其次,惟讷对冯惟敏的文采和歌唱水平也是赞誉有加:

吾兄秉奇调,倜傥寄文雄。赋拟三都重,歌从九辨工。

篇章连海岱,谣俗盛儿童。谁息绵驹响,泱泱大国风。

诗中还以"芳徽庶未缅,愿一继前闻"与冯惟敏互勉。

在冯惟讷看来,做官不是为了谋求禄位,而是要像祝允明所著《前闻记》中所载历代君子忠臣一样,做抱节守志、清正廉明、勤政为民的典范。

冯惟敏作《初到涞水,弟适视学两浙,过驻邑斋,分携怆念,偕赋六章》赠弟。

和已在仕途摸爬滚打二十多年的冯惟讷相比,初入仕途的冯惟敏更显意气风发,踌躇满志,开篇即明心志:

飞轩指赤城,迢递起孤证……邑斋新月霁,江路片帆轻。去住丹心切,相将答圣明。

这颇有些"我是革命一块砖,哪里需要哪里搬"的奋斗精神。

当然,革命者也有兄弟情深、离别之苦。"把袂非无泪,驱车各有行。""无缘同羽翰,何事唱骊驹。"

冯惟敏也褒扬了冯惟讷的才华和贡献,说"文献推吾弟,操觚逼惠连。感时能作赋,惜别动经年"。

冯惟敏四弟兄中,冯惟讷仕途最显,累官至江西左布政使,以光禄卿致仕,正二品。冯惟讷为官颇得乃父遗风,抗直有裁断,不事权贵,耿介不阿,不仅政绩显著,在文学方面也颇有成就。有《冯少洲集》《风雅古逸》作品集传世。有学者评论其最大贡献为编纂《古诗纪》,在当时影响很大。

冯惟敏和五弟感情深厚,对惟讷爱护有加,引以为豪,从二人诗文往来中能感知一二。

送别五弟后,冯惟敏心无旁骛,信心满满,立即投入纷繁的政事之中。

冯惟敏要大干一场,彻底改变涞水现状。

第四十章

邑斋初度——谒选涞水令(二)

在明代,县衙事务千头万绪。知县为一县的最高行政长官,掌管着全县的政治、经济、诉讼等,有些还管军事,实在是官职不高,责任挺大,名副其实的"上面千条线,下面一根针"。

作为当时最基层的政府部门,要直接面对百姓,管钱管粮,实权还是有的。用好手中的权力,造福一方百姓,是一名称职的地方官职责所在。

冯惟敏无疑是一名称职的地方官。他至少做到了一片丹心对黎民,满怀衷心报圣恩,而绝不当碌碌无为混日子的庸官,更不做贪官、昏官。

在充分调研论证的基础上,冯惟敏抽丝剥茧,尽快厘清了工作思路和工作重点,主要有四项:重民生、抓作风、兴教育、促发展。

当务之急是解决老百姓的吃饭问题。

在随时有可能饿死人的年代,吃饭就是最大的民生问题。

涞水已连遭三年荒旱,粮食几乎绝产,百姓死的死,逃的逃。冯惟敏心系百姓,连续几个月怅然失意,寝食难安,采取了一系列举措,安抚百姓,休养生息。

所幸此地有山,山有茂林,百姓伐薪烧炭,运赴京师,略能赚些糊口钱。冯惟敏便大力发展第二产业,开展生产自救。同时,他积极争取上级救助款,赈济百姓。

第二年一开春,县里发动群众开展了轰轰烈烈的植树活动。当然,种树的主要目的是解决荒年百姓吃饭问题,绿化美化城市乡村是次生效应。树种以榆树、柳树为主,因为这两种树在荒年可以活命,树叶可以吃,榆树树皮掺和粗粮烙饼比树叶可好吃多了。

在县政府的大力倡导推动下,植树活动取得了显著成效。一时间,涞水的村前屋后,城乡道路两旁,都种满了榆树和柳树。连官道也不例外,涞水县城门外官道通达四方,官道两旁是护路的壕沟护坡,也统一做了绿化,沿路种柳树,坡顶种灌木。

种树给冯惟敏带来了一定的知名度。

当时,上级政府恰好也下发了开展植树活动的通知,其他郡县还没有行动,涞水已经绿树成荫。府台李大人树涞水为绿化标杆,要求别的郡县参照学习。这招致不少同行腹诽冯惟敏是"种树知县",表现另类,真是没有比较就没有伤害。

经过一年的努力,涞水饿死人的现象已基本消失,出外逃荒的也逐渐回来了,涞水治内社会生产生活回归正常。

冯惟敏抓的第二件大事是催收赋税。那时候没有专门的税务部门,收缴赋税是县官绕不开的坎儿。

说到明代的赋税,绕不过张居正和他力推的"一条鞭法"。在这位万历年间的实权派兼改革派,并辅佐万历皇帝朱翊钧开创了"万历新政"的风云人物看来,造成明朝国家财政紧张、百姓穷得叮当响的根源在于"豪民有田不赋,贫民曲输为累,民穷逃亡,故额顿减"。

虽然冯惟敏对张居正的处世哲学很是不屑,甚至多年以后,对已是内阁首辅的张居正力推"一条鞭法"也颇有微词,但实际上,冯惟敏在涞水治上的不少做法,很符合"一条鞭法"的要义。

其实,"一条鞭法"还真不是张居正的发明。首先提出这个建议的是"大礼仪之争"中反方辩手张璁的亲密"战友"桂萼。

早在明嘉靖九年(1530),桂萼即根据自己丰富的基层工作经验,写了一篇《任民考》疏,向朝廷提出赋役改革意见。奏疏主要内容为割除赋税弊政,尤其是改革均徭法和十段册法的不足,这就是"一条鞭法"最原始的依据。

同年,户部尚书梁材根据桂萼关于"编审徭役"的奏疏,将赋役改革予以总结归纳。简而言之,即"通计一省丁粮,均派一省徭役"。

明嘉靖十年(1531),御史傅汉臣将这种办法称为"一条编法",即后来的"一条鞭法"。

法是良法,但动了太多人的奶酪。这些人中不乏贪官污吏,不乏豪强大户。

所以,虽然自嘉靖十年(1531)起即开始在南直隶和浙江等江南一带试点推行"一条鞭法",但推行进展艰难,一度陷入迟滞不前的状态。

涞水当时的情况,与张居正"豪民有田不赋,贫民曲输为累,民穷逃亡"的论断倒是比较贴合。据笔者考证,涞水当时并没有试点税赋改革。

冯惟敏收缴税赋的任务相当艰巨,要催收已拖欠积压四年的赋税。

他采取的办法是依法办事,抓大放小,杀一儆百,以儆效尤。

别说,这办法虽然生猛了些,但很奏效。

涞水靠近京师,豪右杂处,他们当中有人占据大量庄田,多年拖欠赋税不交,积攒成了遗留问题。冯惟敏经过调查取证,摸清实据,不开罪负责征收赋税的里长,也不责罚那些一般百姓,专挑了一些拖欠赋税多的大姓加以惩治,历年来积欠的赋税很快征收了大半。其他人家见豪门大户受到了法律的制裁,也不再磨叽,陆续依法纳税。税赋征收工作总体进展顺利,最终,"一秋催彻四岁租"。

转眼就是春节,涞水下了一场大雪。冯惟敏独坐县衙,欣喜地看那雪花飞舞,银装素裹。

瑞雪兆丰年,三年大旱过后,终于要迎来好年景,百姓的日子有了盼头。冯惟敏愁眉顿开,作《春雪行(在涞水作)》,表达心中的欣喜和对百姓疾苦的牵念:

三冬融融天道别,似觉春光先漏泄。严威陡作十日寒,瑞气平分两年雪。……片片能消县吏愁,飘飘解度老农苦。常年对雪醒诗脾,今年见雪开愁眉。呼童命酒复不御,坐看庭树繁华滋。为爱阶除慎莫扫,纤纤著地皆鸿宝。斋居镇日人迹希,只恐催租更草草。一秋催彻四岁租,那堪县吏筋力枯。县吏筋力安足惜,吁嗟民命何时苏。

作为一名耿介正直、一心为民的好干部,冯惟敏为官为民,始终关心百姓生活,关注农民疾苦。他刚正不阿,不畏权贵,对不法者严惩不贷,对老百姓充满感情,打理县事的出发点和落脚点都是为了地方长期发展和百姓安居乐业。在涞水一年多的时间,他整治吏治,不扰乡里,为老百姓做了很多实事好事。

涞水地处京师,上级检查督导工作的使者、官员来往甚多,"日经其境者无虑十数",忙的时候,一天十几人的接待任务,加上县官一日三餐,之前都由里甲摊派,基层苦不堪言。

冯惟敏加强机关作风建设,力推便民活动。他下令凡是一切有烦里甲的事项一律停办,一应供给由县衙自备。他亲自带头,"所食用取诸俸,稍不以烦里甲",外出公务时"以箪食壶浆自随"。公务招待不管是蔬菜还是鱼肉等一律由县里自办。

这样,一方面大大减轻了基层负担,减少了公务接待费用;另一方面,不扰民不劳民,老百姓可以安心从事农事商事,回归正常的生产生活。

总之,冯惟敏在涞水任上踔厉奋发,励精图治。半年后,涞水生产生活逐渐回归安定,他开始修学宫,兴办教育。

他又一次来到涞水县学,但见满目颓废破旧,校舍几近危房状态,校园里鸡飞狗跳,猪羊出没,先生不能安心教书,学生不能安心读书。

见此情景,冯惟敏禁不住感叹自责道:"现在还有比兴办教育更重要的事情吗?县学如此破旧不堪,我作为一县的父母官,只知道整日奔走忙碌杂务,竟没有时间做这件事情,真是本末倒置啊!"

他下决心改善办学条件。积极筹措资金,尽快施工。几个月后,校舍升级改造工程完工,老师、学生搬进了整修一新的学校。太史罗洪先亲撰《涞水县重修学记》记之。

不只种树、修校舍,在短短一年多的任期里,冯县长还重修了城墙,疏通了护城河,整修县衙,将县里几十年来破败不堪的公共设施修葺一新。

　　值得称道的是,所用费用一分也没有向基层和百姓们摊派,全由县衙全力调停,如果没有深厚的民本情怀和工作魄力,没有一定的担当精神,很难做到。

　　当然,这其中必有文章。实际主要是盘活了一项经费,我们暂且把这笔款项称之为防汛专项经费或桥梁维护经费。

　　原来,拒马河原名涞水河。涞水河自然流经涞水县,涞水不但有水,还有山,山上有树,有树就有柴火,就可以烧木炭。那时候没电没煤气,这柴火木炭要过河,源源不断地被运到京城,运到皇宫。柴火木炭很重要,京城一日不可或缺。涞水河上的桥也很重要,没有桥柴火运不出去。所以,涞水县每年都有一笔上级拨款,专门用于修缮桥梁,为的是把烧好的木炭及时运到皇宫。

　　冯惟敏初到涞水,刚落脚就赶上了雨季。河水上涨,桥自然修不成了。县里负责的同僚提出建议,要把这笔钱作为奖金分了(看来以前经常这样),但遭到了冯惟敏的严厉批评和严词拒绝。那时候估计还没有专款专用这一说法,冯惟敏有自己的打算,他要让这笔钱发挥它最大的作用,这才有了上述兴修学校、加固城墙、整修县衙等一系列工程。于是,涞水面貌一新,"沟洫治,途树茂,他事称是,百里改观焉"。

　　在工程施工中,冯惟敏精打细算,花最少的钱办尽量多的事。工匠师傅全部用的是官府的差吏杂役,节省了人工费;所用木料、石灰等从山上砍或自己烧制,节省了材料费。工程结束后一算账,修桥的钱才用了一半。

　　剩下的资金和木料,等雨季过后,他又用一样的办法,修缮了桥梁。当然,桥的质量没有问题,绝对不是"豆腐渣"工程。

　　有付出就有收获。明嘉靖四十二年(1563),冯惟敏治涞水一年之际,恰逢吏部三年"大计"。这"大计"是吏部对朝廷外派官吏进行的例行绩效考核,考核结果关系官员升迁去留。冯惟敏任职刚刚一年,就赶上了这次考核,考核成绩优秀!

　　看来,吏部的考核还是比较公正的!

　　仕途一年,冯惟敏用实际行动实践了他"去住丹心切,相将答圣明"的人生抱负。他励精图治,勤政务实,治涞水不到一年,"百里改观,治绩核最"。

　　《(光绪)涞水县志》有记:"冯惟敏,字汝行,少负才名,领乡荐。嘉靖中知涞水,政教阔利,迁保定府通判……"

　　《(光绪)益都县图志》卷四十九《外传》曰:"(冯惟敏)廉静不扰,每出行,以壶飧自随,不烦里甲"。"修学宫,浚城隍,树以榆柳,行路者歌咏之"。

　　冯知县的仕途前程一片大好。

邑斋初度——谒选涞水令（三）

十分遗憾的是，冯惟敏收到的不是升迁的任命，而是一纸免职文书！

至于被免职的原因，史料多有记载。

晚明"文坛盟主"、礼部尚书李维桢《冯惟敏传》曰："贫民以为德而豪右谤四起矣，坐谪镇江教授。"

青州本《冯氏世录·事功·冯惟敏》记载："为涞水令，以不能俯仰，改教。"

《（康熙）临朐县志》曰："任涞水令，县多中贵，兼并民田且逋租不输，公一绳于法，贫民德之而豪贵侧目矣，坐谪镇江教授。"

冯惟敏在其散曲《仙侣点绛唇·改官谢恩》中也作了自我总结：

俺也曾宰制专城压势豪，性儿又乔，一心待锄奸剃蠹惜民膏。谁承望忘身许国非时调，奉公守法成虚套。没天儿惹了一场，平地里闪了一交。淡呵呵冷被时人笑，堪笑这割鸡者用牛刀。

直接的原因大约是这样的。

明嘉靖四十二年（1563）秋，涞水知县冯惟敏接待了两位京城来的使者。

这两位使者来头不小，颐指气使，百般找碴儿，冯惟敏不做亏心事，不怕鬼敲门，不卑不亢，从容周旋。但所谓阎王好见，小鬼难缠，他最终还是没打发好这两位掌握参免之权的来访者，导致被罢官。

起因还是收缴税赋这件事。

冯惟敏到任涞水后，因严惩大户拖欠税赋，不免要得罪县上个别豪强劣绅。这些人四处造谣，对冯惟敏恶意诽谤中伤，目的不外乎是让这位不善通融的知县尽快离开涞水。府衙和朝廷的纪检监察部门自然也收到了事关冯惟敏的举报信。这两位使者正是前来了解调查举报信是否属实的。

其中有一位使者先行抵达，暂且称其为甲使者。甲使者调查了一圈，得到的反馈是知县冯惟敏尽职尽责，且民心所向。这位使者估计是收人钱财、替人办事，戴着有色眼镜和放大镜而来，涞水政绩越突出，他反而越不爽。

不多久，又来了一位使者，不妨称其为使者乙。使者乙对甲使者说道："某某公，你真是一位有福之人！"先来的那位甲使者就很疑惑，回问："何以见得？"

使者乙解释说："我进入涞水境内后，所见沟渠纵横，农事井然；沿途树木繁茂，百里之内面貌焕然一新；官吏清明贤良，百姓交口称赞。这难道不是朝廷和您的福气吗？"

甲使者听罢神色黯然，没有回应，过了一会儿，便招呼开饭喝酒。

酒是县里日常的招待用酒金华酒。

不料，才喝了几口，使者就把服务员叫来，大声斥责。原来，这金华酒味甘，可能酒精度不够，或者档次不高，反正客人十分不满。

金华酒不行，使者很生气，后果很严重。

县里的主簿慌了，立马派人到市场酒肆买酒。使者一尝，还是没法喝，于是十分愤怒。服务员再次成了出气筒，又被呵斥一通。

涞水毕竟是小县城，消费水平不比保定府，和京城更不可同日而语。负责接待的主簿十分着急，情急之中，想起了知县冯惟敏还有藏酒，于是向冯知县请求道："现在京城时尚喝黍米酒，冯大人，要不把您珍藏的青州云门春酒献给两位使者喝吧？！"

冯惟敏认为这样十分不妥。一则这云门陈酿是他从老家带来，一直珍藏没舍得拿出来，存货也不多（我有斗酒，藏之久矣）；二则怕一旦开了这个头，后边若满足不了这些人的胃口，恐怕更为麻烦。

主簿再三请求："知县大人，事情十分紧急，祸将及我，大人您难道不为所动吗？"

冯惟敏不好再推辞。主簿便拿着冯惟敏官舍钥匙疾驰而去，旋即而归，把一瓶青州云门陈酿献给客人。

使者看来是品酒行家，一看这酒的包装就不俗气，口小肚大，青花瓷瓶；再入口一品，回味绵长，确实和前面的招待用酒无法相比。

这下，两位客人可以愉快地品酒吃菜了。可惜，不一会儿，瓶底朝天，好酒没了。

这两位客人的酒量实在了得，就招呼服务员上酒、上好酒。服务员也造不出云门陈酿，只得继续斟金华酒。客人第三次大怒，催促服务员上黍米酿的好酒。服务员又不是酿酒师，只得实情相告：

"这个，真没有。"

两位使者了解了实情，在酒不足、饭不饱的情况下扬长而去。

这个，麻烦真有。

两位使者回去后，继续派人私下调查冯惟敏，依然没有发现什么问题。

这个不行，你冯惟敏不把我们使者当干粮，你不歇菜谁歇菜？

于是，使者们，尤其是先到的那一位，充分发挥明代官吏能找碴儿、善整人的长项,专对县官种树和私存家乡酒大作文章,向相关部门和领导实名弹劾冯惟敏卖树、卖酒,赚老百姓的辛苦钱,有碍清正廉洁的官场风气。

吏部的官员自然不相信这近乎无稽之谈的弹劾。但使者岂能善罢甘休,于是持之以恒地反映问题,加之冯惟敏不善于"走上层路线",没有和上级部门、领导沟通汇报好思想和工作,最终遭弹劾免职似乎也就不足为怪。

这样,任职涞水不满一年半的冯惟敏终被解职罢官。

被罢官的冯惟敏心情是复杂的,所受打击是沉痛的。虽然那种优游山水、无意世事的田园生活是他内心向往或喜欢的,但世事难料,他因情势所迫而走上仕途,岂料一片丹心换来的却是罢官的结局。这罢官的原因不是因为贪污受贿,不是因为能力不行,更不是因为政绩不突出,而是因为秉性耿直还太节俭,任谁也难免有不平之意。

看来冯知县没有学到其父身心之学的精髓,他空有一片丹心,却没有忍辱负重的胸襟;更没有人家桂萼以及张居正这些成就大事业之辈不拘小节的做派。

桂萼为了实现自己均平赋役的政治理想,在多数人要死要活维护旧礼制、坚决反对皇帝朱厚熜亲生父亲进太庙的时候,他义无反顾地和皇帝站一队,并从中调停;当皇帝与大臣僵持不下之际,是桂萼建议在太庙之侧,另建小祠祭祀,既照顾到了大臣们的诉求,又让嘉靖有了面子,而桂萼自己也有了里子——入内阁。据说其升迁之快,史不多见。

桂萼首先提出的赋役改革最后由张居正力推并在全国得以实施。假如年轻时候的张居正也像他的同学王世贞那样跳出来和严嵩父子叫板,公开声援杨继盛,那么能够推动明朝中后期税赋改革,并实现"万历中兴"局面的自然也不会是张大人了。

当然,冯惟敏做不到这些,这也正是他可爱可敬的一面。

政治家应具备的,恰恰是一代散曲大家应该抛弃的。这也是另一个层面的各取所需吧。

被罢官毕竟不是被提拔,冯惟敏心情不好了。

九月初一,是冯惟敏的生日。是夜,他独坐县衙,把酒自酌,感慨万千。

去年的这个日子,他刚来涞水数月,生年五十有二,第一次在邑斋自祝寿辰。家山千里,江湖廊庙,昔日有多喧嚣,彼夜便有多凄冷。

去年的生辰,冯惟敏胸怀着一腔抱负,即使尝遍酸甜苦辣百般滋味,依然信心满满。他坚信自己能够为民为国干出一番宏业,情之所至,提笔填词,作散曲《正宫端正好·邑斋初度自述》自述心得。

而今,他遭罢官解职,即将踏上归程。夜风透寒,冯惟敏手捧旧稿,回想自己在涞水的日日夜夜,可谓夙夜在公,忙多闲少,治下百里改观,考绩最优,他扪心无愧。

冯惟敏一遍遍吟诵着去年今日所填散曲,禁不住悲从中来,潸然泪下,情不能已:

余始试邑于涞,重以禄不逮亲为永憾。不携家累,只一童自随。杪秋初度,壶浆奠献之余,举觞致语,自祝心切;感慕不释,命笔填词,至三煞,潸然泪下不可止。童窃视之,后传于山中,只谓思乡耳。外人每岁物色余初度日,竟不能得。词亦不示人。

不图名,非干禄,无心也待价而沽。只因赶上红尘路,此地逢初度。

……

想黄花三径香铺,望白云千里光浮。远迢迢家山何处?闷恹恹此情无据。

上琴堂端坐如泥塑,下厅阶尺步绳趋。仓库经,循环簿,那里也知新温故,晓夜念文书。

酸甜辣苦,中心难诉,办的是卷案招详,钱谷刑名,笞杖流徙。亲也无,朋也无,谁行扶助?断送的这壁厢走投无路。

升早堂夜未阑,放午衙日已晡;酩子里忘了生时,耽了岁月,错了机谋。行也孤,影也孤,谁行看觑?却不道细思量有何缘故?

……

年年此日神仙聚,都来会烟霞洞主。相传王母宴蟠桃,争似俺竹里行厨。来时共折瑶华赠,醉后还凭彩袖扶。献一卷修真赋,琅函锦字,玉简金书。

往常时开寿筵,到如今入宦途,官箴谨守遵侯度。朝廷有道追呼少,门第无私来往疏,为民为国非干誉。赤紧的君恩未报,民命难苏。

省刑罚当放生,理沉冤替念佛,丹心愿受长生箓。排衙奏罢三通鼓,画戟汝成五福图,官僚左右相扶助,衣冠齐楚,礼度娴熟。

公堂半载忙,私衙一事无,闭门犹恐人知悟。凄清单父琴三弄,酩酊彭泽酒一壶,也权充作乐陈樽俎。自酾呵自饮,谁劝也谁扶。

……

俺那里霜前紫蟹肥,床头白酒熟,正期着秋饱家家富。胡歌野叫村田乐,樵父渔翁庆寿图,来来往往诸亲故。到晚来安排灯火,和睦宗族。

康宁福自生,清闲乐有余。俺如今江湖廊庙随时遇,博得这两字平安万事足。

悄悄地你走了,正如你悄悄地来。

一个鸡还没来得及叫的清晨,街道乡野一片寂静,冯惟敏携随从,卷起铺盖悄悄上路。

在任时他从不劳烦百姓,走的时候也不想惊扰任何人。

考绩最优而被解官,一路走来,听到这个消息的熟人朋友无奈一笑,见到他的人更是与之相对一笑,看来真是无语。

可心中的不平是要抒发出来的,不然不符合冯惟敏那疏狂率直的文人气质。

行经真定(今河北正定)道中,他词兴大发,行吟马上,口占《双调新水令·县官卖酒》一阕。

恰好朋友向他索要作品,于是将此散曲书以示人。朋友还没有把曲唱完,忍不住鼓掌哈哈大笑;再唱,表情却越来越严肃;歌罢,昂首看天,掩口四顾。

冯惟敏目送朋友远去,高声道:"词不可传而事可传,必能博天下后世同一笑云。"

路上,他再作散曲《南吕一枝花·县官卖柳》,并附长引,自辩清白:

荒城小过活,僻邑胡将就;清官穷计策,琐事细搜求。日用堪忧,俸少饥难救,民贫债不酬。每日价三曹案纸上栽桑,总不如一命官堂前卖柳。

【梁州】

一个个铜钱扣手,一张张宝钞当头。青枝翠干安排匀,官与民两平买卖,本和利加倍交收。土要厚根深条旺,水要勤叶密阴稠。第一年嫩生生大似车轴,第二年圆混混粗如巴斗,第三年直立立好做梁头。凝眸,倚楼,灞陵桥弄影筛清昼。马嘶风,莺唤友,飞絮垂丝散客愁,袅娜轻柔。

【尾】

自古道河阳一县花如绣,台城十里烟如旧,争似这召南万载春常有。喜棠阴久留,树芳名不休,也强如陶令门前五株柳。

(附引)……右二词是为县官卖酒卖柳而作也。县官既行其政,而民心亦归。使者以其异己,深忌之……促车而去,密遣侦县官过。久之,亡所得,遂以二事为联而缄诣当事者。当事者拒弗信,而使者持之益力。反覆不得以,论调焉。或者叹曰:"此祸水耶?祸本耶?何以至是也!"

明嘉靖四十二年(1563)秋,冯惟敏平安归家。

十月,蒙古辛爱、把都儿部落破墙子岭入寇,京师戒严。涞水离京师不过三舍,想必也是严阵以待。

消息传至冶源山中,已是十一月。冯惟敏作小令《仙子步蟾宫·解任后闻变有感(二首)》,一方面关心着前方战事,"边声初奏紫宸朝,战血新沾壮士袍,风尘塞满长安道"。同时,感叹自己无官一身轻,山中岁月好。

世路崎岖,宦海波涛,千险万难,归家就好。

第四十二章
解官至舍（一）

山中岁月虽好，终究意难平。

回到临朐冶源老家的冯惟敏常常夜不能寐，他独坐院中，任凭秋霜沾衣而浑然不觉。想起年轻时志气高远而终无实用；三十年奔走科考路，却九上春宫不第；中年丧妻，撇下了稚子幼儿，无奈另娶；安居乡里，平地起祸端被逮入狱；步入仕途，殚精竭虑，一心为民，竟被罢官……

五十多年来坎坷人生路，桩桩件件，如在眼前，他郁郁落寞，难以遣怀。

绝句《夜坐》记录了他刚回家时的苦闷：

风动蛛丝落，夜寂萤火飞。中庭坐来久，灵露沾裳衣。

可想而知，作为罢官归乡之人，一向心高气傲的冯惟敏会是何等懊恼！

此时的冯惟敏已过知天命之年，聪明如他，还有什么想不开的呢？只不过，想开看开和拿得起放得下还真不是一回事。

白天，亲朋好友难免要来看望拜访，大家了解他的脾性，也只是喝酒说笑而已，都难以说些安慰的话。

有些事，如果没有经历别人所经历的，多说终究无益。不经过，难共情，无共情，一切安慰和说教无异于废话。

要跨越人生中遇到的道道坎儿，靠每个人自己。

人过四十天过晌，人生七十古来稀。冯惟敏已经五十三岁，如果此时还不能过自己想要的生活，说自己想说的话，干自己想干的事，更待何时？

人们总希望生活平安顺利，但这世界注定会有一些人要走不一样的人生路，要尝遍这世间万般滋味。

不管什么样的路，最终都是自己走出来的。一个人要做的，唯有一路向前，好好走，当生命结束的时候，回首此生，还能这样想：所有的路过，都值得。

相信回家不久，冯惟敏即了然醒悟。所谓"山中方一日，世上已千年"，大概就是这种感觉。

人生如梦，进退随缘。熬干苦海，踢倒愁山。门垂五柳，一丘山田。新诗苦吟，新词遣怀。风清月朗，春秋自度。

这是冯惟敏此时的感悟和想要的生活。

假如说,冯惟敏被解职罢官也有所得的话,用我们后人的眼光来看,可以理解他是丢了芝麻,捡了西瓜。

这段经历,让冯惟敏对百姓之疾苦、官场之黑暗、仕途之艰辛、社会之复杂,有了更深刻直接的体悟。而这些,极大地激发了他文学创作的激情和灵感。

在罢官归家两年多的时间里,他常常"想新诗苦吟""写新词遣怀",创作了大量诗词散曲,还创作剧本,不失为曲坛冉冉升起的一颗明星。

他一连写就《朝天子·解官至舍》小令二十首,算是和过去做个了断:

不着人眼空,不降钱手穷,故意把家缘弄。早年志气藐三公,到底无实用。东海荒村,南山旧垅,说归来非是哄。买三尺小童,学一世老农,悟往事真如梦。

苦两间草堂,盖几个竹房,小则小合爻相三冬生暖夏生凉,就里消灾障。水绕山围,人间天上,远尘缨遗世网。挂丝桐一张,酿村醪一缸,穷不杀陶元亮。

……

大爪牙虎威,小魑魅鬼皮,赌什么才和智?世间到处有危机,知足方为贵。兔死狐悲,功成身退,觑通途漆似黑。谢朝簪拂衣,羡山人着棋,再不恋蝇头利。

……

罢清贫一官,受艰辛百般,千里外音书断。胡尘滚滚路漫漫,急回首无羁绊。洒泪新亭,甘心旧疃,不管情长共短。绕东流绿湾,看西山翠攒,觅几个鸥为伴。

老妖精爱钱,小猢狲弄权,不认的生人面。痴心莫使出头船,风浪登时变。扭曲为直,胡褒乱贬,望君门天样远。幸身名保全,窜山林苟延,守本分甘贫贱。

……

叫喳喳早鸦,闹吵吵晚蛙,混不了渔樵话。溪山环绕两三家,就里乾坤大。草舍斜开,蒿篱乱插,有邻翁同笑耍。煎柏叶当茶,烧蔓菁烫牙,吃不饱由他罢。

……

趁光风卷帘,看斜阳转檐,栖隐处云来占。门垂五柳似陶潜,丛菊开芳艳。乐以忘忧,贫而无谄,到如今不犯险。悔当时出尖,没来由讨嫌,急回首无瑕玷。

由此看来,此时的冯惟敏似乎下定了决心,要"种山田一丘,钓沧溟一钩",像陶渊明一样,归隐田园,安心当个农民。

为了更好地扎根山乡,同时方便和益都城的家人们来往,冯惟敏在府城益都城东郊区盖了一栋房子,他称之为"七里溪别墅",并移居于此。

别墅临水而建,门前碧水淙淙,远眺青山叠嶂。冯惟敏晨起侍弄禾稼,日夕伴牛羊而归,陶醉于这种隐姓埋名、自耕自足的农家生活。其五言古诗《七里溪别墅(五首)》记录下他当时的生活状态和以后打算。

弱冠嗜远游,凤婴山水癖。心将跨十州,气已吞七泽。中岁颇用晦,买筑南山宅。濩落三十年,种树高百尺。无那营微名,去作幽燕客。五斗不下人,浩歌弛行役。移居七里滩,似蹑严陵迹。虽乏山中趣,聊喜足泉石。列嶂远刺天,还流抱村碧。干禄非所长,乘时登宿麦。

……

从来知远辱,至人贵自全。不羡公与侯,所志受一廛。吾家有旧业,乃在城东偏。一丘藏一壑,宛转依清川。生涯故不常,中道成弃捐。弃捐从此去,一去二十年。非无五亩宅,在邑多纠缠。幸兹协初心,归我汶阳田。

我田无远近,处处缘澄溪。朝发巨洋浒,暮泊冶水栖。野航流北陆,香稻来东齐。岂伊贵异谷,美利贻烝黎。名山近村落,迨暇恒攀跻。仰瞻霄汉遥,俯眺浮云低。翩翩比翼鸟,乃在太行西。终岁不合并,激昂飞且啼。

三年后,冯惟敏农民没当成,正安心在镇江当老师。他整理旧稿,准备出版作品集,又翻到了《朝天子·解官至舍》二十首词稿,回想七里溪别墅,恍若前尘往事。

他怅然若失,在词尾提笔而书。曰:"余以癸亥秋解官,自分优游山水,无意世事。迩于笥中偶检旧稿,为之怃然者久之。"以此为《朝天子·解官至舍》后引。

解官至舍（二）

被罢官的冯惟敏不光要写自己的经历和遭遇，别人的遭遇和故事也要写。这期间的代表作当推大令《徐我亭归田》和杂剧《僧尼共犯》。

仕途艰险，旦夕祸福。被解官罢职的冯惟敏看来并不孤单，因为在他归乡后不久，当年和他一起参加吏部谒选出任霸州刺史的同年好友徐起予也步其后尘，被解职罢官。

徐起予被罢官的原因倒不是因为卖酒、卖树，而是因为爱提意见，任职时间也比冯惟敏稍长些，干了大约两年。

冯惟敏听闻此消息后，认为被免官没什么大不了的，可惜的是徐起予没能来冶源找他一诉胸中块垒。而当时的冯惟敏也是失意之人，困居山中，又忌惮天气炎热，犯愁去见老友，只恨没有一位童子往来传递信息。

恰好有客人来访，谈起徐起予被罢官一事，很为他鸣不平："二十年科名，博官二年耳，是古人什一之法。""节慎忧民，而坐此废放归，无以自谋，奚什一法也？"

这账算得，可着十年寒窗换一年仕途！

冯惟敏半开玩笑地给怼回去："都不要乱加评论了。我知道你们是为徐君鸣不平，但大家并不真正了解他。你们把这些话告诉我，实际也不了解我。"

惺惺相惜。

对冯惟敏和他的老友徐起予而言，见与不见其实真不那么重要了。重要的是，几十年过去，朋友之间从未陌生，依然知心！

冯惟敏望着汩汩流淌、日夜不息的冶泉水，感叹流水无情，淘尽英雄霸业。他一气呵成，创作散曲《徐我亭归田》。

跳出了虎狼穴，脱离了刀枪寒，天加护及早归来。甫能撮凑到红尘外，总是越三界。

【滚绣球】

磣可查荆棘排，活扑刺蛇蝎挨；打周遭挤成一块，吓得俺脚难挪眉眼难开。一个虚圈套眼下丢，一个闷葫芦脑后摔；踩着他转关儿登时成败，犯着他诀窍儿当日兴衰。几曾见持廉守法垛了冤业,都子为爱国忧民成了祸胎,论什么清白?

……

【十五煞】

当初错认真,而今且买呆,为之为到头不把心田坏。鞭笞赤子情难忍,奔竞朱门眼倦开,甘心儿不染炎凉态。自古道贫而无谄,义不存财。

【四煞】

也不说胸藏万丈虹,也不想腰悬三尺台,课耕教子功劳大。也不求世上千钟禄,也不羡床头万贯财,但愿念念岁岁人常在,受用些粗衣淡饭,准备些细米干柴。

……

【二煞】

清风到碧梧,斜阳下绿槐,千山列嶂烟横黛。幽窗正与云门对,别业遥连地境开,寒流一缕拖裙带。想前朝鸦盘宝髻,凤插金钗。

【一煞】

龙池百代清,牛山万古哀,笑当时登览心无奈。三千朱履英雄尽,十二山河霸业衰,龙争虎斗人何在?你看那王侯高塚,都做了蔓草荒台。

【尾】

山林识趣高,功名局面窄。放歌古调烟霞外,谁会把白雪阳春下注儿解?

这套散曲篇幅不短,缘事而作,缘情而发。通篇说理议论、记叙抒情相融合,声情并茂,既揭露了封建社会官场的黑暗给正直清廉、爱国、忧民之士带来的不公与摧残,又抒发了归来要趁早,安享天伦的美好,是直逼灵魂的自我告白,也是很好的心灵按摩良药。

想必徐起予读了这洋洋洒洒的超长大令定会十分感动、感叹:知我者,惟敏也!

此散曲基本达到了作者创作目的:"后有知徐子者,必使歌之。"

散曲的曲调没有传承下来,这世上再也没有人能把这套大令唱出来,但是,四五百年过去,徐起予这个人,倒是一直活在冯惟敏的散曲里。冯惟敏的这位发小读书二十年,仕途两年,为官清廉守法,爱国忧民,却因敢于直言而遭罢官。

看来,在那万恶的封建社会,农民不好当,仕途更凶险,当官是个高风险职业,空有高洁人品和高尚官德而没有自我保护的本领,也是混不大下去的。

除了诗词散曲,冯惟敏还创作了杂剧《僧尼共犯》。

大约在参加了第七次会试后,为了给自己鼓劲儿,冯惟敏创作了科考主题剧《梁状元不伏老玉殿传胪记》。

虽然冯惟敏本人始终没有像剧中主人公梁颢那样金榜题名,创造出翻转的人生剧情,但"西方不亮东方亮",令作者意想不到的是,这部传奇杂剧很快在市井里巷广为传唱,让他在文艺界有了较高的知名度。这在激发广大中老年儒生纷纷前赴后继奔赴仕途科考的同时,也极大地激发了冯惟敏创作杂剧传奇的热情。趁着没有繁杂的俗物,他着手整理创作杂剧《僧尼共犯》。

《僧尼共犯》剧本结尾的题目和正名大体概括了其剧情。题目为"泼僧尼知而故犯",正名为"乔打断情法昭然"。

故事讲的是龙兴寺僧人明达和碧云庵的小尼姑惠朗冲破佛门清规戒律私通,还在肃穆庄严的佛堂上幽会,结果被街坊告发被捕的故事。

大堂之上,审判官吴守常亮明自己的观点:"也不要亏了法,也不要枉了人,至公至明,方可服其心也"。经与原告商量沟通,最终将僧尼二人还俗,成就了一段姻缘,所谓:

杖断还俗,是法当如此。成就两人,是情有可矜。情法两尽,是俺为官的大阴骘也。

《僧尼共犯》是一部乡土味十足的喜剧作品,语言通俗接地气,情感真挚,读来诙谐幽默,让人忍俊不禁。男主人公明达谐音"命大",女主惠朗谐音"会浪"。杂剧旦、末、净、杂四大行当中,净角一般为反面角色,多凶残邪恶之徒,而僧人明达被安排了个净角,这些都增加了剧本本身的滑稽感。判官吴守常谐音"吾守常",似隐喻作者肯定人性、尊重人的基本欲望的情理观:

从来食色性皆同,到底难明色是空。念佛偏能行鬼路,为官何不积阴功。

有专家认为,剧本中的故事发生在冯惟敏涞水任上。冯惟敏之所以被罢官,僧尼私通案处置不当有伤一方教化也是原因之一。

现在看来,这些真不重要,正如剧本所言:

往古来今,天下庵观,有僧人便有尼姑,有道士便有道姑,这都是先代祖师遗留下的。

明朝中后期,商品经济发展迅速。如冯惟敏生活和任职的青州、涞水已是商铺林立;冯惟敏那个特立独行的朋友雪蓑,其伯父即在老家开了一家酒肆,经营酒水生意;冯惟敏母亲和姐妹们就曾靠织布增加家庭收入。

商业繁荣使得市民阶层日渐壮大,宋明理学对人性的禁锢受到质疑和挑战。哪里有压迫,哪里就有反抗,到了冯惟敏生活的年代,阳明心学应时而生,追随者甚多,人性成了一个时髦热词,尊重人性,追求个性解放,在一些思想超前的知识分子眼中成了时代潮流。冯惟敏无疑也得风气之先,创作《僧尼共犯》就是例证。

"自古道僧尼是一家。"《僧尼共犯》里的剧情涞水有,青州也会有,龙兴寺也不仅仅出现在剧本中。

山东青州有座千年古寺,曰龙兴寺。据考证,山东青州的龙兴寺始建于北魏时期,延续近千年,一度香火鼎盛,可惜明初毁于战火。二十世纪末,在青州龙兴寺遗址出土了六百余尊石刻佛教造像,轰动一时,该考古项目入选"中国二十世纪百项重大考古发现"。

现青州龙兴寺位于驼山南麓,由一位美籍华裔佛教大师捐建。新建的龙兴寺气势恢宏,依山傍水,成了青州乃至山东人文景观的新亮点。

社会在发展进步,当下,僧尼虽有但不多见,他们之间如果发生点故事,也不会有街坊去告状了。毕竟,那是将近五百年前才有的剧情。

第四十四章
修订《青州府志》

　　明嘉靖四十一年(1562)五月,冯惟讷在涞水与冯惟敏告别后,即继续南行赴任。他顺路拜访了章丘的李开先、济南历下的李攀龙,又回青州滞留了些时日。

　　这一年的春天,冯惟敏弟兄们的好朋友,原山东按察司副使青州兵备使王世贞已上疏请退,正在老家为其父王忬服丧守制。山西洪洞人刘应时接替了王世贞的职位,兵备青州。

　　据《(嘉靖)青州府志·后序》记载,刘应时"饬兵青郡,按图抚籍,谓为缺典,以嘱郡守杜君"修之。

　　看来,这也是一位注重历史文化挖潜和传承的领导。

　　正当这位新上任的山东按察副使兼青州兵备使"慨青郡久缺志,无以章往开来",积极筹备编纂青州府志的时候,冯惟讷恰好回到青州探亲。

　　英雄所见略同。得知冯惟讷不但早有修志想法并且已完成了草本,刘应时十分高兴。二人进一步商定修志事宜,冯惟讷无私地贡献出了自己私下所撰《青州府志》草本。

　　大概冯惟讷也不希望他的四哥在家赋闲闲出毛病来,惟敏归家后,立刻被聘参与同修《青州府志》。

　　冯惟敏本人也十分乐意接手这桩"私活儿"。

　　修志,他很有实战经验,他可是《(嘉靖)临朐县志》的总纂之一。赋闲在家,生活不是只有饮酒赋诗,总要做些更有意义的事。

　　《(嘉靖)青州府志》成书于明嘉靖四十四年(1565)冬。该志书质量上乘,编纂队伍庞大,阵容豪华,明"后七子"领袖李攀龙等三人亲为写序。

　　志书总裁两位,钦差整饬青州兵备按察司副使刘应时和他的继任秦钫;知府杜思删订;同订九人,冯惟敏位列其中;纂修者四十九人,冯惟讷看来贡献最大,列纂修第一。

　　临朐冯氏对此府志的编纂工作贡献挺大。除了冯惟敏和冯惟讷,冯惟敏的子侄辈冯子益、冯子履、冯子临也参与了纂修。

我约略算了一下,除去写序的三位,真正参与志书纂修人员共六十一人,临朐冯氏竟有五人。单从这一件事来看,临朐冯氏的确不负"北海文学世家"这一盛誉。

　　《青州府志》嘉靖刻本宁波天一阁有藏。新中国成立后,上海古籍出版社两次影印出版,县、市及院校图书馆有藏。

第四十五章

去趟京城

明嘉靖四十四年(1565),解官回到老家的冯惟敏干了不少事儿。他自建了一栋别墅,把家搬到了府城益都;迎来了一个创作小高峰,诗词散曲杂剧门类齐全;"私活儿"干得也很漂亮,高质量完成《青州府志》编纂小组分配给自己的任务,为家乡文化事业贡献了自己的力量。

三月,京城发生了一件令全国人民欢欣鼓舞的大事,严嵩的儿子严世藩被执行斩决,严家被抄了家。严嵩父子祸害朝纲、戕害忠良的时代已经成为过去,新的时代似乎已经到来。

远在临朐老龙湾的冯惟敏听到消息后,作为受严嵩亲信段顾言迫害的当事人之一,他的心情无比畅快。被逮入狱累积心中的怨愤终于可以毫无顾忌地表达出来,他愤而写《吕纯阳三界一览》《骷髅诉冤》《财神诉冤》《十美人被杖》等杂曲。以上作品深刻揭露和鞭挞段顾言之流贪婪横暴、残害百姓之罪恶行径,大有人神鬼共愤、天地不容之感,读罢酣畅淋漓,辣味十足。后世专家学者多有分析引用,说明其散曲创作已经日臻成熟,自成一格。

当然,这些散曲可不是写来压箱底的。作为有才情的"曲坛新秀",冯惟敏是不屑采用告黑状、上书弹劾等老套的斗争手段的,而是以笔为刀,来揭露社会黑暗和不公,达到自证清白的目的,可谓一箭双雕。

实践证明,笔杆子的影响力不容小觑。冯惟敏那些县官卖柳、卖酒的散曲迅速在保定和京城官场传开,让两位要好酒喝的使者很难堪。吏部也总要给蒙冤被免官的干部一个说法。

三月末四月初,冯惟敏被解官一年多后,关于他被罢官之事终于有了定论,拟改官镇江府学教授。

对此,惟敏在《送仰泉迁金堂掌教叙》中有记:"余解薄领之职且一年,而有郡博士之命……"郡博士即府学教授。

先理一理府学教授是个什么职务。

其一,府学教授属政府公务员。其二,府学教授是教育系统的公务员。其三,府学教授是地市级教育系统的公务员。

明代地方设县学、府学,大约相当于现在的各级教育行政部门。县学设教谕一人,相当于现在的县教育局长。当时《临朐县志》编修工作小组成员之一祝文就是临朐县的教谕,大名鼎鼎的"海青天"海瑞第一份公职就是在福建南平任教谕。县上边是州学、府学,州学设学正一人,府学设教授一人。府学教授级别从九品。这里你也就明白了这府学教授跟现在的大学教授不是一回事了。

当然,层次最高的学校是国子监,直属礼部。这个除了冯惟敏的大哥冯惟健年轻时在国子监上过学,其他跟咱没有关系,不再赘述。

冯惟敏兄弟看来都跟教育有些缘分。

冯惟敏马上要去镇江府干教育局长。冯惟讷干过浙江督学,提督整个浙江省的学政。冯惟讷督学督得不错,干了大约一年半就被提拔重用,升为山西布政司右参政。右参政干了不到一年,又被提拔为山西按察使,两年期间级别从正四品升为正三品。冯惟敏在镇江干了几年后改任保定通判,级别由从九品提拔为正六品。

冯惟敏兄弟与教育不但有缘分,而且适合干教育。冯惟敏从政履历并不丰富,但想来还就是在镇江从事教育工作这段时间过得比较顺风顺水,从容得手。

虽然级别低了些,但多大的职务担多大责任,无官一身轻。当收到这个降职消息的时候,冯惟敏倒没有表现得多么愤懑不平,反而有些喜出望外:从今后只需跟知识和知识分子打交道,再也不必天天看那循环簿,念那仓库经,也不用和那些"猴精猢狲"费心思。这活儿,可以好好干!

想写的事都写了,该抒发的感情也抒了,要骂的人也骂了,工作也落实了(薪水也很重要),严嵩父子彻底倒台,京城的春天定有另一番景象。冯惟敏决定立马动身,去京师领旨谢恩,感受一下奸臣去后的朗朗乾坤。

到京城后,他先去拜望原来的上司,原保定巡抚李迁。

李迁,字子安,号蟠峰,新建(今江西南昌)人。李迁明嘉靖二十八年(1549)任济南知府,嘉靖四十一年(1562),也就是冯惟敏就任涞水知县的那年,李迁恰好巡抚保定,直接分管过冯惟敏。次年升任工部左侍郎,干了个副部长,总督河道。涞水河道纵横,二人当还有交往。

李迁还是十分了解并欣赏冯惟敏的。冯惟敏在涞水任上是"种树劳模""河道治理标杆",克服重重困难落实了上级部署的工作任务,作为知情者,关键时候李部长自然要为冯惟敏说公道话。

虽然李迁对京城派来的两位使者十分不满,但他很注意方式方法,没有和他们正面交锋,而是把《县官卖酒》《县官卖柳》在官场悄悄传开。同时,他不遗余力地向吏部举荐冯惟敏,助力这位老部下能够早日重返仕途。

在副部长李迁那里,冯惟敏了解了他起复为官的大致经过。起初,大学士对他下了一个结论,"量才改邑",提议再调一个合适的地方让冯惟敏继续干知县。到涞水调查冯惟敏的使者对此有异议，上了道奏折，内容大致是冯惟敏在处理僧尼私通这件事上不妥当，或者《僧尼共犯》本身这个剧本宣扬的思想不合时宜，冯惟敏日常生活和工作作风散漫、随便之类的，也不是什么原则性问题。最后，吏部采纳相关部门意见，折中了下，给冯惟敏一个评价，称惟敏"疏简不堪临民，文雅犹足训士"，改调镇江府学教授。

冯惟敏对副部长李迁同志深表感谢。辞别李迁后，他马上去吏部接受了新官的印绶，还参加了早朝向皇上谢恩。这些真不是我胡诌，是冯惟敏参加完这些活动后，欣喜之余，亲笔所记：

初解邑绶，台章论以量才改邑。章下，天曹（吏部）复奏，谨按臣敏疏简不堪临民，文雅犹足训士。制（皇帝批示）曰可。遂摄镇江教事。昧爽（拂晓，指早朝）陛谢，喜而制此……

以上为冯惟敏专为此事所作散曲《仙吕点绛唇•改官谢恩》序。该散曲应当是他参加早朝后即开始创作，到镇江任上后完成终稿。

我也纳了闷，一个从九品十八级的小干部，又不是朝廷大员，还用得着中组部发文皇上亲自接见吗？有人考据明朝吏部安排级别不高的干部都是采取抽签的办法，看来也是有道理的。一次安排成百上千名基层干部，抽签也倒不失为没有好办法的办法。

很好奇冯惟敏这教授一职是不是抽签抽来的。还有，叩谢皇恩时嘉靖皇帝有没有上朝。大约上朝了吧，不然冯惟敏向着西苑嘉靖生活兼办公的方向去感谢圣恩浩荡？

闲话不多说。冯惟敏在京城很有收获，他接受了新的任命，还遍访欧大任、黎民表等文友，就散曲等文学创作展开深入的沟通交流，与他们酬唱应和，切磋诗艺，增进了友谊，增长了见识。

其中值得一记的是他与欧大任和沈仕的交往。

欧大任，字桢伯，号仑山，广东人，比冯惟敏小五岁。冯惟敏在其杂剧《梁状元不伏老玉殿传胪记》中所寄托的科考梦，恰好由这位欧先生给实现了。

话说惟敏的这位朋友也是位奇人。他的幼年有着和明代许多名人差不多的经历，出身于书香门第，自幼聪颖，表现突出。人生第一次高光时刻是在他十四岁时。这年，督学组织了十个州府的优等生会考，他连续三次都勇夺第一，成为同学中的风云人物。

奇怪的是，这样一位优等生，运气实在不佳。八次乡试均落榜，对，是乡试，不是会试。这说明欧大任一辈子也没成为举人，但这不妨碍他创造奇迹。

明嘉靖四十二年（1563），四十七岁的欧大任再一次一鸣惊人。他以岁贡生（地方将成绩优秀的秀才推荐给朝廷，可入国子监读书，可以当官）资格入京应试。阅卷官看了他的文章，惊叹其为稀世之才，推荐世宗皇帝御览，同样得到皇帝认可,从而一举斩获此次考试第一名。当时天下读书人没有不知道欧大任的。

波折又来了。盛名之下的欧大任,似乎不小心按下了人生的暂停键,仕途毫无寸进,滞留京师候官,一候就是七年。当然,这期间他也有所收获,那就是与李攀龙、王世贞等文人相互酬唱,建立了深厚友谊。这些文人当中也包括冯惟敏和他的五弟冯惟讷。

冯惟敏此次来京,与欧大任多有唱和应答,欧大任有《送冯明府谪教润州》相赠。春夏之交,惟讷也因候选入京,欧大任作《同黎秘书、曾缮部、吴侍御、万金吾出善果寺访冯侍御》。

大约五年之后,冯惟敏在镇江任府学教授,欧大任才等来人生第一份公差——扬州训导。二人继续诗书往来,冯惟敏有《京口有怀都下旧游》:

顷,诸君踪迹顿异。黎瑶石(黎民表)迁留都,欧厄山官维扬,相离伊迩,良晤无由,瓜渚黄见源时一相过,与话旧事云尔。

幽斋寡俦侣,端坐忆京华。群饮大官酒,行看上苑花。圣朝歌帝力,妙思发天葩。此日三江尽,烟波各一涯。

欧大任亦有《答冯郡博京口见讯因忆黎职方惟敬》(黎民表,字惟敬)致信惟敏。

明隆庆三年(1569),冯惟敏升任保定府通判,赴任途中路经扬州。欧大任有《冯汝行赴保定别驾过广陵赋赠五首》相赠。其一曰:

风流谁似大冯君,犹念寒毡郑广文。今夕淮南还赋别,桑乾归雁几时闻。

郑广文即郑虔,盛唐时文学家、书画家。唐玄宗深爱其才,单独为他设广文馆,授为博士,人们习惯称呼其为郑广文。欧大任将冯惟敏比作郑广文,可见他对冯惟敏的才学和对镇江文化教育事业的贡献是十分钦佩赞赏的。

欧大任多年一直潜心于教育工作,学正、教授、国子监助教一路走下来。在国子监任职期间,他得到了万历皇帝的赏识。皇帝特意写了两个斗大的字送给他:不二。

得到皇帝大人赏识的欧大任终于进了中央部委工作。北京、南京两个京师他都待过,万历年间告老乞休,光荣退休,活了八十岁,得善终。

冯惟敏的另一位文友沈仕,则为冯惟敏画了一幅画像:《海浮山人图》,这也是冯惟敏此次造访京师重大收获之一。这幅画现在还存于世,由冯惟敏后人家藏。个人认为,它最好的归宿应该是放在博物馆里。

沈仕(1488—1565),字懋学,一作子登,号青门生、青门山人、迷花浪仙,仁和(今浙江杭州)人。

从字号也大致能猜得出此人的家世和个人喜好。

沈仕是地地道道的"官二代",父亲沈锐是副部级干部。他少有才名,成年后却即不喜登科,也不爱好当官,而是雅好诗翰,"迷花浪仙",其诗词曲赋书画艺术均造诣很高。时人称其为"江湖诗人第一流";散曲自成一体,称为"青门体";字写得漂亮,尤善草书;善画花鸟山水。

"明代三大才子"之一的徐渭对沈仕的写生十分赞叹。徐渭《题青门山人画滇茶花》诗云:"武林画史沈青门,把兔申藤善写生。何事胭脂鲜若此?一天露水带昆明!"

冯惟敏在其散曲《访沈青门乞画》序中也有类似的介绍:"青门之名,余耳之旧矣⋯⋯青门艺苑博雅,兼善北谱⋯⋯"

冯惟敏结识沈仕是嘉靖四十一年(1562)年的早春,他去京师参加人生最后一次会试,路经济南,参加了一次文人聚会,聚会中与沈仕一见如故,意气相投,成为文友。

得知沈仕在京城东街开了一家画室,冯惟敏特意前往拜访,还给沈仕带去了临朐老家特产,一方红丝砚。

沈仕一见冯惟敏到访,十分高兴。再一看冯惟敏赠送的礼物,更高兴。寒暄一番后,他便赏玩细品起惟敏送的宝贝红丝砚。

作为书画界的名流,沈仕对红丝砚的研究比冯惟敏更高一筹。他兴致勃勃地和冯惟敏谈论起这方砚台来。

原来,青州红丝砚早在西晋时就已名扬天下,唐宋时更负盛名。

西晋张华著《博物志》,称天下砚品四十有一,青州红丝石第一。唐代书法大家柳公权认为,蓄砚以青州为第一。到了宋代,红丝砚更是稳居天下著名砚品榜单第一名。

先是宋太宗时出了个状元郎苏易简,写了本专著《文房四谱》,进一步验证了西晋张华的观点。书中评论道:"天下之砚四十余品,青州红丝石第一,端州斧柯山石第二,歙州龙尾山第三。"

不知是受苏易简的影响还是自己的经验之谈,苏状元去世十年后出生的一代"文坛巨匠"欧阳修对红丝砚更是情有独钟:蓄砚,我只选青州红丝砚。

真正解开红丝砚神秘面纱的是比欧阳修年长两岁的唐询。

这唐询说起来和山东很有渊源。他祖籍山东,到他五世祖的时候,举家从"鲁北海"(现山东昌乐)迁到杭州。到杭州后,他祖上世代为官。唐公子自幼聪颖,到了十五岁时,任这世间百媚千种,他独爱砚墨纸笔,文房四宝中,他终其一生所爱,唯砚而已。

二十岁时,唐询得到了平生第一件宝物,是他父亲送给他的一方端溪石砚。二十六岁参加会试,见识的令他心动之物还是砚,这次是一方黄石砚。考中进士后,唐询即开启了他为官四方,寻砚、访砚、制砚、赏砚、藏砚的人生奇旅。

山不转水转。宋仁宗嘉祐六年(1061),北海唐氏子孙,五十七岁的唐询在他生命的最后几年,回到祖籍山东,任青州知府。

到了青州后,唐知府自然要找砚。他先是在州府益都县城南二十里临朐冶源地界寻找紫金石。他亲自前往勘探,从当年的四月到次年春三月,工人们用了整整一年的时间,往返几十次,共开采了五十多块可制砚的紫金石。

接下来,他继续在青州黑山开发紫金石的"姐妹石"红丝石。最后,从开采到加工再到使用,专门出了一本书,书名是"砚录",也称《北海公砚录》。书中对红丝砚是这样描述推介的:

红丝石华缛密致,皆极其妍。既加镌凿,则其声清越,铿若金石,殆非耳目之所闻见。亟命裁而为砚,以墨试之,其异乎他石有三:他石不过取其温润滑莹,此乃渍之以水,而有滋液出于其间,以手磨拭之,久粘着如膏,一也;他石与墨色相发,不过以其体质坚美,此乃常有膏润浮泛,墨色相凝若纯漆,二也;他石用讫,甚者不过顷刻,其次止终食之间,墨即干矣。此若复之以匣,数日墨色不干,经夜即其气上下蒸濡,着于匣中,有如雨露三也。……自得兹石,而端歙皆置于衍中不复视也。红丝石其外有表皮,或白或赤,纹如林木之状,理红黄相参,理黄者其丝红,理红者其丝黄,若黄红相杂而不成纹此其下也。纹之美者,则有凝转连接团圆,方二三寸而其丝凡十余重,或如山石尖峰,或如禽鱼云霞花卉,纹彩不一,资质润美……

看来,这是一位十分注重并善于进行地方名优特产推介的政府官员。书中,唐询以极其专业的语言形象地描绘了青州红丝石的外观、质地、触感等,并采取对比实验方法,介绍了红丝砚异于其他天下名砚的长处,还采取例证法:"我自从有了红丝砚,什么端砚歙砚都束之高阁看都不看了。"最后得出结论:"凡自红丝石以下可为砚者共十五品,而石之品十有一;青州红丝石一……此石之至灵者,非他石可与较,故列于首云。"

见此,如我等不用砚、不懂砚的现代人,都想拥有一方红丝砚了,更何况一辈子和文房四宝打交道的沈仕呢?

当然,冯惟敏送给沈仕的那方红丝砚,倒不是出自黑山矿洞,而是出自临朐冶源老崖窟村西的杏山。因为唐知府的大力推介,青州黑山矿洞很快就采不到红丝石了!

不过也不用担心质量问题。据地质学家考证,杏山和黑山出产的红丝石品相完全一致,因为它们是同一次地质运动的产物。

已是七十七岁高龄的沈仕像个孩子一样手捧惟敏送他的红丝砚,爱不释手,还马上以墨试砚,果然如唐询所言,墨若纯漆,似有膏润浮泛。沈仕不由赞叹:"果天下第一砚也!海浮啊,听你方才一说,我才知这青州红丝石并非只出自黑山,原来你老家冶源也有此宝呢!"

冯惟敏见沈仕兴致颇高,便邀请沈仕同游冶源并请求他为自己画像:"沈老前辈,看您朱颜鹤发,必有松柏之寿。惟敏今日敢否用此砚为前辈研墨,求您赐作画像一幅?"

正在兴头上的沈仕痛快应诺。大概是红丝石的灵气激发了画师的灵感,沈仕寥寥几笔,韵致竟出,不出半个时辰,一幅《海浮山人图》一气呵成。

画中冯惟敏身穿乡野之服,身后是老家临朐隐约起伏的春山,云树绸缪,冶水东流,画作着色浑然天成,人与山水相依相融,冯惟敏十分满意。

回到旅舍后,冯惟敏仍兴奋不已。他欣然命笔,写散曲《访沈青门乞画》回赠沈仕。散曲回忆了二人的交往和交情,赞叹沈仕诗书画曲方面的成就,畅想着在不久的将来二人能再次相约同游山水,最后写道:

故园此日花如绣,兰舟荡漾春昼,凭君卧游。抹一带海浮山,染一溪沧浪水,蘸一点云门岫。幽人不出村,抱膝因何瘦?按图寓眸。朗诵着北山文,午醒了西堂梦,苦忆的东篱菊。绘松雪画的屏,题沈谢诗引首,愿骑鹤更上扬州。笑杀俺不知机待怎生,敢子是托芳名传不朽。

告别沈仕后,惟敏便匆匆离京返乡。孰料这竟是二人的永别,沈仕卒于是年,终年七十七岁。

据传,明朝嘉靖年间,沈仕游走京师,诗画赠贻,累千金辄尽。垂老归里,兴复不浅,风流文采为杭人所乐道。

一代才子沈青门驾鹤西去,在他的故乡杭州,不知还有几人能知道他的故事。现上海博物馆藏其《自书诗》纸本草书,我找了影印本欣赏了几遍,感觉就两个字:漂亮。

唐询在青州的故事也应有个交代。他在青州干了三年知府。第三年,当时的皇帝宋仁宗赵祯生病死了,他像几百年后王世贞哭他亲爹那样痛苦哀号,抑或更甚,因为一夜之间唐知府的胡子和两鬓都白了。这让一众同僚十分惊叹,其至忠至义真不是装出来的。这一年,他五十九岁。

六十岁这年,唐询回到京城,在中央机关上班。他曾与友人谈及自己欲退休归老的打算,结果没来得及打报告,就卒于京师。

唐询所著《唐北海公砚录》二卷等,今仅存《杏花村集》一卷。

唐询,字彦猷,唐彦猷即唐询。

第四十六章
到镇江当"教授"去

明嘉靖四十四年(1565)秋末,冯惟敏接到了镇江府学教授任命文书。他最早九月出发赴任,因为,八月中秋节,他还在老龙湾邀会诸友人。其《乙丑中秋李阳坡太守、云坡给舍席上玩月赋谢十二韵兼呈张竹亭吏部、陈芝巘宪使、刘海山京兆三君子》一诗记载了当时的情形。

这首诗共提及五位人物,粗略考据,他们有一些共同点,多是益都人,皆为进士,为官正直,有骨气和个性。

如李云坡曾上疏弹劾仇鸾骄纵,一时声震朝野。后来严嵩干儿子赵文华告张经的状,李云坡又上疏声援张经,遭廷杖落职。

陈芝巘即陈梦鹤,兵部尚书陈经的儿子,有牛气的资本。据说大学士夏言欲招之于门下,他拒不前往。任河南都指挥金事期间,他率民兵保卫京师有战功,受升赏。严嵩当国时,官吏调动升迁,都要准备厚礼拜谢,陈芝巘却不送礼。对严嵩父子来说,谁送礼、送的什么礼有可能记不住,但谁没送礼肯定能记住,结果没送礼的陈公子没过多久被罢官回了老家。

真是物以类聚,人以群分,好在天道人事不可违。严嵩倒台,这些人纷纷被朝廷起用,用冯惟敏诗中的话来说,即"蟾宫曾连步,龙门今共登"。过完这个中秋节,他们大都和冯惟敏一样,要重返仕途,到新单位报到去了。

过了中秋节,紧接着就是九月初一冯惟敏生日。冯惟敏是整个家族中年龄最大的长辈,按当地风俗,众子侄外甥七大姑八大姨都要前来祝寿吃席,生日宴一般比较隆重。

如此推算,冯惟敏启程赴任应当在其寿诞之后。当然,也有一种可能,此时吏部的正式任命文书还没有送达临朐冶源。

可以确定的是,这年冬天,冯惟敏到达镇江任上。

他在《双调新水令·又仰高亭自寿》中记载:"余以乙丑冬客润州。"

《(万历)镇江府志·官守志》有记:"冯惟敏,山东临朐人,嘉靖四十四年由知县改任,升保定府通判。"

《(康熙)镇江府志·卷二十六·师儒传》亦有记:"府学教授冯惟敏,嘉靖末知县改任,升保定府通判……"

南直隶镇江府,辖丹徒、丹阳、金坛三县,古称润州、京口、南徐州等,其治所丹徒县(今镇江市)最早可追溯到西周吴国宜县,东周时为越国谷阳县。

这样一座历史悠久的山水名城,必定蕴含着深厚的文化底蕴,流传着不少人文故事。如"丹徒"这名字本身即"自带流量",这名字听起来有些令人匪夷所思。

权威的说法是这样的。

秦始皇统一六国后,听术士说此地京岘山一带有王气,那还了得,于是传旨急派三千多名身着赭红色囚服的犯人砍树削岭凿山,名为修"驰道",实则要断此地龙脉,败此地风水,破这里的王气。为保其一统江山世代永续,这位始皇帝还煞费苦心,把谷阳更名"丹徒",顾名思义,即红衣囚徒之地。

不过秦始皇这破王气工程质量不是很过硬。后来,秦王朝万古江山未得永续,朝代更迭,三国时的吴王孙权,曾建都京口;再后来,丹徒本土终究出了一位帝王,即南朝刘宋开国君主刘裕。

南朝宋武帝刘裕,小名寄奴。这位东晋至南北朝时期杰出的政治家、改革家、军事家,就出生丹徒县京口里。

再后来,南宋词人辛弃疾曾徘徊于京口北固亭,怀古伤今,大发感慨:"斜阳草树,寻常巷陌,人道寄奴曾住。"

看来,京岘山满盈的灵气,是砍不光、凿不完、断不掉的。此地更有金山、焦山、北固山,"京口三山"自古名扬天下,长江和京杭大运河在此交汇,真山真水,山水灵气。京口作为吴文化的发祥地,不单孕育出刘裕这样的帝王,更吸引着无数名人雅士、文人墨客交游往来。尤其是唐末以来,许多名人或筑室或墓葬于京岘山,留下了不少脍炙人口的名篇名句。

唐人张祜最爱金山的超然,说"一宿金山寺,超然离世群"。

宋代大诗人王安石曾泊船瓜洲,留下了这首家喻户晓的七言绝句:

京口瓜洲一水间,钟山只隔数重山。春风又绿江南岸,明月何时照我还。

如前所述,南宋词人辛弃疾独爱北固亭的沧桑大气,感慨"何处望神州,满眼风光北固楼"。

而冯惟敏之后的清人郑板桥则倾心于焦山的清净,"静室焦山十五家,家家有竹有篱笆"。

冯惟敏素爱山水,登临过广宁的医巫闾山,临朐治源的家就在海浮山山脚,在涞水有西山可眺,而镇江,自古以山水闻名天下。所以,当他收到贬官镇江的诏书时,不但不懊恼,还欣喜地用散曲写了一封感谢信,题目就叫"改官谢恩"。

命运之神还是挺眷顾冯惟敏的,既然喜欢山水,就安排他去镇江待了几年。

这里,素有"天下第一江山"之美誉。长江日夜奔流,这可是全中国乃至亚洲最长的河流;这里,出产名山,除了著名的"京口三山",还有长山、南山、茅山、日精山、月华山、寿丘山、宝华山等叫得上名字和叫不上名字风景各异的山;这里,还有传承了千年文脉的渡口西津渡;这里,自古有"三山五岭八大寺"的人文传说……

　　所有这些,无不令冯惟敏心驰神往。

　　在此山水灵秀之地,干着一份自己喜欢的差事,结交几位志同道合的文友,写几首词曲,干点儿自己早就想干而始终没有完成的事情,悠游山水,这大致就是冯惟敏在镇江的生活状态吧。

　　所谓祸福相依,得失相伴。被谪镇江,官职从正七品降至从九品,冯惟敏却自述"痴人有痴福"。官职虽然降了,却远离了闹闹吵吵,从此大可以专心于诗书礼教,他似乎感受到了一种海阔凭鱼跃、天高任鸟飞的自由与潇洒。

　　镇江对冯惟敏不错,初到任上,就给了他一些小惊喜。

　　首先,冯惟敏对办公地点相当满意。

　　原来,这镇江府学选址十分讲究。府学东、西、北方向有三山环抱,向南地势平坦,登高可远眺长江之水。天天在景区上班生活,对素爱山水的冯惟敏来说,实在是一件赏心悦目之事。

　　再者,住宿条件也不错。

　　镇江府学官共有五人,其中公堂院内有两处馆舍,安排了惟敏与一位孔姓学官居住,其余三人住在公堂院外。

　　令冯惟敏十分惊喜的是,这位镇江新邻居孔弘申,乃孔子第六十一代孙。老乡见老乡,两眼泪汪汪。两人一见如故,经常在一起喝个小酒,"把酒酌滔滔,心潮逐浪高"。

　　冯惟敏很快适应了新的工作环境,并且词兴大发,到镇江没几天,即完成了散曲《仙侣点绛唇·改官谢恩》创作。

　　散曲回顾了作者坎坷不平的大半生,深刻总结了以往工作经验教训(主要是教训),表达了在天朝圣恩沐浴下,决心在新的岗位以一片赤诚丹心尊重上级、团结同事、兴办教育、为国育才的打算,并以此告别过去,努力开启生活工作新篇章。

　　通篇感情真挚,语言朴实,通俗易懂,充分体现了冯惟敏散曲"本色"特征。散曲篇幅较长,仅择其十之二三摘录如下:

　　……既抵任,列职惟五,独臣馆与孔氏邻,他馆次第堂门之外。孔氏弘申,宣圣六十一代孙也。先固不知其人,况其居哉。由此观之,圣恩天命,通一无二,知非偶合。《天下乐》后句,实亦不知其然而然。

　　拜命天朝,敬敷五教。兴学校,辅翊唐尧,立天德行王道。

【混江龙】

钦承明诏,县郎官新改郡文学。前程万里,仕路千条。常言道今日不知明日事,俺怎肯这山望见那山高?脱离了簿书期会,穰穰劳劳。乐得些英才教育,摆摆摇摇。再休提徒流笞杖,闹闹吵吵。单守着诗书礼乐,寂寂寥寥。子今日沐恩波海阔从鱼跃,也是俺痴人有痴福,小可的五福也难消。

【天下乐】

俺也曾手把丝纶掣六鳌,渔樵,气韵高。俺也曾醉上蓬莱看八表,驾沧溟眼界空,登泰岳众山小,紧靠着孔孟宅邻舍好。

......

【赚尾】

谨保守旧家声,便看做无价宝。赤紧的脚跟儿立地实着,世世清明答圣朝。甚的是富贵崇高,冷潇潇不染尘嚣,尽有些暮史朝经道义交。再不读律条,誓不追粮草,罄丹心迎官接诏睦同僚。

冯惟敏重整旗鼓,决心在镇江府学新的工作岗位上"罄丹心迎官接诏睦同僚"。而镇江,也以它独有的山水灵秀、风雅文心,滋养了这位海岱词客。

镇江三年,冯惟敏广交朋友,遍游山水,著书立说,梦寻第一江山,情醉山水镇江,度过了一段难忘的诗酒时光。

第四十七章
南京寻旧

与知县、知府之类的官差相比较而言,教谕、教授之类的官职绝对称得上闲差。

当然,像海瑞海教谕那样自我要求极其严苛,两眼紧盯学生,一心扑在教育教学一线,能把闲差干成忙活儿的优秀教育工作者也有,但毕竟不具普遍性。这样尽职尽责的国家干部,无论在什么岗位都是劳模。

冯惟敏虽然没有海瑞那种以府学为家的献身精神,但也是一位思路清晰、善于抓大放小的优秀教授。对于他这段从教经历,石茂华是这样评价的:

镇江素以文献称,公立教,必先器识;论学,必本程朱。诸士皆心悦诚服之。

看来,冯教授还是能抓住教育的本质问题的:先做人再做学问。

知识和技能的学习掌握固然重要,但培养学生的气度与见识更重要。做学问先做人,这才是教育的第一要务。

学习的内容,以程朱理学为本,因为这是国家统编教材,大家都是奔着科考来的,这个,不学不行。

我想,能够让诸位学子心悦诚服的,除了冯惟敏的教育理念,应该还有冯惟敏本人的器识和名气。

临朐冯氏一门多贤,冯惟敏父亲冯裕与惟健、惟重、惟讷、惟敏父子五人早以诗闻名海岱,而冯惟敏在北曲创作方面,更是开风气之先,名声日显,大有驰名大江南北之势。镇江的文化教育界,都知道来了位有才气的府学教授,以至于留台御史都对冯惟敏有所关注!

充实有趣的日子总是过得很快,冬至过后,转眼就到了春节。当然,那时的春节称"岁首"或者"元旦","春节"的叫法始于民国。

岁首和上元节(元宵节)都有假期,大家免不了串门访友,互相拜年。

一日,惟敏依礼拜访镇江知府秦明翁。

秦明翁是位惜才之士,他了解冯惟敏有任涞水知县的经历,恰好丹徒知县空缺,便准备让惟敏兼理丹徒知县,还谈起留台大人曾对他提及冯惟敏,便建议冯惟敏去南京拜访留台和诸位上峰。

冯惟敏虽然对知县这一差事避之不及,但去趟南京,他还是十分乐意的。

留台即留都南京的最高长官,多由皇族亲王兼任。冯惟敏本来早有寻访南京的打算,这是他多年来的一个心愿,因初来乍到,没来得及成行。听郡守秦明翁如此一说,便决定来一场说走就走的南京之行。

"京口瓜洲一水间,钟山只隔数重山。"镇江与南京相隔几十里水路,冯惟敏朝发夕至,赴留都参谒留台,寻访许榖、邢一凤等故交老友。

明嘉靖四十五年(1566)春,五十六岁的冯惟敏回到了阔别四十二年的金陵城。

这座曾留给他太多儿时美好回忆的城市,依旧是十里牙樯、万家碧瓦、鼓乐弦歌、豪士云集,但此情此景,在惟敏看来,大都已物是人非。

儿时的伙伴和旧时的相识已零落无多,父母兄弟多先后离世,只留下他和五弟惟讷支撑起家族门面。站在南京的街头,回首过往,冯惟敏感慨万千。他似乎再也感受不到儿时的无忧无虑,找不回昔日的热闹和喧嚣。

好在,故交安好,老友尚在。

到南京后,冯惟敏先去拜访老友许榖、邢一凤等。

许榖和邢一凤都是江苏上元人。

这上元乃唐朝起南京下辖的一个县。唐上元二年(761),以唐肃宗"上元"年号为县名,江宁县更名为上元县,属润州。五代十国时,上元县一分为二,另置江宁县,属升州,并以秦淮河(今内秦淮河)为界,两县同城而治,河北为上元、河南为江宁。到了明代,太祖朱元璋建都应天府,江宁、上元同属应天府,明故宫即在上元境内。

冯裕曾在南京户部上班,惟敏弟兄们当年随父宦居南京,对这一带十分熟悉。惟敏长兄冯惟健、仲兄冯惟重与许榖等一众文艺青年同为青溪社的活跃分子,当年经常一起组织诗社活动。其中许榖、邢一凤二人与冯惟敏长兄冯惟健来往最密切,交情最好。

许榖,字仲贻,号石城,小冯惟健五岁,是冯惟健在南京时最好的朋友之一。令人唏嘘的是,造化弄人,年轻时同样才华横溢、踌躇满志的两位青年才俊,科考之路竟有天壤之别。

冯惟健七上春宫不第,一生胸怀大志而不得施展,五十三岁早逝。而许榖的科考之路则称得上金光四射,他参加明嘉靖十四年(1535)会试,取得会试第一名的优异成绩,勇夺会元。许榖进入仕途后,起点很高,在户部干国家公务员,官至南京尚宝卿,从此长驻留都。归田后,他接了老师顾璘的班,主金陵词坛,长期主盟青溪社。家居三十年,好读书,博涉精诣,有文名。著《省中稿》《二台稿》《归田稿》等诗文词曲集,在他的书稿中,也能发现他对这次冯惟敏造访的记载。

而冯惟健弟兄的另一位好友就是邢一凤。

邢一凤,字伯羽,号雉山。当年,邢一凤经常出入冯氏官舍,惟敏对这位长相魁梧、才思敏捷的邢大哥记忆犹新,很有感情。

邢一凤参加明嘉靖二十年(1541)科考,会试成绩怎样不太清楚,但是殿试中表现不俗,高中探花。初授翰林编修,累官侍讲,迁太常少卿,左迁云南参政后致仕归乡。他工于诗文,尤善词曲,归田后修缮房屋,开辟田园,每日歌咏其间,《明诗纪事》收录其《登茅山》诗,著《雉山集》,善小篆,《中国书法家大辞典》上称其"小篆师徐子仁"。惟敏父亲冯裕的墓志铭即由徐阶撰写,文征明书,邢一凤篆刻。

几年后,冯惟敏归田熏冶湖,每日放舟湖上,出没烟波里,恍若神仙,不知是否受了邢一凤的影响。

此次南京之行的大致情形,惟敏和许榖、邢一凤、姚涞等人相互酬答的诗词曲赋均有记载。冯惟敏应该先去拜访了许榖,还赠给许榖一个古钟。晚上留宿许府,二人都十分兴奋,秉烛彻夜长谈而不觉倦怠,谈到惟敏长兄惟健,难免唏嘘感怀。

除了家事国事,两人探讨最多的是声律。许榖还建议冯惟敏借助润州过硬的刻板技术整理出版诗集和词曲集。冯惟敏正有此意,请许榖为其诗集写序。

当时,人们交往多依靠书信。文化人之间的交往很有意思,兴之所至即写诗赋词相互赠答,虽然其中不乏千古名句,但内容多为互相表扬、表达感谢之类,其考据意义大于文学价值。

冯惟敏和他的这些顶级文友自然要引领潮流,这么重要的一次文人聚会,必定要有诗词赠答。

许榖作《冯海浮教授赠余古钟,诗以谢之》,其中写道:

广文先生江上至,赠我古钟信奇器……老我埋光岁云久,同声相应元非偶。感君便置草堂前,遂令凡乐皆垂首。呜呼,虞庭不听凤凰鸣,林鹤今闻戛击声。从此秋山多远韵,绝胜云台空勒铭。

一首不能尽其心意,再作《赠冯教授》二首,择其二录之:

系马来官舍,飞凫别讼堂。金山临讲幄,铁瓮绕宫墙。扣处洪钟应,吟边泗水香。坐看桃李满,翻胜在河阳。

海内词林客,何人可抗衡?过江寻旧侣,入座赠新声。解作梁陈调,能言巢许情。谷中闻妙响,莫怪晓猿鸣。

情人眼里出西施,其实朋友眼里同样出西施。在许榖看来,冯惟敏在当时词坛中的地位,无人能够抗衡!

青溪社盟主许大哥这么厚待,惟敏十分感激,当即作散曲《南吕一枝花·赠许石城》回赠。其序曰:

丙寅春，余以移官京口，参谒留台，过访奉常许石翁。夜话亹亹，论及声律。凌晨趋伺官府，卓午弗得见……翌日，复诣官府，又弗得见……

总之，冯惟敏曾连续两个上午排队等候拜访留台，最终也没能见着留台的面。不知是因为没送礼品还是级别不够，或者有其他别的原因。总之，冯惟敏把名刺递到了留台府上，而始终没有得到留台召见。

其实，见不见留台并不重要，重要的是，他见到了许縠许大哥和邢一凤邢大哥等几位故交。此外，冯惟敏还认识了几位新的朋友，其中值得一提的是姚涮和金銮。

姚涮，字元白，号秋涧，江宁人，力学好古，工书擅画，晚明著名文学家、文坛领军人物，李维桢称他为"金陵典客"。姚涮在秦淮之东建有私家别墅，曰"市隐园"。园内建十八景，每招邀知名之士为之记序题咏。惟敏好友欧大任即有《市隐园夜起月下同无着上人看杏花》存世：

红杏花开莺唤人，姚家园中照眼新。

借问终南老禅客，何能不忆曲江春。

冯惟敏此次重游故地，姚涮组织宴饮并请他为"市隐园"十八景题诗。惟敏慨然应诺，以散曲《双调新水令·题市隐园十八景》相赠。

《南吕一枝花·赠许石城》序介绍了《赠许石城》和《双调新水令·题市隐园十八景》的创作过程。冯惟敏在街边一间占卜的铺子，坐等留台接见，而留台迟迟没有召见，闲来无事，于是借笔成文，即兴成曲。他第一天先写《赠许石城》回赠许縠，第二天再写散套《双调新水令·题市隐园十八景》赠姚涮。

散曲大令《双调新水令·题市隐园十八景》序言部分介绍了冯惟敏与姚涮的交往：

始余客上京，得内交市隐主人。主人方致身清班，顾未尝忘市隐园也。乃以湘帙标十八景，汇诸名家题咏数千百言，示余征词，以备一体……主人既得请改南曹，廊庙江湖，一旦合并矣。乃余以谪居南徐，乘兴诣白门，辄驰诣入园中，历抚十八景，从而赋咏，用赏夙托。复请主人稍更其额曰"仕隐"。

冯惟敏结识的新朋友中，最值得一提的是南曲著名作家金銮。

金銮，字在衡，号白屿，陇西（今属甘肃）人，万历年间卒，年九十，明代散曲家。

这位金先生淡泊名利，长期寓居南京，游吴楚淮扬之间，结交四方豪士，工诗善曲。作为一名"响振江南"（吕天成《曲品》）的南曲创作大家和"长寿达人"，金銮有着达观怡情、物我两忘的坦荡襟怀。和冯惟敏北曲风格不同，金銮散曲曲风萧爽清丽，深挚娇婉，委曲传情，虽多言情之作，但非靡靡之音。王世贞《曲藻》中称他"颇是当家，为北里所贵"。钱谦益《列朝诗集》中说他"诗不操秦声，风流宛转，得江左清华之致"。

冯惟敏在姚涞组织的宴会上结识了金銮,两位南北词曲大家共赴古城金陵,共赴了一场春天的约会。当豪放撞上萧爽,直朴相遇娇婉,无疑会碰撞出文学创作的灵感火花。

他们相邻而坐,并肩促膝,尽兴而谈,动情处放声高歌,彼此都有相见恨晚之意。席上掌声、喝彩声不断,宾主尽欢,令溪山改色。

冯惟敏对金銮推崇之至。金陵词派众家纷纭,在冯惟敏看来,唯有金銮的《萧爽斋乐府》能够笑傲梨园,独占鳌头。

在冯惟敏的眼里,金銮散曲中的每一个字都是那么地精巧可爱,每一段曲调都那么地和谐。那清丽婉转的曲风、清朗的曲调、收放自如的韵律,令冯惟敏赞叹不已,获益匪浅!

还没离开南京,冯惟敏即作《黄钟醉花阴·酬金白屿》赠予这位同行。其序曰:

秋涧雅招,春园好会,得白屿之老友,聆黄钟之希声。宾主馨欢,溪山改色,恨相知之既晚,计信宿之无由。别路匆匆,眷言脉脉。兹者瑶函韬以南昌,清响逼乎东泠。无言弗酬,倡予和汝,即工拙不论也。

冯惟敏散曲以豪放“本色”的北曲为主,但也有描写闺情的南曲,后人给予了较高评价。吕天成《曲品》评价“冯(海浮)侍御绮笔鲜艳”,凌濛初《谭曲杂劄》评价“海浮曲……为丹丘体豪放不羁,为淮南体趣高气劲,为草堂体山林泉石,为香奁体脂粉裙裾,都异样写得出”,其散曲博采众长,风格多变,表现出勃勃才气和多变曲风。这想必是受了金銮等南曲大家的影响之故。

冯惟敏此次重游故地可谓不虚此行,见了一位会元、一位探花、一位拥有“十八景”自家园林的“土豪”兼名人题词收集爱好者,一位南曲大家。他开阔了眼界,开拓了曲境,结交了友人,提高了个人知名度和词坛影响力,得到了提携和启发。

看得见的收获就是他采纳了许毂、金銮等人的建议,于当年整理出版了《山堂缉稿》《海浮山堂词稿》两部作品集。《山堂缉稿》汇集冯惟敏诗、赋文稿,大约在七月刻印完成,八月初一许毂亲为撰序。是年闰十月,开始刻印《海浮山堂词稿》。

在一个华灯与雪月交辉的南国之夜,邢雉山招呼老友新朋为惟敏饯行。冯惟敏作散曲《双调新水令·留别邢雉山》相赠,顺便对此次南京之行作了一个总结:

仆垂髫随宦,皓首重来,慨旧识之无多,乐新知之毕聚。倾盖言志,击节赏音。华灯与雪月交辉,笑语共笙歌杂沸……

忆金陵佳丽帝王州,四十年感时怀旧。看山光泄不尽天地灵,听江声流不断古今愁。单只为四海交游,霎时间同气相求,谁承望利名缰紧拖逗。

......

【尾声】

灵台早晚题章奏,德星今日缠奎宿。俺这里共春风满楼。擅词藻探花郎,慕清议登龙客,乐恬旷谈玄友。恰报到四路诸侯,好共歹难吃受。谢学士把盏相酬,直不上半张纸的功名,吓的我心提在口。

人生之旅漫长又短暂。

惟敏初识金陵,是十一岁的小小少年,见山是山,见水是水,前路璀璨,来日方长。

近半个世纪过去,走了那么多的路,见了那么多的人,尝遍那么多世间滋味,兜兜转转,再回望那钟山风雨,浩荡燕雀,十里秦淮,原来,山还是那山,水还是那水。

滚滚红尘,奔命不遑;浮云一别,流水十年。好在还有山有水,有酒有诗,余生如此,夫复何求!

第四十八章
镇江府学及仰高亭

自南京归来后,冯惟敏对镇江这座山水之城好感倍增,决心安随所遇,乐得日常,扎根镇江,努力开辟工作生活新局面。

他认真考据了解镇江教育和府学发展变迁史,实地考察了校舍及其周边自然人文环境。

镇江自古重视人文教化,办学历史悠久。

南宋汪藻《浮溪集》曰:

镇江有学,在州子城东南隅,经始于太平兴国八年(983年),后五十七年新而广之者,文正范公也。

张扶在《重修学记》中也有类似的记录:

镇江有学,始于大平兴国五年(980年)冬。柳开自常移润,八年秋乃发旧创新,告迁夫子之庙……宝元中,范文正公仲淹,载新庙学,置田养士,迄今赖之。

在镇江教育史上,柳开与范仲淹功不可没,是宋代润州州学兴起、发展的两大功臣。柳开首先开创了宋代州学。时隔五十多年后,范仲淹任润州知州,大力发展润州文教事业,聘请名师,大修学舍,还划拨闲置土地作为州学资产,以增加办学费用,保障学校可持续发展。

时代变迁,镇江府学几度兴衰。明代,镇江府学办学规模、体制等越来越完善。明代宗景泰三年(1452),郡守张岩迁府学于定波门内日精山麓,即丹徒县治东侧。张岩还在山上建了一个亭子,亭子的名字很仙气,称"光风霁月亭"。

关于镇江府学所处位置及周边环境,史料多有记载。如《光绪丹徒县志》:

日精山在府儒学内,明伦堂东,偏近北城下,山面南向,顶宽一丈六尺五寸,其形圆,高三丈三尺有奇。

清代张崟《镇江名胜册页》云:

日精山在府儒学内,上有光风霁月亭,山后古松百馀株,山前老梅修竹,城市山林也。南眺西南诸山,北挽大江,为城中极佳处,左之谯楼,即古之芙蓉也。

冯惟敏散曲《黄钟醉花阴·仰高亭中自寿》序曰:

……草亭初成,欣然命酌。日精月华,金焦北固,诸峰罗列几席,自谓贤于食前方丈远矣。

冯惟敏《双调新水令·又仰高亭自寿》后跋曰:

余以乙丑冬客润州,丙寅作仰高亭于尊经阁之北,旧膳堂遗址也。双柏苍老,对植左右,不知几何年矣。亭少东为日精山,峙于周垣之内;其后为北固山,郡堞依以为雄;近西为月华山,亦峙城中。而日精特为秀异,长松干云,佳气葱蒨。时一登眺,则金焦大江之胜,在目中矣……

总之,冯惟敏在镇江上班和生活的地方——镇江府学环境相当不错。府学左傍日精山,右依月华山,北靠北固山,极目登眺,金山、焦山及长江之盛尽收眼底。校中有山,山中有校,堪称风水宝地。

日精山、月华山、北固山本身即极具浓厚的人文底蕴,完全可以作为学生的历史人文教育教学基地;金山、焦山更是声名远播,吸引了无数骚人墨客前来游历,留下许多传说故事和名篇名作,涵养丰富了镇江的厚重文脉。

根据冯惟敏记载,这"学府三山"尤以日精山表现抢眼。日精山风景秀丽,苍松翠柏,梅香桃红,师生经常来山上的光风霁月亭观景咏诗,吟诵着"日精对月华,儒风振贤路。学人登此亭,悠然见尼父"的前人诗句。

与日精山东西相望的是月华山,亦有诗云:"月华山上月,月月一回圆。明月有今古,青山无岁年。"

两座山上分别建有日观、月观,取日月精华之意。

月华山早名万岁岭。传说东晋王恭曾在山的西南建万岁楼,西北建芙蓉楼。这芙蓉楼更是因为唐代大诗人王昌龄的一首《芙蓉楼送辛渐》而名扬天下。

当时王昌龄任江宁丞,送老乡兼好友辛渐从润州坐船取道扬州,北上洛阳。王昌龄在芙蓉楼设宴,夜听寒雨连江,天亮时远望江船北去,江水东流,楚山孤寂,留下了"一片冰心在玉壶"的千古名句。

日精、月华之名惟敏并不陌生,他幼时随父宦游中都凤阳,在中都故宫的东南、西南位置亦有日精、月华两山。而镇江的日精山(原名商背山)、月华山(原名万岁岭),本来是北固山南坡东西两个高几十米的土堆,因为占了个好位置,看起来像是守护铁瓮城的两个门卫,所以知名度越来越高。之前东晋的王恭修建了万岁楼,开辟了千秋街,到了明洪武年间,不知哪位猛人很有气魄地把日精、月华二山从中都凤阳直接拷贝过来,方位不变,名字一字不差。单从这些地标命名来看,镇江的底气和气度确实自古不凡。

据说以日精、月华命名的山全国仅有三座,而冯惟敏竟亲历两处,这不能不让人慨叹,人生总是充满着奇遇。

还有值得一提的是,在镇江老城的观音桥巷圆通庵北,有大名鼎鼎的内阁首辅杨一清在镇江的家。

杨首辅当年任三边总制时,因惟敏父亲冯裕没有按时到平凉报到上班,曾先后两次调任他人接替冯裕平凉知府一职。冯裕几经申诉,才改任石阡。在镇江任上,冯惟敏没有提到这位当时响当当的大人物杨一清,不知是否与此有关。

杨一清是镇江名人,人称四朝元老,出将入相,文德武功,其才一时无两,堪称有明一代最大的官,自然会在当地留下不少故事。致仕期间,与焦山寺僧妙福禅师是好朋友。明武宗朱厚照南巡路经镇江,在杨一清府上与其乐饮两昼夜。杨一清还借机进谏,让武宗取消了继续巡游江浙等地的行程,其个人影响力可见一斑。到了世宗时期,杨一清竟没能算计过后期明显有些变态的张璁,被气得背部疽发而亡,并且死不瞑目。时明嘉靖九年(1530),冯惟敏年方二十,还在贵州石阡随父宦游。

杨一清墓穴建得很豪华,今尚存,是镇江市级文物保护单位。古墓位于现镇江润州区,大山西麓,友谊水库东岸。墓地周围山清水秀,高楼林立,一派欣欣向荣的景象。杨总制如若有灵,当能瞑目了吧。

新任镇江教授冯惟敏对府学的贡献之一是提议建设了一处亭阁,用于师生讲经论诗之所。

到镇江府学任上不久,对风水学颇有研究的冯惟敏对镇江这座山水之城和蕴含着大学问的镇江府学经过认真的考据和一番实地勘察,报请知府秦明翁同意后,亲自画图监工,很快在府学尊经阁之北,原来的学校食堂旧址,新建亭阁一处,名曰"仰高亭"。

从此,在镇江,冯惟敏有了一处身心寄托所在。

在镇江的第一个中秋,冯惟敏与朋友集于仰高亭赏月,宾主俱醉,枕藉相依。惟敏作《醉月赋》,抒发月与人同醉的快意人生,直到月落西沉,众人还不曾离去。

在镇江过的第一个寿辰和最后一个寿辰,冯惟敏曾于仰高亭中歌黄钟、双调之宫,邀名山五湖为自己庆生祝寿。

散曲《黄钟醉花阴·仰高亭中自寿》:

【四门子】

小亭中说不尽其中妙,喜的是气韵清风致好。黄菊儿开,红叶儿娇,衔一味天香桂子飘。酒盏儿擎,诗句儿敲,独自个称觞颂祷。

······

【尾声】

仰高亭无一点红尘到,也不惹酒圣诗豪。子俺这笔砚琴书,一壁厢申旧好。

《双调新水令·又仰高亭自寿》:

【梅花酒】

正江南秋色澄,恰丹桂流馨,又黄菊舒英。酒淋漓香不断,花烂漫笑相迎,爱青山傍草亭。俺子索剪鲜蔬煮香羹,汲甘泉试茶经,依古调按元声,换新词祝退龄。

......

【收江南】

呀,谪仙人三载到江城,炼丹台千里隔蓬瀛,笑蝇头蜗角一身轻。对良辰美景,正秋来万宝庆西城。

第四十九章
山水一程，不负遇见（一）

冯惟敏天性喜爱山水，其《七里溪别墅（五首）》有曰：

　　弱冠嗜远游，夙婴山水癖。

　　心将跨十州，气已吞七泽。

他早年即随父踏遍大半个中国，跋山涉水，饱览河山。成年后，他赴北京，赏香山；过山海关，登闾山；观涞水，爬西山；三十年隐居临朐海浮山下、老龙湾畔，登泰山、华山，遍攀沂山、云门山、仰天山、劈山、驼山……他始终怀着一种激情去欣赏壮丽的山河画卷。他喜欢那种感觉，踏上高山，俯览江河，激情奔涌，万虑皆忘，诗兴盎然，"登山则情满于山，观海则意溢于海"。

镇江三年，冯惟敏的这种兴致爱好达到了极致。他自言"三年谪宦，两度称觞。中间为万里之游……毕竟携五湖之兴，慕在飞鸿"，"耽诗成夙癖，声价动江关"，"诗得江山助，文兼吏隐名"……

即使已五十六岁，他仍然葆有那种难得的赤诚和奔放的诗情，对生命的激情和热爱。几乎可以断定，在镇江，除了日常公务，冯惟敏的业余生活不是在登山临水，就是在登山临水的路上。

抑或说，作为一地文教系统的学者型领导，徜徉于山水之间，寻踪探幽促进当地文化建设本身就是工作的一部分。

镇江太守秦明翁，也是一位重视人文教化的学者型领导。

秦明翁，即秦淦，字懋清，号明石，慈溪人。秦太守十分赏识冯惟敏的才华和人品。冯惟敏经常陪同他外出考察当地山川风物及文旅事业。

位于镇江城西云台山麓的西津古渡，一度是镇江通往江北的唯一渡口，因为有着相当重要的战略地位和经济文化价值，被秦知府列入首选考察地之一。

西津渡始建于六朝，三国时称蒜山渡，唐人称金陵渡，宋代以后才称西津渡。唐代诗人张祜有一首诗十分有名，诗名为"题金陵渡"，写的就是张公子在游历江南，夜宿金陵渡口一座小楼时所见所思：

　　金陵津渡小山楼，一宿行人自可愁。

潮落夜江斜月里,两三星火是瓜洲。

诗中所称金陵渡,即镇江的西津古渡。

一日,冯惟敏陪同秦明翁来到西津渡考察工作,转来转去,转到了玉山报恩寺。

只见曾经的玉山报恩寺经岁月的风吹雨打早已破败不堪,断木残垣,荒苔颓波。旅游观光的游客乘兴而来,扫兴而归。

见此情景,秦太守沉默良久,唏嘘不已,最后,竟流下了痛惜的眼泪。他对冯惟敏感慨道:"西津古渡,处在北固真正的上风上水位置,每日万舸竞发,千帆归航,连接东西南北之间,堪称海内襟钤,浙西门户。保存、保护好这些古迹名刹,留住历史,记录曾经的繁华,实在是太有必要了。镇江三教九流云集,民风亟待教化,只是现在百废待兴,财政吃紧,实在没有余资搞古寺的修复重建了。"

冯惟敏十分感动,对秦太守说道:"秦大人,得遇您这样仁贤明哲的郡守是镇江百姓之福。西津古渡的报恩寺始建于宋代,为当时郡守程迈所立,都统制刘元鼎重建,后郡守史弥坚改名为'东南形胜亭';元朝大中年间改建为玉山报恩寺;天朝弘治年间,太守王公重建,并增建观澜亭。古寺如今确实已经面目全非,我建议在浮玉亭旧址重修报恩寺,所需资金从民间募集。如果您同意,此事就交由我来办吧!"

秦太守很高兴。

回到办公室后,冯惟敏立马走笔撰文,一篇《镇江府西津渡口玉山报恩寺重修募缘文疏》第二天便呈送太守阅示。

这则募捐文疏充分表现了冯惟敏文赋走笔闳肆、沉稳大气的一贯文风,说古论今,情理交融,感情真挚,主旨鲜明:各位贵官名宦,请捐出您的所余俸禄;一众善男信女,请奉献出您的无量功德;京口来来往往的客人们啊,请留下刘宠之一钱;大家捐助多少不限,有钱的出钱,有力的出力,只要人人都献出一点爱,人人就成了圣人,这世间就变成了美好的人间。

最后,冯惟敏"心誓完修,口占半偈"收尾:

法论重转玉山头,镇静东南第一州。月印江心观色相,清光漾漾水悠悠。

太守和教育局局长亲自抓的项目,报恩寺想必很快就得以重建,以崭新的面貌守护和迎接南来北往的船只和客人。

据史料记载,玉山报恩寺在清咸丰年间一度被毁于战火,光绪年间陆续复建,晚清时更名超岸寺,镇江超岸禅寺现位于城西玉山脚下。

古迹重建工程这件事干得不错,秦太守对冯惟敏愈加器重,有重要的客人来到镇江,或者他自己要考察镇江风物和文化旅游业发展状况,多招呼冯惟敏陪同。

考察最多的地方自然是镇江的山水名胜。

最有名的是金山、焦山、北固山。金山因水漫金山的传说世人皆知,北固山因三国故事名扬千古,但在我看来,这三山之中,最值得称道的是焦山。

冯惟敏似乎爱焦山更多一点儿。

细数冯惟敏在镇江的山水游,游历焦山次数最多,写焦山的诗词也最多,将近二十首。如此看来,焦山还真是一座有文化的山。

焦山的曾用名有很多,如樵山、谯山、狮子山、狮岩、双峰山等。

从这些曾用名可以推断,焦山本来也不过是镇江一座普通的山,山上有樵夫砍柴,山脚有渔人打鱼,山上的石头远远看去像一只狮子……

可因为一个人,让这座山有了一种魔力,真是“山不在高,有仙则灵”啊!

这个人名叫焦光,焦山因焦光而横空出世。

焦光,字孝然,三国时魏国河东郡(治所在今山西省夏县)人。他学识广博,品行高尚,见解通达,是一位精通史学、天文学、中医学等跨学科复合型人才且有信仰、有追求的社会知名人士。焦光在当时很有感召力和影响力,那时候还没有开启科举取士,“焦达人”这么大的名气,自然引起朝廷关注。

当时的大学士郑玄数次举荐他入朝做官,他不为所动;汉献帝刘协下了一道让他到洛阳上班的诏令,诏令还没送达焦府,这位焦老同志唯恐躲避不及,突然举家南下,迅速开启了自驾游模式。

当他“举家万里游”游到镇江一带的时候,眼前突然一亮。但见万里长江,碧波浩渺,一座气势恢宏的仙岛稳稳地立于江心,犹如中流砥柱、镇江之石;山中林木蓊郁,满目苍翠,宛然碧玉浮江,堪称人间仙境。

这仙境就是焦山。

焦光为之心动之余,当即停下脚步,隐居此地。

从此,焦光在焦山(那时候还叫樵山、狮子山啥的)结庐隐居,诗书耕读,采药炼丹,济世救贫,过着自己想过的生活。

可是,他的光芒太耀眼了,当时的汉献帝刘协大概不甘于做一个被“挟天子以令诸侯”的皇帝,急需焦光这样的栋梁之材辅佐。汉献帝一遍遍地派使者请焦光出山做官,可是,焦光都找了各种理由谢绝,最后,干脆对奉命前来请他出山的使者装聋作哑,就是不出山,世称“三诏不起”。

有人说,隐居焦山的焦光不是不愿出山做官,而是猜透了三国鼎立的结局。

不管怎么说,在焦山,焦光把自己活成了真正的“长寿达人”。相传焦光活了一百多年,还有人说他活了一百四十多年,真是活成了神仙。

总之,焦山因为焦光而名扬天下,成了镇江一张靓丽的文化名片,吸引了众多文人大家、高人隐士或前来参观,或真诚访仙问道。这其中包括东晋大书法家王羲之,而王羲之的到来,又为焦山留下一笔宝贵的财富,即"碑中之王"《瘗鹤铭》。

相传王羲之有个爱好,喜欢养仙鹤。一日,他带着两只仙鹤到焦山游览。不料,这两只仙鹤因水土不服而死。痛失爱鹤的王羲之十分悲伤,用黄绫裹了仙鹤的遗体埋在焦山的后山,在山岩上挥笔写下了著名的《瘗鹤铭》,以示悼念。因其书法绝妙,《瘗鹤铭》被镌刻在焦山西边的一块岩石上。

王羲之留下的墨宝赢得了后人的高度赞誉。宋代著名书法家黄庭坚称《瘗鹤铭》为"大字之祖",曹士冕认为"焦山《瘗鹤铭》笔法之妙,为书法冠冕"。如此一来,焦山更吸引了一众名人大家前来游历,纷纷留下墨宝,以至于形成江南第一大碑林——焦山碑林。焦山也赢得了"书法山"的美誉。

还有文人雅士、名人大家流连于焦山,久久不愿离去,有些人干脆步焦光后尘,隐居焦山。他们在焦山上建起了不少禅寺精舍、亭台楼阁,这些建筑掩映在山荫云林丛中,形成"山裹寺"奇观,给焦山优美的自然景观增添了浓厚的人文色彩。

这些能诗词歌赋、善琴棋书画的高僧和隐士中,有冯惟敏的朋友郭次甫。郭次甫亦称郭五游,他有一个对古人来说比较宏伟的人生目标,要遍游五岳。

郭五游与冯惟敏相识于"燕市"(北京,或河北的集市上),二人萍水相逢但一见如故。冯惟敏谪居镇江能得遇故交,十分珍惜这种奇缘,光来焦山访这位朋友大概也不下三次,看来这五游先生当时正走在游历五岳的人生之路上。

屡访故友而不得见,冯惟敏只得以诗为信,留书一封——《柬招郭五游》,让焦山上的一位僧人代为转达:

几度寻幽不厌频,清江浩荡隔风神。郡斋亦有谈玄处,城市非无大隐人。
璧水桥边春雨滑,日精山上夏云新。光阴流转浑无赖,到此闲行任尔真。

在信中,冯惟敏说大隐隐于市,郭山人你还是到我办公室来谈玄论道吧。冯惟敏与这位行事风格和雪蓑有一拼的郭大侠在镇江的第一次见面,最终还是在郡斋。

在镇江,郭五游欲东游泰山,冯惟敏写了两首诗,一首寄行,一首寄情。诗中写道,"五游山人游岱岳,从此岩扉无剥啄","送子游东岳,五月渡长淮。谁言独往人,中道临当乖"。

郭五游又称独往生,喜欢一个人在路上,是世间特立独行的一个奇人,没有得道升仙。毕竟求仙的多,像焦光一样成仙的少。

别说,焦光还真是招皇帝待见。最终把焦光搬上神坛的还是一位皇帝。当然,也只有皇帝有这个本事。

假如焦光有灵,可能会十分感慨。他生前躲过了汉献帝这位皇帝,身后却躲不过另一位皇帝。这另一位皇帝就是宋真宗。

宋真宗就是那位打了胜仗还要签订一个澶渊之盟，向对手辽国资助白银和绢以"助军旅之费"的宋代第三位皇帝赵恒。

赵恒没有寇准寇大人的名气大，大概也没有做官做到了三朝宰相的吕蒙正的名气和影响力，但当时的吕蒙正和寇大人都给人家赵恒"打过工"。

在吕蒙正和寇准等贤人、聪明人的辅佐下，真宗赵恒的社会满意度一直挺高，但因为这个澶渊之盟而导致其个人威信大打折扣，毕竟在这件事中这位皇帝所表现出的"超高人生境界"和"天下大同"的层次视野是一般人不能理解和接受的。于是赵恒很郁闷，郁郁成疾。可喜的是，在病梦中，一位自称是焦光的仙人上殿为他献上灵丹一颗，梦醒后，赵恒皇帝的病居然奇迹般地好了。

病愈的宋真宗赵恒表示很疑惑，于是找大臣来问，才知道焦光的来历非同寻常。为表彰焦光的梦中施药，妙手回春，宋真宗下诏赐给早他几百年的焦光一个谥号"明应公"，还将焦光曾经隐居的山洞题名挂匾为"三诏洞"，并免除了焦山一带的田地差役，建焦公祠、明应公殿等，由地方官员维护、祭祀。从此，焦光成了"明应真人"，被搬上神坛。

这神仙，焦光看来不做都不行，不但要做，还要尽职尽责，每日接受信众和游客的膜拜，特定节假日和一些特殊日子还要加班加点，接受地方官员和新到任官员的祭拜。

这次，赶上了镇江太守秦明翁前来行祭拜礼，陪同人员为镇江府学教授冯惟敏以及相关部门负责人。

神仙焦光"端居"隐君祠接受地方最高行政长官秦明翁的祭拜和任职表态发言。

冯惟敏赋诗《代祠焦隐士光》一首，作为工作记录，同时怀念高贤焦光，感叹千古兴废，启迪教化后人：

每登绝巘怀千古，再拜高贤感废兴。遇主即如商一德，匡时定慰汉三征。
清江犹自存遗庙，旧事惟应问老僧。血食千年昭圣典，恩波咫尺望钟陵。

秦明翁也写了一首诗（不知写的啥）。冯惟敏为表示对郡守的尊重，和诗一首，题目直白明了，曰《奉和郡守明翁同登焦山隐君祠次韵》：

庙貌高居万仞山，维舟沙际共追攀。清凉虚籁僧初定，浩渺危波鸥自闲。
客至乘春如有待，兴来薄暮不知还。流风千载存瞻仰，赋得新诗一解颜。

回到办公室后，冯惟敏诗兴未尽，作《登焦山谒隐君祠次韵》：

山灵自开辟，中古属高贤。磴呫穿云展，岩飞漱月泉。
眼前无大地，象外有诸天。翘首闻笙鹤，飘飘驭列仙。

镇江府文旅部门和丹徒县加大了对焦山的开发建设力度，其中的一个建设项目为丹徒令尹陈侯在焦山绝顶建亭子一处。随着冯惟敏在镇江文化界的知名度与日俱增，亭子建成后，他被邀请为该亭题名。冯惟敏大笔一挥，将该亭命

名为"中天亭",并赋诗一首,诗名《中天亭》:

　　高标迥绝中天亭,仰接赤霄踏巨灵。棲神八极纳五岳,转盼四游低万星。

　　金鳌西盘石齿齿,玉龙东逝波冥冥。千载垂名下山去,蘋花风起香寒汀。

　　估计这中天亭早已不存在了吧,也未可知。

第五十章
山水一程,不负遇见(二)

在镇江,冯惟敏或陪上级官员公务寻访,或与同事文友相约周末短途游,或组织师生春游、秋游,或一个人在路上,何止是"三山五岭八大寺",焦山、金山和北固,如果可能,镇江附近的山山水水,冯惟敏一处也不想辜负。

茶余饭后,闲来无事,迈步即登日精山。他暂离尘务,清风中享受一个人独处的快乐,览景赋诗,诗名《登山》:

闲上日精山,江光隔城入。稍却市廛声,吹裾风习习。

九月九日,客人金野舫来访,时间短暂,登日精山吧。浊酒新诗,茱萸黄菊,西北浮云,江光如练,一样不少。

九月十日,尹遇斋邀约几位同事要搞一个登山比赛,活动地点还是选在日精山。"跻攀偶逐群公后,始觉神游霄汉间",两鬓有些斑白的冯惟敏赶超同僚后,像个孩子一样十分自得。

至于金山、焦山、北固山,也是相看两不厌,秋游到冬,春游到夏。

早春时节,幽花细草,光风霁月,出北郭,登焦山,拜焦光,跟焦真人交流思想,说说一年的工作生活打算。

府学学生兼文友吕勇东邀请同登长山,冯惟敏愉快赴约,作《同吕甬东登长山》记游:

背郭犹踈雨,登山入晚晴。鸟从霞外度,人向画中行。

涧草香初合,江光远更清。一尊相与酌,聊慰故交情。

登完长山,感觉还没尽兴,他们继续寻古探幽,探访招隐兰若。冯惟敏有五言律诗《由长山却寻招隐兰若小憩》记游。诗曰:

不尽登临兴,凌虚四望遥。平田分石溜,古寺嵌山椒。

绿树深啼鸠,蓝舆反度桥。伊余便吏隐,投老莫须招。

探访了兰若寺,继续约游。白天的金山看了好多遍,不如来一次夜游金山。月色笼罩下的金山葱茏满目,庙宇隐约,果然另一番景致。登上山巅,见有小亭巍然,冯惟敏怅立亭中,遥看月光如练,江天一色,清风轻抚,令人心旷神怡,诗兴大发,口占《夜登绝顶留云寺》一首:

亭在丹霄第几层？悠然吾与月同升。望中更觉天无际，立处惟愁地不胜。

风静沉沉闻梵磬，云开隐隐见渔灯。吏情最喜沧州近，欲托幽栖恨无能。

江山峭拔，渔灯淡淡，梵音缭绕。这一切皆沐浴在似水的月光之中，虚幻缥缈，好一方超凡脱俗之地！

第二天，大家兴致勃勃，由金山放舟海门，尽情享受逐浪潮头的感觉。夜晚留宿焦山寺，吕甫东问及声律，冯惟敏现场教学："名家论诗，尤重诗中有景、有人、有事、有情，诗言志，忌言之无物，无病呻吟。其次才是遣词，按韵觅句，再求对仗、比兴、平仄。"说完，他作《同吕甫东由金山放舟海门，留宿焦山寺》，以证自论：

车马驱将三月过，登临无奈故人何。春来春去阴晴半，江北江南草树多。

地接海门飞画鹢，山从水面拥青螺。高情莫以前期负，好向沙头理钓簔。

吕甫东十分佩服，果然人、景、事、情交融，羚羊挂角，无迹可寻，大道至简，大音稀声啊！

在冯惟敏与同事张幼于的诗文互动交流中（《答赠张幼于文学》），不难看出他在镇江的日常及其人生态度：

我来大江之南赋远游，三山之间行复休。……江湖之上足英雄，琴樽以外皆尘土。

行走在山水之间，徜徉于江湖之上，世间万物，诗酒之外皆为尘物，有诗有酒有江湖的快意人生，潇洒啊！

随着冯惟敏在镇江文化界的影响力与日俱增，镇江文坛一石激起千层浪，向着百花齐放的方向健康发展。

好友姚长山找上门来，与冯惟敏商量成立诗社事宜，以带动影响更多文学创作爱好者。经过精心组织筹备，诗社很快成立了。

明嘉靖四十五年（1566），春夏之交，冯惟敏与江万山等几位文友发起成立了文学社团"江城吟社"。

诗社的成立无疑为当时的镇江文坛平添一段佳话，并有可能载入镇江文化史。

冯惟敏有古体诗《高山行奉谢吟社诸公》，记载诗社人员组成及建社概况，其序曰：

江城吟社九人：江万山、陈五山、童三山、王竹区、姚长山、杨云岜、钱孟山、蒋静观，同余饮于长山徐来亭，分韵赋诗见贻。许釜山以村居未预兹会，叨入吟社，得观所作，因言之也。

看来镇江真是不缺山。包括冯惟敏在内，江城吟社发起人共十人，竟然汇集了万山、五山、三山、长山、孟山、云岜、釜山、海浮八座山，外加竹园（竹区）植山边，唯余蒋静观……

由一众山人们组成的诗社直接跟山"较上了劲儿"。社团成立仪式要上山，日常社团活动要上山，不是在山上，就是在上山。

诗社社花为白莲花，因为诗社成立的当天，恰池中白莲盛开。当然，亦取金山"江心一朵美芙蓉"之意，金山、焦山犹如江中两朵莲，还是离不开山。

"江城吟社"活动比较频繁，跟"海岱诗社"差不多的模式，由诗社成员轮流组织召集，确立每期活动主题，分韵赋诗。不同之处在各自社名有所体现，前者侧重"吟"字，限韵分韵，现场酬答唱和；而后者注重"诗"字，注重平时写作积累，集体活动时相互评鉴赏析。相比而言，前者场面感强，直抒胸臆，不事雕饰，后者诗的艺术性似乎更胜一筹。

冯惟敏写作有一个明显特点，那就是快，提笔即来，别人还在那里苦吟琢磨，他这里已经出口成章。

有学者专门做过统计整理，冯惟敏存世诗歌共计464首，其中寄赠酬和之作即占三分之一还多。后人对此类诗作的评价褒贬不一，多认为其中虽不乏质量上乘之作，但因为没有"两句三年得，一吟双泪流"的切磋琢磨，致使作品内涵不够丰富，文学价值不高。

起初，我也是抱着这样一种心态来读这些诗，也曾读出来古代文人之间胡吹互捧、虚假酸腐的味道。

再读，却读出了一种真。写景叙事抒情，诗歌所展现给我们的，不正是诗人生活本来的样子吗？

细读，方慢慢感受到了情。这种情，是冯惟敏发乎天性的那种对生命的奔放的热情，对朋友的真挚友情，对所景仰的文学大家那种毫不掩饰的羡慕之情，以及科举仕途不得志、官微言轻的郁闷之情，还有因此而产生的那种多少带点儿不好意思的难为情……

秋意正浓，江城吟社在鹤林苑举行社团活动。冯惟敏交作业《秋日同社集鹤林苑兼赠聪上人，得来字》，诗名即交代时间、地点、缘由，诗句清新优美，读来动静相宜，形象生动：

浩荡乘秋兴，翱翔作赋才。人从青嶂入，社向白莲开。

《即席仿次诸公分韵之作，因以答谢（十首）》，同样写景、记事，抒怀：

耽诗成素癖，声价动江关。古调应难合，高风信可攀。……尘鞅逃无计，微名缚未休。论文方有讬，感遇岂胜秋。涧道通三径，山花笑九流。何如垂钓者，日日坐江头。

此时此刻，冯惟敏对自己在镇江文艺界的地位倒是颇为自信。

当冯惟敏流连于镇江的秀美风景，徜徉于镇江深厚的文化长河，赋诗漫歌、乐不思归的时候，朝中发生了一件大事。这件大事宣告了一个时代的结束，改变了不少人的命运轨迹。

明嘉靖四十五年(1566)冬十二月,明世宗朱厚熜因服用了方士王金炼制的长生丹药,其长达几十年的修仙之路终于走到了头。嘉靖帝在位达四十五年,在大明王朝十六任皇帝二百七十六年的历史中在位时长排名第二,比排名第一的万历帝少三年。

嘉靖帝逝后的当月,裕王朱载垕即位,改次年为隆庆元年。朱载垕坐上龙椅的第二天,即将因给嘉靖提意见而被关进大狱的户部主事海瑞释放出狱。术士王金以"庸医故用药杀人罪"被判死罪。王世贞父亲冤案也得以平反昭雪,被追认恢复原职。冯惟敏十分高兴,给王世贞写信表示祝贺,特意组织宴会庆祝。

新皇帝组织了全国范围的谒选活动。"江城诗社"也有成员北上参加谒选,即将奔向新的前程。

冯惟敏对新皇帝和国家充满信心和希望。他发自内心地为谋得前程的朋友们高兴,与他们依依话别。如《西津折柳巷送蒋山人(有序)》:

扬子江头杨柳枝,春来春去摇青丝。送君远行为君折,好向东风慰别离。

江南短亭劝君酒,江北长亭一回首。烟水茫茫不见人,婀娜长条犹在手。

同时,他谆谆劝勉将赴新职的友人,在新的岗位上要树立正确的政绩观,不要贪图追求个人显赫之名,而要时刻心怀苍生万民,努力工作,为国效忠,不负圣恩,不负时代。其《送王淮川入觐(六首)》有曰:

海国萧条野色清,孤臣何以答升平?殷勤一点苍生念,不博当朝赫赫名。

道路犹传羽檄频,书生何计息边尘?圣皇侧席思良将,便殿时闻阅武臣。

《同社小集甘露寺,喜王竹区将有谒选之行,分韵赋赠,得心字》曰:

……无复投珠忌,长怀献玉心。凉风清祖道,净境合朋簪。莫负匡时策,还同昔别吟。

镇江知府秦明翁因其平易亲民的良好工作作风和突出政绩,迁湖广副使,再迁贵州提学副使。

冯惟敏五弟冯惟讷诰封三代,祖父冯振、父亲冯裕皆赠通奉大夫、陕西布政使右布政,祖母李氏、母亲伏氏加赠夫人,妻熊氏、魏氏皆获封夫人。

冯惟敏侄子冯子履中戊辰科进士,授固安知县。当真应验了其祖父冯裕当年的祈愿,承其父冯惟重之未竟志向,致君尧舜,齐家治国。

江山代有才人出,一代更比一代强。老将宝刀未老,风采依然;新人渐已长成,未来可期。

一切,都充满着生机和希望。

第五十一章
也当回考官——典聘赴云南

明穆宗隆庆元年(1567),镇江府学教授冯惟敏又接到了一项新任务,被抽调出典云南乡试,担任考卷誊录官。

当了大半辈子考生终于有机会体验一把当考官的感觉,中间还可以来一次公费万里游,即使奔波辛劳,平生酷爱山水、耽诗成癖的冯惟敏大概也乐得此行。

夏天,五十七岁的冯惟敏动身启程,奔赴彩云之南。

他途经南京时,许毂赋《送冯海桴赴滇中校士》为惟敏送行,叮嘱冯惟敏不负组织信任,为国选才。同时,祝愿他旅途顺利,尽情饱览沿途胜景,惬意平生,不负此行:

> 勿谓南中远,长途匹马轻。罗才酬盛世,揽胜惬平生。
> 山色周遭出,夷方各自成。倘过诸葛垒,知尔想南征。

乡试时间为农历八月八日至八月十六日,考点为云南贡院。

贡院位于云南承宣布政使、云南府、昆明县三级政府衙门治所所在地昆明。

镇江距离云南昆明大约四五千里路程。考务工作纪律严苛,程序严谨,冯惟敏最迟应于八月初抵达云南贡院。去程要严格遵守保密制度,更不能接受相关部门和考生的宴请。在那个没有汽车、高铁、飞机的年代,一路辛苦奔波在所难免。

冯惟敏日夜兼程,跋山涉水,遇水渡船,有路跨马,虽然舟车劳顿,但似乎心情不错,兴致挺高。

途中赋《贵竹道中》一诗,道出了沿途所见所感:

> 绕麓围红树,连峰泻素湍。山多心不厌,只是客行难。

景是好景,只是行路难。这似乎也不影响惟敏旅途的兴致。

《月夜进舸》诗成此行。诗中勾画了一幅月夜行船图,大致能够表现出冯惟敏此行旅况和心境:

> 客行不成寐,夜夜在天涯。锦缆牵江月,湘帘织浪花。

沿洄青雀舫,迤逦白鸥沙。岂不怀前路,兼之感岁华。

月光如水,江天一色,一艘青雀舫悠然行于江心。客行人夜不能寐,披衣伫立船舷,透过精致的湘帘,看浪花起舞;一轮皓月好像被船的缆绳牵着一样,若即若离,随船而行;船过之处,偶尔会惊飞岸边夜宿的白色沙鸥,化作星星点点,结伴翩然远去……

此情此景,引发了冯惟敏的羁旅之思。

明嘉靖十六年(1537),冯惟敏举山东乡荐,斩获经魁,一时名起齐鲁,前程似锦。而今,半个甲子已过,人在天涯,双鬓斑白,志向未酬。年少时的疏狂和宏愿经岁月的流水打磨,似乎有所改变,又似乎从来没有改变。一颗滚烫的心从未麻木冷漠,悲天悯人的情怀犹在,诗心犹在。

往事如烟,惟敏感时怀旧,吟咏散曲小令《玉江引•阅世(四首)》,其四曰:

世路悠悠,谁知短共修。岁月如流,忽然春复秋。……生涯只须诗共酒,莫自嫌悲陋。莺花又换新,山水还依旧,这其间要追欢随处有。

江水奔腾不息,日夜东流,一如人的一生,被命运的江水裹挟前行。经过几个月的长途跋涉,冯惟敏如期抵达云南昆明,住进了乡试大比之所云南贡院。这年,他已经五十七岁了。

三十年运途流转,三十年时空转换。当熟悉的场景再一次在眼前上演,考官冯惟敏别有另一番体味和感慨。

云南虽地处边陲,但由于明朝历代皇帝十分注重当地的人文教化,加大教育投入,大力发展教育事业,贡院建设得相当庄重气派,堪称当时昆明城地标建筑。贡院的建设规模、建筑质量等令冯惟敏刮目相看。

贡院坐场阔大,选址十分讲究。用当时云南督抚自己的话说是"地处拱展门之右,背负城墙,面临翠湖,居高瞰下,视若踞虎",是难得的钟灵毓秀之地。

另据《云南通志•建设志》记载,云南贡院"旧在布政司之东,弘治十二年巡抚右副都御史李士实、陈金相继迁于今地。中为至公堂,堂后为监临、提调、监试、考试四房,列以弥封、誊录、对读、供给四;前为明远楼,楼之东西为文场,四隅为漱高楼;益前为仪门,大门门外为旗台,为二坊,左曰'腾蛟'右曰'起凤'。屏垣颇为严固,气势极其宏壮云"。

明嘉靖年间,巡抚顾应祥继续增修贡院。冯惟敏担任此次丁卯科乡试誊录官,就安排在增修后的誊录房里。

八月八日正式开考前,即有考生陆陆续续来贡院门前熟悉考场了。广场上最醒目的是分列大门左右的两座牌坊。东为"腾蛟"坊,内额题"为国求贤";西为"起凤"坊,内额题"明经取士"。

八月八日正式开考。千余考生(三年前甲子科云南乡试与试者一千余人)涌入贡院院门外广场,等候入场。考生们多身后背一个大考箱,胸前挂一条布袋(装卷宗用),在"腾蛟""起凤"牌坊前,排好队形,等着考务人员点名签到,接受搜身检查。搜了身查验了身份的考生则分别从左、右头龙门进贡院,在贡院二龙门前领考卷。

这时,气氛更加严肃了。龙门前正中,坐着监临,这应当是此次考试的总监考官,左右两边坐着监试道和提调道。监临按册点名,考生有序进入考场(号舍)。

值得称道的是,进了二龙门后,就有工作人员(号夫)提供贴心服务,替考生背考箱,并把考生送至各自的号舍内。

号舍内有木板三块,名为号板,每块长三尺多,宽一尺六七,供考生架桌搭床。接下来的三场考试,考生要在号舍内答题、食宿。和现在的高考相比,当时的考试条件实在太过艰苦,以至于被形容为"三场辛苦磨成鬼,两字功名误煞人"。

即便如此,这号舍也不是谁想来就能来的。家庭出身不好、个人有不良记录的想来都不给机会,初选不合格,任凭你名气再大,也一边凉快去。

所以,不管你是"官二代"还是"富二代",要想展现个人才华,更好地实现人生抱负,都要在这号舍里至少体验一把。这里极有可能成为读书人光辉前程的新起点,而且,和之后的宦海沉浮甚至血雨腥风相比,科场考试这点小磨砺实在太过小儿科。

如此看来,古代读书人真是不容易,考不中难,考中了当官似乎更难。

举人的录取率受名额和参考人数影响,每一科并不相同,一般在1%到2%之间。云南录取率似乎高些,如此前甲子科1000多人参加考试,考出举人40人,录取率高达4%,从名额分配比例也不难看出,当时朝廷对云南人文教化和人才选拔方面的扶持和倾斜。

冯惟敏久经考场,对上述考试流程再熟悉不过,在其杂剧《梁状元不伏老玉殿传胪记》中,还生动再现了类似的场景:

规模宏大,明远楼高出广寒宫;法度严明,至公堂压倒森罗殿。天字号,地字号,密匝匝排列着数千百号;东文场,西文场,齐截截分定了一二三场。……紧挨着天下士,前一层,后一层,喘吁吁,闹抄抄,都做了人山人海。进了门,耳边厢喝一声:"仔细搜!"则被他捏捏挪挪,鼓检那袖儿里筵席;过了晌头直上喊几阵:"上紧写!"则被他击击聒聒,比并得眼儿中灼火……

当冯惟敏以旁观者的身份再一次审视这熟悉的场面,脑海中竟然浮现出临朐冶源小孩子们经常爱玩的一个小把戏。在蚂蚁窝里,撒一把小麦麸皮,便会有成千上万的蚂蚁匆匆忙忙跑到窝里争食。二者的情形是何等相似,想到这,冯惟敏不由生出些许莫名的悲哀,有感而作《小梁州·饲蚁有感(二首)》:

无千无万聚庭阶,犯险的惹祸招灾。哪年江省考遗才,人厮跐,多士最堪哀。

纵然吾意无毒害,脚到处众命难捱。撒了把细麸皮,引的他忙成块。喜的是手疾眼快,齐入穴中来。

因为对科考个中滋味有着深刻体验,冯惟敏深知誊录质量事关参试士子命运前程。如果誊录书写字迹清秀,卷面清楚美观,自然会赢得阅卷官的好感;反而,如果字迹潦草,卷面不整洁,容易让阅卷官心情不好,一旦烦躁,把卷子扔出去也是有可能的。所以,冯惟敏十分重视试卷誊录这份差事,他的字虽然不及两位兄长惟健、惟重那么深的功力,但也算秀气,关键是他特别用心,把每份试卷都看作自己的一样来对待,尤其发现有上乘之作,更是顿生爱才之心,倍加上心。

不知是他的用心起了作用还是纯属巧合,到了放榜之日,中举者的录文,竟多出自冯惟敏誊录的考卷。石茂华《海浮冯公行状》有记:

丁卯,聘典云南文衡,所取皆滇中名士,试录诸文多出其手,传艺林中,以为式。

这事确实有些蹊跷。

总之,冯惟敏圆满完成了聘典云南乡试的工作任务,并以良好的工作作风赢得了云南士子们的尊重,在云南文化界也有了一定知名度。但云南风光虽好,终不能久留,乡试考务工作结束后,他很快踏上镇江归程。

是年九月初一,是冯惟敏五十七岁寿辰,他已返程途经贵州地界。贵州的举子为他筹办了生日宴,以示感谢。这也是他担任公职以来,唯一一次由学生及友人组织参加的生日宴会。

第二年的九月初一,冯惟敏在镇江府学仰高亭给自己庆生,作《双调新水令·又仰高亭自寿》,跋语曰:

丁卯,应滇闱之聘,其日方燕集黔国,亦歌鹿鸣之诗,余未之有述也。

在贵州的生日宴惟敏没有专门写诗赋曲一记,是不是喝高了也未可知。

第五十二章
返程镇江

　　这趟云南之旅，是冯惟敏一生中难得的一次游历。往返用了半年多的时间，行程万里，无论是时长还是里程，都创下并永久保持了他个人旅游新纪录。几年后，冯惟敏辞官归田，还时常回忆起这一段难忘的经历。他在《海岳吟社诗叙》一文中写道：

　　余客润州二年，又南浮洞庭，泛沅潮、涉昆明。而还也，乃陟崌峡，下三峡，寻大江之源，览万川之会，放舟上游，复归于润。

　　由此也大致可以推断，冯惟敏去云南时走的是湖广（现湖北、湖南）南线，登黄鹤楼，游洞庭，然后沿沅水、湘水逆流而上。返程由昆明至贵州，经四川，登崌峡，涉岷江，渡大渡河，探寻大江之源，览万川之汇，游三峡，沿长江顺流而下。他一路饱览祖国壮丽河山，探古迹名胜，故地寻访旧友，畅快地体验了一把万里江山万里游。

　　沿途的风景名胜，那些曾在梦里到过无数次的地方，有生之年终于能够得见。诗与远方，此时的冯惟敏似乎都有了。

　　最想去的地方，是石阡；最想见的人，是他阔别三十多年的同学兼挚友杨云堂。

　　冯惟敏之所以不辞云南之行，其中一个重要原因就是要故地重游，见一见少年时的挚友。而杨云堂得知他要来的消息，则早早来到惟敏必经的驿舍，等了他半个多月。

　　三十余年恍如一梦，别时为少年，相见已白头。二人四目相对，惟余泪流，夜深话旧，惟敏感而赋诗：

　　故乡却认是并州，归去荒山忆旧游。垂老逢迎惟涕泪，明时出处任沉浮。

　　乾坤万里谁青眼，驿舍孤灯共白头。相对只疑成梦寐，莫教离别作新愁。

　　在石阡告别杨云堂一家，冯惟敏继续上路。此人此地，料是永别。

　　去黄鹤楼，应该是在冯惟敏去往昆明的途中。

　　他怀着崇敬之情，来到有江夏名士"游必于是，宴必于是"的黄鹤楼。孰料灵境寂寥，仙踪难寻，黄鹤起飞的地方筑起了鸟雀的巢穴，墙根长满了青苔，他

感慨物换星移,今古之变,题诗《吊黄鹤楼》,以寄幽情:

> 空余黄鹤台,一上一徘徊。灵境但悲啸,仙踪已劫灰。

> 短墙巢鸟雀,断砌长莓苔。变幻成今古,怜余独后来。

梦中的桃花源是冯惟敏此次游历"打卡"必选之地。

一入湖南,冯惟敏即沿途打探。进入桃源县,他便直奔县城西南三里的桃源山。其《无题(三首)》记录了他初逢桃源时的惊喜和惬意。

> 行到桃源别有春,相逢不是避秦人。当歌一曲流云住,醉笔淋漓妙入神。

> 江篱作幛药为房,贮得幽人彻骨香。花下诗狂才半醉,不妨呼酒换金铛。

> 别院萦纡一径斜,绮窗绰约洞仙家。寻幽散步浑无赖,看尽阶前无数花。

在武陵,冯惟敏遇到了现实中的小美好。他似乎回到了临朐冶源熏冶湖岸边的竹篱院落,花下醉酒诗狂,小径寻幽漫步,数尽阶前落花,竟将桃源当故乡。

桃源山下有桃源洞,相传此处即为晋人陶渊明《桃花源记》中所记"世外桃源"。

桃源洞一名秦人洞,也称白马洞。洞口有瀑布十丈,瀑水落地成溪,蜿蜒前行约里许,遂流于地下,再北去三里许,与桃花溪合流注入沅江,道家称此洞为"第三十五洞天"。

因为陶渊明老先生的《桃花源记》和《桃花源诗》,桃花源成了不少人梦中的理想国,不少文人大家、词人墨客的精神家园。他们纷纷来此一探究竟,唐朝的李白、孟浩然、王维,宋代的王安石、苏轼、朱熹都来过,前朝历代来此并留下诗文的名人大家不下百人。到了冯惟敏所处的明代,在桃花源留下姓名和有桃花源诗文作品问世的诗人、仕宦将近七十位。其中,王守仁来过,而今,冯惟敏也来了,留下了《桃源洞(三首)》:

> 古道荒祠迹已陈,桃花潭水委荆榛。洞门不是难寻觅,圣代应无避地人。

> 一入山中不识年,四朝三国总茫然。世情自是难相近,为谢渔人莫浪传。

> 花落花开春复春,耕田凿井自乾坤。秦皇驾海求仙药,不逐桃花一问津。

据说,宋代是桃花源最鼎盛的时期。元代,桃花源被战火毁为一片废墟。明代,桃花源时修时毁,时兴时废。

冯惟敏不巧赶上了桃花源毁废不修的年代。他笔下的桃源洞,古道荒祠,满目荒芜。好在桃花潭水依旧,桃花源所承载的精神之魂依旧,那种耕田凿井,自给自足,花落花开,回归最简单自然的生活方式,是冯惟敏终其一生所向往的。

桃花源虽好,看看即可。现在的惟敏还是要回到镇江,回到工作岗位,回到现实生活。

明隆庆二年(1568)春正月,冯惟敏由云南返回镇江。

经南京,先去拜访许毂、邢雉山等,他顺便把云南出差带回来的纪念品和写的诗文送给他们。许毂十分高兴,赋诗一首,祝贺冯惟敏顺利归来。

海桴自南中校士还

　　　校士返滇池,重来问故知。浮游山水胜,来往岁华移。

　　　王化无中外,民风杂汉夷。归囊无长物,大半是新诗。

　　在南京,惟敏巧遇欧大任。欧大任《白下遇冯汝行》一诗,记录了二人相遇时的惊喜和深厚的情谊:

　　　三载惊初见,天涯岂有期。还招金马伎,满筐白狼诗。

　　　行役怜鞭珥,才名感鬓丝。暂维京口艇,别去益相思。

　　不出所料,云南之行,冯惟敏最大的收获还是诗。

　　回到镇江的冯惟敏很快接到了一个新的工作任务,以郡博士的身份到南京参与撰修《世宗实录》。

　　由此看来,这府学教授一职的确是个闲差,有临时性工作任务随时可以抽调。

　　云南府学需要抽调考官,冯局长你去吧;现在要给前任皇帝修实录,这活儿别人真干不了,只有冯局长你能行,麻溜地去南京报到吧;实录还没修完,丹徒知县临时缺位,这个没人顶上真不行,老百姓告状都告不成了,还是冯局长最适合。于是,惟敏又多了一行工作履历,"没来由带管丹徒县",时间三个月。

　　冯惟敏任镇江府学教授整三年。这三年,他除了圆满完成本职工作,积极为振兴当地的文化教育事业贡献自己的聪明才智之外,还屡屡被抽调承担其他重要临时性工作。对这些临时安排,除了暂理丹徒知县一职略有畏难情绪之外,其他工作冯惟敏均能够愉快接受,圆满完成。

　　在南京修《世宗实录》时,冯惟敏一如既往地发扬了他修《临朐县志》的修志治学精神。他广泛搜集第一手资料,尊重历史,尊重事实,尤其注重弘扬正能量,大力标榜忠臣义士的高风亮节,从而得到了编纂领导小组组长、督学耿楚侗公的高度肯定和褒赏。

　　这年夏天,冯惟敏还认识了一位编辑朋友,准确地说,是一位编辑来镇江找到了冯惟敏,联系为惟敏出版诗集一事。

　　这位编辑朋友即《盛明百家诗》的总编俞宪。俞宪是江苏无锡锡山人,与惟重、惟讷是同年好友。当时,俞宪正在收录全国各地有名望的诗人诗作,汇编《盛明百家诗》,于是趁回家探亲的机会,专程来镇江跟冯惟敏商定选录《冯海浮集》相关事宜。

　　俞宪拿出他为《冯海浮集》写的序,让冯惟敏过目:

盛明百家诗·冯海浮集·序

　　青州之临朐有四冯君:长冶泉惟健,次芹泉惟重,次海浮惟敏,次少洲惟讷,皆宪副公裕之子。予同榜者,重与讷也。讷与予尤善,尝语诸兄学行多推海浮。予参东藩,海浮忽为一巡院所虐,逮系省城,因得纵观其诗文,然未有集也。故尝刻少洲诗,而不及海浮。比得其集并南游诗数十篇。其所指巡院即《七歌行》自注"墨吏煽惑齐鲁间,六郡甚苦之,予亦致至历下,良久乃解"者也。盖嘉靖丁戊间段侍御顾言云云。海浮字汝行,尝由乡贡士令涞水,改教润州。隆庆戊辰长夏,锡山俞宪识。

冯惟敏读罢,十分感慨。所谓祸福相依,行春风而得桃李,当年被逮入狱,竟让俞宪记住了自己;几十年笔耕不辍,才使得诗作被收录《盛明百家诗》。这不能不算是一份奇缘。

俞宪在为冯惟敏诗集所撰序文中,专门提及段顾言。本着除恶务尽、"落水狗要痛打"的斗争精神,冯惟敏并没有将涉及段顾言的这段文字删去。段顾言便被刻印在《盛明百家诗》中。段顾言这酷吏之名恐怕是抹不掉了。

第五十三章
赴任保定府

在镇江，冯惟敏始终保持了一种昂扬向上的生活工作状态，广交朋友，服从领导，最终凭借自己扎实的文字功底、较强的工作能力以及出色的工作表现，得到了上级领导的认可推荐，被朝廷提拔重用。

明隆庆三年（1569）春，吏部的任命文书送达镇江，五十九岁的冯惟敏升任保定府通判，职级由从九品一跃升至正六品。

通判又称别驾，别驾即别驾从事史，初设于汉代，是汉代州刺史的佐官。因其地位较高，出行时可以不与刺史同车，别乘一车，所以人们习惯称呼这一官职为"别驾"。

通判一职初设于宋初，是宋太祖赵匡胤为了加强对地方官的监管而设。其主要职责是辅佐州府长官处理政务，对兵民、钱谷、赋役、狱讼等"三重一大"事项持有一票否决权，也就是说，州府的决策命令须通判签字同意方能生效。

此外，这通判还负责向皇帝汇报官吏履职情况。可见虽然是副职，但通判一职的地位还是很特别的，是身兼行政与监察两大职能的中央特派干部，由皇帝亲自任命。

能入皇帝法眼的人自然都有过人之处，如苏轼就做过杭州通判，王安石做过扬州通判，陆游做过镇江通判。

因通判的职责和别驾相类似，人们仍习惯称"通判"为"别驾"。

到了明代，各府继续设通判一职，但其权力已经削弱，类似政府秘书长一职，和同知共同辅佐知府开展工作，主要分掌军籍、治安、粮运及农林田水利等具体事务，相当于州府副职，虽然职责不一样了，但别驾这一称呼一直沿用下来。

由府学教授一跃而为地市级副职，冯惟敏的学生、同事和朋友们纷纷向他表示诚挚祝贺，依依不舍地为他送行。

许毂有《送冯海桴教授赴保定兼讯少洲方伯》，表达对冯惟敏的祝愿：

……霄汉羡君联羽翼，山林容我伴烟霞。还乡使节知相遇，好坐鸽原咏棣华。

莫如忠（南直隶松江府华亭人，师从唐顺之）有《送冯子游燕都（二首）》相赠惟敏：

纶竿抛却欲何之，回道长安已梦思。怪道九流争结辐，亦知明主好文时。

四海空囊漫去来，晚投燕阙更怜才。逢人莫便弹长铗，试过千金买骏台。

最让人感动的是府学的生员和镇江的一众文友们。冯惟敏走的那天，他们一直送到江边，目送惟敏登上北去的客船。

冯惟敏流下了感动的泪水。

因为，他隐约听见人群中传来了抽泣声。开始是个别人，由于个别人的真情流露，进而感染到了其他人。大家哭声一片，那一声声带着哭腔的"珍重"里，蕴含了彼此间最朴实真挚的情分。

这真不是我的杜撰，石茂华在给冯惟敏写的行状里有记："濒行，诸生多泣送江浒。"

这令我惊叹于冯惟敏的朋友之多、师生朋友间情谊之深厚、古人感情之丰富……

这不，行到扬州，好友欧大任早已恭候多时。

在扬州，冯惟敏与欧大任依依话别，互相激励。欧大任作《送郡博士海浮先生擢保定别驾序》，并赋诗《冯汝行赴保定别驾过广陵赋赠五首》相赠：

高生击筑和燕歌，客似田光侠气多。行向部中询政事，千山风雨下溏沱。

带着学生们的祝福，朋友们的激励，冯惟敏挥手告别江南。

关于此后的行程，他也有自己的打算，先顺道回临朐探亲，然后再赴任保定。毕竟，他已经三年没有回家了。

巧的是，途经山东郯城时，冯惟敏遇到了五弟冯惟讷。

原来，冯惟讷由陕西右布政使调任为江西左布政使，从陕西任上回青州探亲，又从青州赶赴江西，这才使得兄弟相会郯城。

兄弟二人自然有喝不够的交心酒，说不完的知心话。

冯惟敏把他在镇江刻印完成的《海浮山堂词稿》《山堂缉稿》送给惟讷，还特别提及俞宪专程到镇江约稿入编《盛明百家诗》一事。惟讷也谈起自己在学问方面也是一刻也不敢放松，在繁忙的公务之余，全力以赴编刻《古诗纪》。惟敏对五弟的这项巨大文化工程赞叹不已："五弟呀，你今已是朝廷重臣，还能如此勤于学问，兄长确实为你高兴。你的功名成就，莫说是居我兄弟之首，就是放眼齐鲁，也难出其人。父亲若在天有灵，定然欣慰。"

冯惟讷说道："四哥，咱们兄弟当中，若论文采辞章，非首推兄长您莫属！以弟愚见，将来能够在文坛上留名的，定是四兄您啊！"

所谓"酒逢知己千杯少，人逢喜事精神爽"，更何况这知己还是感情笃厚的亲兄弟，那种敞开来喝酒、敞开来谈心的兄弟情谊实属难得。让人羡慕的是，他们都活成了彼此欣赏的样子。

谈及仕途前程，作为兄长的冯惟敏虚心向冯惟讷请教："愚兄秉性疏狂，不善官场周旋，如今调任保定，与涞水近在咫尺，心中多有忐忑。还请五弟指点，该如何才能不负圣恩，不辱家传？"

冯惟讷神色郑重，推心置腹地说："四哥，为弟也谈不上什么官场经验之谈，惟守住本心而已！这本心就是做人的良知、做官的本分，务实尽责，知止守静。为弟在五品任上干了十五年，口无怨言，尽忠尽职，终得升任。后来，任山西布政司右参政，分守冀宁道，掌管粮运，历尽艰辛而圣上不知，被降职为浙江提督学政，我也不曾多加辩解。再后来，冀宁道后任催缴粮赋不力，二十八县欠粮甚多，为弟之事才得以辨析，升任山西按察使。宦海沉浮，实乃常事，官场中人，只有守住本心，就不怕风急浪高，亦能海阔天空，去留随意。"

冯惟敏点头，应和道："依愚兄之见，五弟的守住本心，最紧要的一条是莫贪。莫贪才，莫贪利，莫贪权，一切随缘，进时进，退时退。"

冯惟讷不仅推崇惟敏的文采，对惟敏官场清流般的做派也很是钦佩。同时，他对惟敏耿直疏狂的秉性是既欣赏又担心，毕竟鱼与熊掌不可兼得，对一位诗人词家来说是长处的品性，恰恰不适合仕途。

兄弟二人分手前，已是从二品地方大员的冯惟讷免不了再叮嘱激励惟敏一番："这保定通判一职，毕竟属辅佐知府的副职，所掌管钱粮、水利等一概事务。四哥在涞水任上多有历练，凭四哥之才，定能从容应对。唯保定地属京畿，昔为冀州之城，自古英雄必争之地，而今及至我朝，则拱卫京师，控扼三关，为襟为喉，官员言行，动辄牵连京师。此地远非镇江，赴任之后，四哥您可多与上峰报告，慎言慎行，可退可进，退可保平安，进则可有升擢！"

事实证明，冯惟敏才管不了那么多，不管是出仕还是归田，该说的话始终是要说的，该做的事始终要做。

在保定任上，他历陈保定"十六害"，为己逝忠臣杨继盛出文集，做他自己认为值得去做的事，哪管那么多一时的利害得失。而那些一时的失，恰恰也成就了冯惟敏，成了几百年后还闪耀在他身上的光。

以上是冯惟敏到达保定后的事，现在的冯惟敏正和五弟依依道别，奔向各自新的征程。

兄弟间的相互激励，朋友们的真诚祝福，进一步激发了冯惟敏的工作热情和干劲，他对自己和新朝的未来充满了信心和期待。这种澎湃的激情和冲天的干劲都化作了铿锵的诗句，写进了《燕州别驾行》一诗：

少小学狂儿，功名富贵何足为。束发攻词赋，此身肯为儒冠误。但知世上有英雄，岂必床头守章句。东海之滨，南山之垠，耕田凿井歌帝仁。长年愿作无怀民，不愿出为唐虞臣。一朝乡里相驱迫，横加束缚婴其身。九叩天阍，一宰山县，千里移官，万里乘传。自知辗轲良苦辛，他人为我伤贫贱。圣明天子践明堂，股肱惟良庶事康。小臣碌碌思激昂。吾当行,君出祖,酒酣拔剑为君舞。江南信美非吾土,六我豪华安足数。燕州别驾气若虹,不知塞外与塞中。

孰料,这种革命的热情在冯惟敏回到临朐家中后竟然很快消磨了不少。老朋旧友,天伦之乐,粗茶浊酒,田园风光,竟然让他产生了深深的依恋,还萌生了不想赴任的念头,以至于一再推迟行期。

冯惟敏至少大半辈子都徘徊在隐与仕的矛盾之中,真是世间安得两全法,不负山水不负卿啊!

直到保定知府贾淇接连写了两三封信,催促他抓紧赴任报到,冯惟敏这才告别家人,启程前往保定。

春三月,冯惟敏再一次踏上河北的土地,真是在哪里跌倒,就在哪里爬起,即使再一次跌倒,也无所惧怕。

当然,这一次,陪伴冯惟敏一同来的,还有他的次子子升。毕竟年龄不饶人,真的跌倒,还得有人来扶。

第五十四章
躲不过去的差事

跟知府报了到，冯惟敏这才恍然大悟，原来自己之所以那么重要，以至于要让知府贾大人接连写信催促赴任，是因为保定有一个大活儿早就等着自己来接手了，这个大活儿就是牵头编修《保定府志》！

只见贾淇贾大人满面春风，过年的话没说几句，就笑呵呵地对惟敏说道："冯通判海浮公啊，你真是来得早不如来得巧啊！"

这话说得惟敏一愣一愣的。

贾大人继续揭开谜底："本府奉檄纂修《保定府志》，至今迟迟不能推进，实在是没有得力的主纂人选之故。吏部调你来任保定通判一职，正解了我燃眉之急！海浮公誉满海岱，名扬江南，主纂过《临朐县志》，参编过《青州府志》，这《保定府志》主纂非冯通判海浮公您莫属了！"

冯惟敏不由得心中思量："咦，底细摸得挺清楚啊！说好的分管水利、钱粮、军籍呢？保定那么多的英才俊杰，啥时候轮到俺一个靠谒选才混来一官半职的举子担此大任？此事定有蹊跷！五弟再三叮嘱我要谨言慎行，凡事留有余地，况且这修志之事太过烦琐烧脑，自己断不能匆忙应承。"冯惟敏一边暗自思忖，一边笑着回应："知府大人，保定府乃上邦之地，人才济济。我只不过一介举子，恕属下实在无能担此大任啊！"

然后，任凭贾知府怎样晓之以理，动之以情，惟敏都不为之所动，终力辞得脱。

事后，冯惟敏经过私下了解，终于得知保定修志一事难以推动的原因了。

按理说，这《保定府志》确实应该续修了。

保定旧志修成于成化八年。一百多年过去，经四朝三世，再没有续订。期间人物废兴、典章法度、历史沿革，都没有系统完整的资料可查，这让当地的一位名人十分着急。

这位名人就是孙慎。

孙慎，保定府满城县人，爷爷孙濂是保定左卫百户。孙爷爷十分注重对小孙慎的教育培养，孙慎本人也聪明好学，没有辜负他爷爷的栽培，考中了明嘉靖二十三年(1544)进士。当然,那一年,三十岁的冯惟敏也去参加了会考,可惜没能考中,不然,就和孙进士成了同学。

这孙慎善诗文,年轻时倜傥豪迈,从政后十分注重文化传承工作,归隐后热衷于捐资助学、修桥铺路等公益事业,历官至御史大夫。

嘉靖三十二年(1553),孙慎仕途顺遂,终于有条件去实现自己多年的夙愿,续修《保定府志》。

他推心置腹地和他的副职,莆阳人林爱民谈及修志事宜,得到了林爱民的积极回应,很快安排编修工作,搜集资料,调研考察。

可惜的是,修了不长时间,因为人事变动,林爱民调走了,保定修志之事随即被搁置。这一耽搁又是十几年。

这期间换了皇帝,保定知府也换了好几茬,因弹劾严嵩入狱并最终被执行死刑的保定府荣成县人杨继盛,也得到了平反昭雪。

世事变迁,孙慎修家乡志书的念头却更加强烈。当然,此时的孙慎已经是正三品国家公务员,任都察院右副都御史,有了完成多年心愿的人脉和能力。

孙慎把续修《保定府志》一事又一次交代给了他的一个下属,当然,这次的下属是何东。何东当时正以桌台的身份督导保定等府。他毫不客气地将续修《保定府志》列入朝廷巡察督办清单,安排保定府抓紧推进。

中央督导组亲自开列督办的重点工作,地方政府自然相当重视。贾知府十分尽心尽力,忙着寻找合适的府志总纂人选。可惜,找了几个,没人愿意干。

其实,也不能怪大家不愿意接这个活儿,大家心里有个小九九也是可以理解的。续修府志,杨继盛是绕不过去的一个重要人物,虽然定杨继盛死罪的罪魁祸首是严嵩,可最后同意的是嘉靖。先帝朱厚熜尸骨未寒,皇亲国戚还有一大群,这犯帝忌、得罪人、自找麻烦的差事一般人真的不敢接。

冯惟敏连个进士都没考上,在人才济济的京郊一带,自然更是一般人。搞明白了这些事,这府志的总纂,自然也不接。

于是,冯惟敏正式履职保定府通判,负责征收税赋、农林水利等工作。

天公不作美。

这年,"燕赵齐楚大水"。燕赵大地更是淫雨为灾,农田被淹。作为分管领导,冯惟敏立刻奔赴抗洪救灾第一线。

一天,他乘坐小船,深入州县寻访民情,指导各地赈灾自救。中午,一行人泊船安州,事毕,不辞辛劳,奔往雄县。所到之处,洪水泛滥,在春天大旱之后迟种的庄家,此时全被大水淹没,一路老幼悲啼,令人不忍耳闻。

冯惟敏坐在颠簸摇晃的抗洪舟中,远望浩荡无垠的水面,恍惚间梦回江南,他内心有种说不出的悲悯惘然。其诗集《石门集》中有两首诗作于此时,对此事有所记载。其一曰:

地利三秋尽,波光四野涵。帆樯通冀北,风景似江南。

岁事复如此,民生何以堪。临流无治策,顾影自知惭。

冯惟敏对百姓的疾苦感同身受,为自己作为朝廷命官面对洪水肆虐而没有好的治理之策而深感自责。他能做的,只有向朝廷争取免去当地赋税,让百姓在大灾之年稍有所安。

他以对事业高度负责任的态度,积极履职尽责,充分发扬实事求是、以民为本的良好工作作风和正确的政绩观、事业观,殚精竭虑,经过深入细致地调研了解,总结梳理了影响保定地方发展和国计民生的断点、堵点问题,共计十六条。他对这十六个方面的问题逐项条分缕析,提出自己的整改建议,洋洋洒洒万余言,以求革除积弊,力推改革创新,积极打造有为政府。

这十六个方面的改革建议为:革手书、通折纳、并花户、给簿由、革大户、顺里甲、验封贮、革库役、立比革、先豪强、平秤兑、革代备、革解户、遵类解、减耗费、缴批关,其中"革"字出现频率最高,共五项。其他如户役、赋税、国库管理等方面,或立或废,均有涉及,大略囊括了惟敏所分管工作的方方面面。

这改革"十六条"得到了上级领导的认可和高度评价。

隆庆《保定府志·户役志》对此事有所记载。时任巡抚组织有关人员对惟敏的调研报告进行了讨论,并朱批签署了书面意见,对保定府上下同心,敢于刀刃向内,勇于革除工作中流俗积弊的决心给予了充分肯定,对通过此事而反映出的保定府衙广大干部耿介高洁、光明磊落、忠君爱民的品性给予高度褒扬,原则同意相关意见建议,责成府衙在充分论证基础上形成具体改革方案,报请上级部门同意后实施。

报告同时呈报钦差总理兼地方兵备使何东审阅。何宪使表示完全同意,认为这是一项"厘奸除弊,立法便民"的改革创新举措。同时,何宪使还强调,报告针砭时弊、切中要害、思路清晰、措施可行,建议府衙先从亟待解决的方面入手,进一步优化工作方案,报请上级定夺后尽快落实。

只可惜,改革难免要革掉一些人的利益,加上当时的京畿一带不时有蒙古兵骚扰,大家忙着打仗救灾,冯惟敏还不得不接手了府志编纂这个大活儿。改革"十六条"渐渐被束之高阁,冯惟敏的施政之策最终没能推进实施。

冯惟敏在《修〈保定府志〉后记》中交代了他同意牵头编修府志的大致经过:

居无何,河中本庵杨公督学中州,经郡询志,知余之辞而免,则谓守曰:"不作志,使摄有司之缺。"守以县官缺对,盖苦以所难云,余惧而勉承焉。乃遴校官弟子员若而人,开局执事……

文中所提本庵杨公,即中国传统道德故事"花盆埋金"第三代传人,故兵部尚书杨博之子,时任河南提学副使杨俊民,本庵是杨公子的号。

冯惟敏乘坐"冲锋舟"穿梭于抗洪一线之际,杨俊民也在忙自己的事情,要去河南督学。

路经保定府时,杨督学顺便督导了一下《保定府志》编写进展情况。当得知最适合这项工作的冯惟敏不服从安排,导致府志编写停滞不前时,他十分不高兴,对郡守贾淇说:"如果冯通判海浮不愿意编修府志,就让他去补其他职位之缺吧。"

当时,恰好满城知县一职空缺,亟须调配一位干部去补差。

冯惟敏一听,督学大人还有这招等着自己,心中难免有所盘算:自己在涞水任上栽了跟头,一朝被蛇咬,十年怕井绳,对填满城知县之缺的畏惧远胜于编府志,两害相权取其轻。他思来想去,便硬着头皮接下了府志编修这一艰巨繁杂的任务。

看来,这杨公不愧是名门之后,"官三代"的优秀代表。他深谙官场调兵遣将之道,对地方干部底子摸得清,脉把得准,能够轻松驾驭复杂局面,处置棘手问题。他仅用寥寥数语,即为知府贾淇扫清了地方志编修道路上的人为障碍。这还不算,他还留有后手,当惟敏调兵遣将,正式铺开摊子,使得志书编修工作很快进入高效运作阶段之际,又收到了兼理满城的正式公文。

总之,两样活儿,冯惟敏一样也没脱得开。这让人不得不佩服杨俊民高超的领导艺术。

实践证明,这本庵杨公确实是位不可多得的人才。后来,他历任兵部侍郎(国防部副部长,主持工作)、户部尚书(财政部兼民政部等部的部长)等重要职位,被授予少傅兼太子太傅的崇高荣誉。

而曾经对编修府志有畏难情绪的冯惟敏,其实和这位杨公有着一样的优秀品质,那就是尽职尽责、不负重托,任何时候都能够坚守内心的良知与是非曲直的自我判断。

冯惟敏此次编纂《保定府志》工作历时近三年,全书共有四十卷。该志书史料翔实,质量上乘,传承了地方文化,弘扬了正能量,最终圆了御史孙慎的修志梦,也为冯惟敏在《保定府志》编纂史上留下了浓墨重彩的一笔。

石茂华《明故保定府通判海浮冯公行状》对此事的评价还是比较实事求是的:

倾,复有郡志之役。延听殚虑,卒成不刊之典。杨忠愍先朝死忠之臣,公哀集其遗文刊行于世,且勤恤其家,其崇尚忠节类如此。

冯惟敏在《(隆庆)保定府志·修志自叙》记载:

作志始于己巳之秋,告成于今,近三年矣……逮余改官,膏车之日,始稍稍印布焉。

期间,因为身体原因及其他方面因素,冯惟敏几次提交辞职申请,上级都不批准。主要原因就一条,因为府志没有编成;冯惟敏调任鲁王府士师的工作令下了一段时间,知府仍然不让走,原因是府志还没印完,喝了完工酒再走不迟。

原来,冯通判海浮由大江之南一路北上,来到这"北控三关、南达九省、地连四部、雄冠中州"的"通衢之地"保定府,真的是来修志的。

两袖清风归去好（一）

在保定的日子，冯惟敏无疑是充实忙碌的。

明隆庆三年(1569)，大约在七月，《保定府志》编修工作正式开工，办公地点设在保定府城外永宁寺。

接手府志主纂任务后，冯惟敏更是一心扑在事业上。他把抗洪救灾和纂修府志工作很好地结合在一起，一边访贫问苦，为民解忧，履职通判之责，一边采集民风，掌握第一手资料，殚精竭虑地编修府志。

中秋节都不休息。

凌晨，为采集府志资料挟风裹雨出门；夜晚，回到永宁寺，望月不见，心系苍生。其《中秋诗》写道：

(序)永宁寺同三广文望月，时在寺修志，而是秋大水。

秋光恰半当三五，凌晨出门挟风雨。不愁零雨沾我衣，今宵无月谁为主。……

其散曲《仙吕点绛唇·郡厅自寿》则比较详细地记录了他来保定半年的日常工作和思想体会：

己巳(1569)菊月，余至保郡越半年矣。每念桑梓在东齐，而余又西来；余弟治江南(时惟讷在江西左布政使任上)，而姪领北县(时子履任直隶固安知县)，或远或近，均莫之聚也，恒切忆之。是岁燕赵齐楚大水伤稼，而吾家佥有贡赋之职，不易报塞，更想念也。自筮仕壬戌(1562)岁，初度皆有述，在郡无与偶者，乃赋此以自广。

甲子将周，壮怀依旧。人长寿，知命无忧，五十今增九。

【混江龙】

等待的黎明时候，俺子索鸡鸣而起早梳头。可正是高秋属序，朔旦焚修。投至得文庙行香先报本，瞻拜了城隍土地祝神休。众官僚升堂公座，唱一声击鼓排衙，两边厢分班伺候，各衙里人马平安。子俺这黄堂佐职钦除授，统领着三州刺史，兼管着十七诸侯。

【油葫芦】

序立着官吏师生齐拜手,众乡耆谨叩头。俺子索采民风询民瘼解民忧,修德弭天灾,黎庶无逃走。蠲税感皇恩,老幼长相守。只愁政不行,那怕岁不收。不移时德意溥仁风透,端的是和气满神州。

【天下乐】

俺子见圣旨传宣五凤楼,漂流,百姓每愁。众臣工急将德政修,尽安民一点心,释官家万里忧,吃紧的救幽燕十六州。

【那吒令】

爱民心已周,遇荒年不愁。敬天心已投,致中和有由。报君心已酬,望神京稽首。答谢了圣主恩,祝赞了皇王寿,保山河万载千秋。

【鹊踏枝】

消缴了小民愁,分破了帝王忧。宰相每燮理阴阳,不枉了黼黻皇猷。方显得功名不朽,这其间与国同休。

……

【六幺序】

叹骨肉三千里,望云山十二楼,那里也拜家园数亩松楸。念功名泛梗浮沤,觑人情飘瓦虚舟。那里也兄弟相求,子侄从游,诗酒交酬,笑语绸缪。望不断斜阳衰柳,挂离怀天际头。

【赚煞】

想吾生岂偶然,把今古闲穷究。到大来天长地久,看了些千载英雄冠九流。感明时梦见伊周,荷天休,上下交修,乞求的为民为国跻仁寿。望年年有秋,愿家家好收,这的是微躯此外复何求?

这套散曲并不难理解,字里行间洋溢着对新皇的感恩、对朝政的赞美,甚至连宰相(指此时的内阁首辅李春芳)、众臣工等都受到了惟敏的褒扬。在肆虐的洪灾面前,大家上下一致,广施德政,安民心,解民愁,替天子分忧,让保定大地呈现出一片德广仁厚、和气满神州的祥和气象。这种曲风在冯惟敏此前众多诗赋词曲当中,实属难得一见!

心态决定状态,心态决定格局。此时的冯惟敏,心态竟比干镇江教授时还要好!

他壮怀依旧,精神抖擞,敬天爱民、致君尧舜的少年志气在甲子将周之年一得施展,对烦琐公务和千篇一律的州府会议也不厌烦,故园千里、骨肉别离的思念之情也消解了许多。惟敏这五十九岁寿辰,实在值得庆贺!

冯惟敏给自己庆祝完五十九岁生日后,又精神百倍地投入繁忙的工作之中去。他风雨兼程,白天为府志和公务寻访奔波,晚上还要费力劳神地加班,写稿、审稿、定稿,而身边只有儿子子升陪伴。在北方寒冷的冬天,冯惟敏患上了严重的伤风感冒。

患了重感冒的冯惟敏"小病不下火线"。因为外出时不能及时熬药喝药，感冒久拖不治，导致病情越来越严重，发展为"脑疾"，也就是头疼病。

明隆庆四年(1570)冬末春初，冯惟敏终于病倒了，修志一事不得不暂停。

工作也不顺利。朝局有变，大家都忙于各自的前程，人事变动频繁，冯惟敏费尽心思提出的十六条改革之策，在得到上级领导批示肯定后再也没了下文，他的心中有说不出的失望和无奈。以至于连赋诗唱曲都顾不上了！

看来，身体真是革命的本钱。心态虽然重要，但如果没有一个好身体，想有一个好心态，挺难。

明隆庆四年(1570)春节左右，受身体和时局的影响，冯惟敏的心态发生了转变。他似乎不再那么积极向上、奋发有为，而渐渐流露出消极被动的情绪，身体和心态都不好了！

春节过后，冯惟敏一直在保定府治病养病，与药钵相伴。

一日，他倍感无聊，怅然若失，十分怀念冶源山中的日子，想念在老家的悠游岁月。这倒让他在搁笔几个月后，难得有了创作的冲动。

病中的冯惟敏在病榻上小试牛刀，写了散曲《双调新水令·庚午春试笔》：

从今花甲一周遭，可又早六旬来到。生辰非将相，赋质本渔樵。误脱蓝袍，换头角改时调。

……

【雁儿落】

再不把拾来的担子挑，再不把不哭的孩儿抱；再不替别人家瞎顶缸，再不做现世的虚圈套。

……

【沽美酒】

他他他生不聊，我我我怎贪饕？总不如两袖清风归去好，到山中落魄，拖竹杖住松巢。

看来，这套散曲的确是惟敏病中所作。

有时候，生病也要辩证地来看。虽然谁也不希望自己生病，但人吃五谷杂粮，哪能不生病？生了病，就要正确对待病，聪明人往往能在病中悟出些人生道理来。小病有小悟，大病有大悟，如果到阎王跟前溜达一圈还能够再回来，那一般能彻悟。

活了六十年的冯惟敏，在病中终于有了一个比较清醒的自我认知，他充其量不过是一个住惯了茅草屋的老文学，实在不适合在官场上闯荡。

病有所悟让几个月前还自信满满、壮怀依旧的冯惟敏，竟然自惭形秽起来。

他想了很多，深挖了自身许多不足之处。

百姓粮食歉收,穷困潦倒,他狠不下心肠强征粮草。不催粮纳税,又指望什么抵御安答侵扰保家卫国?

诉讼断案,他如履薄冰,左右为难,既怕亏了情法,又怕差了律条,实在没有果决敏断的魄力。

他痛恨官场腐败成风,贪诈成性,却无力改变什么,只能廉正自守,顶多写写词曲揭短亮丑而已。

身体状况更是糟糕,背也曲了,腰也不直溜了,走路东趔西倒,一脚低一脚高,手颤头摇,胡子也不用煤灰染了,头发更是任其自然生长为灰白颜色,不讲究国家干部的仪容仪表,也不讲究语言艺术,还爱动不动顶撞上级。

总之,任人摆布、替人"顶缸"的事他不打算继续做了。

麻溜地辞职吧!

身体和心态都不在状态的冯惟敏接连写了三封退休申请,并真诚希望组织能够"广开方便门,大展包容量"予以批准,让他在这个庚午之春,能够换上一套春服一路"走到东山上"!

可惜申请不予通过,原因很简单:修府志这个大活儿没完成就想走?没门!

身体不好可以慢慢调理,边调理边干嘛!

不但府志要修,满城的知县之缺,也得去补。这和修府志并不冲突,甚至可以互相兼顾、相得益彰!

没有走成的冯惟敏只得在府斋安心养病,调理身体。本着"小车不倒继续推"的原则,身体好转能够坚持着上班时,他开始着手继续编修府志。刚修了没有几天,他就收到了任命他兼理满城知县的官文。

冯惟敏这块"砖",又要被"搬"到满城县了。

可生了一场病的冯惟敏不愿意继续"搬砖"了,态度坚决地辞谢满城代知县一职,结果还是不批。

冯惟敏《修〈保定府志〉后记》记载了这段经历:

病益甚,乃移牒乞去,凡三上,率以志未辑,不许,且听疗理。三月,出治事,方近笔砚,而摄满城檄下,固辞弗获,因搁笔者又逾年。檄云,不妨志事。代理邑务,夫岂余所能哉?

明隆庆四年(1570)三月,六十岁的冯惟敏正式代管满城县,更忙了。

他担任着政府秘书长,管着府厅,打理着国库米仓和草场;兼任着满城代县长,大事小情,劳力劳心,春天抗旱,秋天排涝,一声军报,还要组织兵马迎敌,实在顾不上文化传承工作了,经报请领导同意,修志一事不得不又一次暂停。

第五十六章
两袖清风归去好（二）

满城地处保定府西北,距保定府约三十里,战国时为燕南赵北之地,汉代称北平县,北周称永乐县,唐称满城县,明洪武年间曾短暂并入庆都(今望都),尔后,复置满城,以县北为故满城而得名,现为保定市满城区。

满城山灵水秀,有着悠久的历史和灿烂的文化,商周时已有先民村落,山地丘陵和肥沃的平原差不多各占一半,湖光山色,和冶源有得一比。

可惜的是,因为当时安答兵时常在京畿一带打家劫舍,保定一带也鸡犬不宁。查阅冯惟敏诗赋词曲,竟然找不出一首描写满城山水的作品,看来这期间酷爱旅游的冯惟敏实在没有闲情游山赏水。散曲《黄钟醉花阴·听钟有感》专门写了他亲历京师宵禁的所见所闻。

一个月色澄明、春风和煦的夜晚,冯惟敏留宿京城馆舍。"病卧东窗之下",一阵阵清越的钟声飘荡在京师的夜空,让冯惟敏多少动了点月下漫步帝都街巷的念头。他硬撑着病体要强起散步,但是因为身体虚弱,漫步街头的愿望没有达成,只好继续待在旅舍听钟,直听得黯然省悟,惊惕不已,以至于通宵未眠——这是赶上宵禁了。

下面,是冯惟敏笔下的京师宵禁之夜。

夕阳西下,一下一下的钟声,送走了西天的云霞,迎来了澄明的月光:

短巷长街送车马,黑邓邓飞尘乱撒。收晚景,敛残霞,数尽归鸦。转眼夕阳下,人困也马行乏,只听得钟送黄昏一下一下的打。

夜幕笼罩的京城,路人唯恐惹上是非,抽身罢手,慌忙疾走,恨不得直奔到家。

然后,钟声换了节奏:

猛然声岔,紧十八慢十八。街坊邻居掩了篱笆,酒店茶房上了板搭,便是相府侯门早也拴闭杀。

钟声之后,梆声响起:

疏钟才罢,听梆声怕怕他。这壁厢提铃喝号的磣油花,那壁厢刽铺巡风乔坐衙,摆列着把路拦街尖哨儿马。

最后,鼓声上场:

咚咚咚鼓三挝,盼盼盼西望长安不见家。去去去有路儿难行,来来来是人儿须怕,悔悔悔悔从前意儿差,想想想想当初性儿撑达。听听听定夜钟一百单八下,休休休再休去打鼓弄琵琶。

简而言之,"钟鸣漏尽,夜行不止"是明代城市宵禁的常态,而惟敏的这套散曲则比较详尽地介绍了京城宵禁的情形。

黄昏时分,钟声响起,这是提醒人们各回各家。猛然间,钟声起伏有变,先是十八声急响,紧接着十八声慢敲,"紧十八慢十八"的钟声中,小户、大家、酒店、茶房慌忙急促地闭门锁院,这是要宵禁了。稀稀落落的钟声刚结束,梆声立马敲起来,宵禁正式开始,值夜的巡捕忙着摇铃吆喝,设置路障。当然,那时候的路障有个专用名词——尖哨儿马。这时候,如果还有人在大街上溜达,那指定是一个不知时、不识相的大傻瓜,一根拴猪绳先绑起你来就往小黑屋里拖拉。再后边,是鼓敲三遍,夜钟一百零八下,钟声、鼓声、梆声、铃声、差役的吆喝声中,还夹杂着一位老婆婆的叫骂声,下面不妨请出这位群演友情客串一下:

老婆婆提着名儿骂,夜深沉不到家。耳朵儿聋,眼睛儿花,问人呵讨不的半句真诚话;身子儿沉,手脚儿麻,一步儿刚挪的半扎。

估计巡夜的差役对这位老婆婆也奈何不得。老婆婆指名道姓骂谁散曲里没说,骂天骂地,骂皇上老子,骂不回家的老汉或儿子,都是有可能的。

总之,实行宵禁的京师之夜,虽有月朗风轻,但实在太过嘈杂,直接把冯惟敏"整不会"了。他一夜无眠,更没有心情也不敢打鼓弄琵琶了,只得"漫填此词",命名《听钟有感》(散曲提及景阳楼位于南京鸡鸣寺,故此曲多为惟敏于南京修世宗实录时经历,同时结合了任保定通判时所见所闻)。

有明一代,"南倭北虏"是朝廷的两大心头之患。

倭寇时不时在东南沿海一带侵扰,蒙古骑兵则在北部边境不断袭扰,令朱元璋和他的子孙后代们很是头疼,嘉靖年间闹得最厉害。

因为出了胡宗宪、戚继光这些抗倭英雄,隆庆初年,南部倭寇问题总算基本解决,而蒙古鞑靼部落的袭扰仍时有发生。

明隆庆四年(1570),事情有了转机。俺答为救孙儿把汉那吉,与朝廷开始和谈。第二年,明穆宗朱载垕封俺答为顺义王,边境市场开放,史称"封贡互市"。北虏问题至此告一段落。

冯惟敏恰好亲历了这一段边打边谈的历史,因为"北虏"侵扰,直接搅扰了他的六十岁寿宴。

自五十二岁在涞水步入仕途,冯惟敏几乎每个生日都要写一篇自寿文章。六十岁寿诞是个大日子,自然要隆重些,而冯惟敏忙得险些忘了这事,多亏临朐老家有亲人不远千里来保定为他过生日,才让他吃了一顿团圆饭,喝上了家乡

酒,写了篇散曲《醉太平·庚午郡厅自寿》:

一千里故人,六十度生辰。天涯聚会慰情亲,叹光阴滚滚。乍相逢几度看衰鬓,自离别数载无音信,喜团圆今日倒清尊,不觉的夜分。

冯惟敏的这个生日,忙得啊,披星戴月,一身尘土。

头五更上堂参加保定府晨会,晨会结束了到三庙行香表决心,并顺便为自己祈福(每月初一政府官员工作惯例),上午到庆都(今望都)参加新来的巡按御史大人的见面会,下午到安素(与庆都同为保定府所辖州县)向前来检查工作的巡盐御史作汇报,并听从指示训话:

新按院庆都,旧盐院安素,南来北往急奔促,满身间是土。两头恐犯尊官怒,一时显把生辰误,三杯又怕故人疏,夜深沉秉烛。

夜晚,策马疾驰,好歹赶上了自己的六十岁庆生宴。可是,一封军中急报又搅乱了一场好筵席:

传来的羽檄,报到的声息,分明打搅好筵席,全无些道理。紧催兵马临边地,广储粮草随营队,笑谈尊俎退强敌,仗朝廷德威。

正管着府厅,又署着满城,忽然夜半报边声,自披衣点灯。飞星迅速传军令,严城仓猝修军政,通宵谁敢误军情,寿筵啊且停。

忙是忙了些,但以身报国、经世济民,文韬武略能有用武之地,不也正是读书人穷极一生所孜孜以求的吗?

冯惟敏对自己的文韬武略,显得十分自信:

能赋诗退虏,且闭阁修书,谁知文武有吾徒,论全才敢许。天公自有英雄录,朝廷也有功劳簿,书生还有护身符,常措身坦途。

几番家告休,只顾的攀留,又防水旱又防秋,怎能勾撒手?慌里忙里延年寿,茶里饭里邀朋旧,风里雨里且低头,得安闲便走。

看来,虽然偶尔有点儿小情绪和小牢骚,六十岁的冯惟敏依然不坠青云之志,是一位尽职尽责、一心为民、尽忠朝廷的好干部。

第五十七章
两袖清风归去好（三）

明隆庆五年（1571），悬在大明朝廷头顶上的两把利剑"南倭北虏"尘埃落定。打从朱元璋起，折腾了两百多年的战争阴云终于消散。和平来了，保定和满城安稳了。

盛世修史，明时修志。

安稳下来的保定府再一次把修志之事列入政府重点工作清单，以尽快发挥地方志鉴昔知今、传承文化、教化世人的作用。

大约在隆庆四年（1570）冬天，冯惟敏如愿卸任满城代理知县一职，米仓、草场也放心地交给下属打理，开始专心修志。

满城官印这烫手的山药终于脱手，重回保定府的冯惟敏感慨万千，文思泉涌，散曲《中吕粉蝶儿•辞署县印》当为此时所作。散曲主要总结了他坎坷的仕途以及复杂的心路历程，读来总有一种莫名的心酸。

听说过不愿意掌印掌权的，但像冯惟敏这样让一方满城县印给吓得心惊肉颤、魂飞魄散的朝廷干部真是少找难寻。

这难道就是人们所说的敬畏之心？

下面，不妨还原下冯惟敏收到满城代县长任命文书和满城官印时的情形，见识一下这位六十岁的老干部是如何看待权力和仕途的。

时间再回到明隆庆四年（1570），岁在庚午，大约春三月。还在养病的冯惟敏正在郡斋后室午休。睡梦中，他回到了冶源东村，流连于家乡的山水，旷达自适，心生欢喜。

忽然，一阵喧闹声自前厅传来，通报郡丞陈大夫到。

陈郡丞声势很严厉，貌似十分不耐烦。冯惟敏一下子从美梦中惊醒，慌忙急促地来到郡斋前厅，先行了一个拱手礼，说道："不知郡丞大人今日前来，还望陈大夫海涵冯某不任倒屣相迎之罪！"他又忙招呼儿子子升给陈郡丞敬茶。

陈郡丞腹诽道：这穷酸文人，整什么狗咬碗片满嘴词。

"倒屣相迎"说的是东汉时期的大学问家蔡邕为人谦逊，待人热情，官很大但从不摆官架子。

有一次,蔡邕的好友王粲来拜访,正赶上蔡邕睡午觉。家人告诉蔡邕,王粲在门外。蔡邕听到后,迅速起身跳下床,急急忙忙踏上鞋子就往门外跑,由于太慌忙,把左右脚的鞋子给穿错了,还穿倒了,引得王粲哈哈大笑。

后人把这个事提炼成一个成语:倒屣相迎,比喻热情迎客,也说明对待朋友的热情和一片诚意。

冯惟敏可巧也在睡午觉,陈郡丞可巧来访,用这个词倒是十分合适,只不过用错了对象,因为陈郡丞不明白啥是倒屣,心中难免有些尴尬,对惟敏就有些小意见。

搞不懂冯惟敏说了些啥的陈郡丞正襟危坐,把满城县的官印往冯惟敏眼前一放,来了一句:"善视印在也。"倒也文绉绉的。

这是奉命来向冯惟敏移交满城县官印的。

这郡丞即同知,和通判一个行政级别,都是州府副职,共同辅佐知府开展工作。陈同知的排名在惟敏之后。

一个奉行命令的人反过来给前辈下命令训话,让冯惟敏心中多少有些不适应。

但是,当陈同知郑重其事地把县印交给惟敏,并说了些要管好用好官印不负朝廷信任等等如此这般的官话时,冯惟敏的不适应迅速发展到了惊恐万分。惊恐害怕到了什么程度呢?"股木僵肌,鸡肤慄慄,若风雨骤至。"这是惟敏自己亲口所言,亲笔所记。

一句话,惊呆了!

多亏儿子子升贴心地嘘寒问暖:"爹,您很冷吗?"

子升又急急忙忙劈了柴火,可着劲儿嘘气引燃,再续在后室暖塌下,冯惟敏这才回过神来,哆哆嗦嗦地爬到暖榻上,钻进被窝,"暮而醒"。

清醒过来的冯惟敏先是悄悄地听了听前厅还有没有动静。前厅静悄悄的,那陈同知早已不见了人影。

冯惟敏方才缓过劲来,心中大骂授官印给他的人,最后干脆把这些骂人的话写到了散曲里。当然,这些骂词当时仅限于他自我欣赏,解解心中怨气罢了,至于公开发表编入词集,那都是后事了。

六十岁的冯惟敏,像个冶源街上的老婆婆,骂人那是一套一套的:

庚午流年,看了会子平书有些儿摇变,打了个六壬时正撞着赤口留连。平白地一颗印,没来由丢在咱闲庭前院,子俺也曾被蛇缠,见了条烂井绳吓的我心惊肉颤。

【醉春风】

那一个伤天理害人精,狠心肠干这样茧?这茧儿没头没绪乱死缠,快送的他远远。吓的我魄散在云端,魂飞在天外,怎提防这场儿灾变?

【红绣鞋】

我和你是通家的门面,你和我往日又无冤,如何把俺死牵连?心窝上跺了一脚,脑门头楔了几拳,倚着你手脚儿强,欺压的软。

总之,人们视官印为宝,因为它不仅代表着地位和权势,也代表着身世和荣耀。冯惟敏却把别人眼中的宝贝视为"灾变",大骂授给他官印的人是"害人精",见了官印,竟吓得魂飞魄散,还公然这样说:"这印呵你夸他墨缓铜章,俺觑着是挝锤鞭铜。逢着的肉绽腰折,撞着的身酥骨软。"

冯惟敏之所以这样害怕,那真的是有原因的:

【耍孩儿】

起初时也做了个乔知县,只想把经纶大展。谁承望痴心枉使出头船,显不的快睹争先。饶他饮的醺醺醉,倒说俺为官索酒钱。为嘴食难分辩,俺子索拂衣而去,至如今闭口无言。

【幺】

俺也曾循行阡陌中,徘徊里巷边,农桑种植身亲劝。长安大道千株柳,野店荒村万亩烟。春日暖,和风扇,谁承望甘棠起谤,至如今乔木含冤!

原来,涞水任上的冤情至今朝廷也没给个定论!

当然,这是主观原因。

客观原因除了个人身体健康状况外,还可以引用海瑞骂皇帝和一众官员们的惊人之语来总结:

嘉靖者,言家家皆净无财用也!

举朝之士,皆妇人也!

海青天的骂功举世无双,经常在散曲里骂人的冯惟敏和他一比直接是小巫见大巫。当然,二人也有相似之处,那就是对官场的黑暗、民生的艰难都有清醒的认识和深刻的体悟。

只能说,明朝的官真的不好当啊!

六十岁的冯惟敏自问平生不做亏心事,夜半不怕鬼敲门。他不再在乎考绩考察,也不怕革职为民,更不怕"提问追赃",因为他始终坚守了分毫不染的为官底线,做到了两袖清风,"落得个晚节成全"。

散曲最后,冯惟敏表明自己心迹:

重来此郡中,安心守自然,从今再不去歪厮战。你不将这印去呵,断送我走上东山离的你远。

看来,之所以能够顺利辞去满城代县长职务,是惟敏使出了撒手铜:满城的知县再不换人,俺就回老家种地去。

府志还没编完,冯海浮还是很重要的。

于是,冯惟敏如愿辞署县印,把捡来的担子送了出去,将全部心思用在了修志上。

让合适的人干合适的事,真的挺重要。

第五十八章
两袖清风归去好（四）

明隆庆五年(1571)，时任保定府通判冯惟敏得以全力以赴纂修保定府志，终于在年内完成了这项政府重点工作任务。时任督查院右副都御史孙慎亲自为府志写了序。

冯惟敏如释重负，在《修〈保定府志〉后记》中作了总结：

右余所辑郡志，二图、四表、二十志，总四十卷……隆庆辛未九月，冯惟敏识。

九月，府志交付刻印；十二月份，府志刻印完成。

人事有代谢，往来成古今。干完了这个大活儿，是时候离开了。

一朝天子一朝臣。隆庆朝短短的六年间，除了隆庆帝之外，或者说包括隆庆帝朱载垕在内朝中最高权力机关非内阁莫属。而内阁班子也是风水轮流转，来来往往，你方唱罢我登场，厉害的角色还来个"返场"。

先是时任内阁首辅徐阶把时任皇帝朱载垕的亲老师高拱以及高老师的老乡郭朴给"拱"回了家，虽然，招高拱入内阁的也是徐阶同志。

当然，除了高拱，徐阶还招了自己的学生张居正进入内阁小组，给自己，也是给内阁，选了一名厉害的接班人。

不多久，大权在握的徐首辅却出人意料地递交了退休申请。申请很快得到了皇帝批准。

徐阶回到家乡松江华亭后，高考状元兼青词第一写手兼好人李春芳顺位坐上了首辅的位子。

李阁老的位子还没坐热，回家种田的高拱又"杀"了回来。

高拱重返内阁，继续发扬"能拱善拱"的过硬本领，最后的结果是，次辅陈以勤辞职，同事赵贞吉回家，并且因为学生皇帝附带送了个吏部部长的职位，让高拱在内阁中排名一跃超越张居正，任次辅。

李春芳很有自知之明。徐阶走的时候，他曾感叹："徐公尚且如此，我退休只是早晚罢了！"高拱回到内阁，更加坚定了李春芳急流勇退的决心。李春芳前后写了十几封退休申请，终于让隆庆帝十分不耐烦，请辞获批。

高拱坐上了首辅宝座，还兼着吏部部长一职。

这是隆庆朝六年间内阁人事变动的大致情况。

之所以写这些,是因为这些事多少能跟冯惟敏兄弟的升迁去留沾点边儿。

石茂华《明故保定府通判海浮冯公行状》有曰:

名卿如李石麓、殷棠川诸公,当道如陈幼溪、傅仁泉诸公,悉爱其才,欲破格荐置翰院,未几,乃有王官之命……

据上文所记,当时,冯惟敏是有可能破格入翰林院的。

这点,冯惟敏散曲《正宫端正好•六秩写真》也能略见端倪。

冯惟敏六十岁的时候,当时的知名画家、行唐人石臻给他画了两幅画像,还恭维惟敏"官星还有十年旺,那时节另写真容再相访"。冯惟敏似乎心情不错,写了散曲《正宫端正好•六秩写真》,用散曲给自己也来了一个自画像。

石茂华在冯惟敏行状中提到的李石麓、殷棠川,陈幼溪、傅仁泉,都是当时省部级以上国家干部。他们都十分赏识冯惟敏的才华,一度要举荐他入翰院从事编修工作。

这四个人中最大的干部是时任内阁首辅的李春芳。

李春芳,字子实,号石麓,南直隶扬州兴化(今江苏兴化)人,故内阁首辅。

李春芳与冯惟敏、冯惟讷兄弟的交情有多深没有考据,但至少是有交往的。

冯惟敏在保定听闻李春芳退休的消息后,曾当场慨叹道:"大哉!圣人宠遇之仁!卓哉!贤相奉身之道!古今君相,罕闻见者也。"

我古文功底不够深厚,实在找不到合适的白话文来表达此时的冯惟敏对李春芳的尊崇和仰慕之情,思来想去,还是引用了原文。

总之,冯惟敏对李春芳奉若圣人,对李圣人所受宠遇之广大、为人处世之高明佩服之至,认为就是数遍自古至今的君子国相,能有李春芳这样功德圆满的也是少找难寻。

也难怪冯惟敏有这样的看法,实在因为李春芳一生看起来太顺利了!

考试考全国第一,做官做到宰相,父母俱在还身体硬朗,几乎是所有人眼中的老好人,不整事不折腾,一路功名,好事都赶上了。这智商、情商,这运气,好像他天生就是来享受这世间的荣华富贵的,让人不服都不行。

最起码让经历了六十年坎坷人生之路的冯惟敏叹服不已!

他再三地慨叹称绝,感觉这不足以表达内心澎湃的激情;于是击节而歌,还是不能尽兴;又一唱三叹,直到歌之咏之,不能自已,创作了散曲《双调新水令•送李阁老南归》,为李首辅送行。

散曲开篇即直接点题:

状元归去马如飞,最喜是功成身退。避贤初罢相,乐圣且衔杯。无限光辉,受用足升平世。

自古忠孝难两全,这在李阁老这里,竟然也做到了:

呀,最喜是父母两期颐,为什么恩宠迈伦夷?堪羡也黼藻三公衮,权当啊斑斓五彩衣。尽忠孝无亏,论好事都全备。享福禄骈集,算人生实罕希。

散曲最后,隐喻春芳名字的重要性,并首尾呼应:

成就了臣忠子孝两无违,眼见的芝兰累世竟芳菲,好便似四时之序有前期。呀,老先生去国,方显得元臣出处得其宜。

假如说李首辅是功成身退、圆满退休,那么,石茂华提到的另一位"名卿"殷棠川的离开则显得太过豪横任性了些。

殷棠川即殷士儋,字正甫,棠川是殷士儋的号,济南府历城人(今山东济南市),故内阁成员之一。

殷士儋和张居正、王世贞、杨继盛等同属明嘉靖二十六年(1547)科考"牛人班"成员。这位山东大汉的"牛"主要体现在他性格方面。

殷士儋和高拱一样,都给当时还是裕王的朱载垕讲过课。不过,殷老师的教风很是凌厉,史载他讲课时"凡关君德治道,辄危言激论,王为动色"。总之,他经常唬得主见不大的裕王神色紧张。

这种直白大气之风一直延续到退休。

他听闻高拱的学生韩楫要弹劾自己,便当面诘问韩科长(时任都给事中)道:"听说你要整我的事,告我可以,只是不要被别人利用就好!"

这让正在一边的"别人"高拱听不下去了,说了一句:"非体也!"他指责殷士儋不成体统。

一句话惹恼了殷士儋,心说,等的就是你。殷士儋勃然大怒,对着高拱大声声讨道:"你赶走了陈以勤,驱走了赵贞吉,逼走了李阁老(李春芳)。你压制我,我不敢抱怨,现在你为了让张四维占据我的位置,又想赶我走,内阁难道是你家开的不成?"他说完就挥动有力的臂膀直奔着高拱而去。

这一挥,毫无悬念地把自己给挥到了老家济南历城。

当然,身为皇帝的老师,学生皇帝还是很顾念师生情谊的,给他发放了差旅补助、退休费之类的。

殷士儋在当时的齐鲁诗坛颇负盛名,历下诗人有个四人组,号称"边李殷许"。李,就是大名鼎鼎的"后七子"领袖李攀龙;殷,就是殷士儋。李攀龙曾经跟殷士儋学过诗,说起来殷还是李的老师。

而冯惟敏兄弟和他的父亲冯裕则有"冯氏五先生"之誉,以诗文名震齐鲁,大家都是老乡,彼此惺惺相惜,尤其是爱憎分明如殷士儋,赏识惟敏的才华并有提携之意再自然不过。

当然,还有一位名卿石茂华没有提及,但这位名卿名气更大,临朐冯氏与之也有些渊源。这位名卿就是李春芳的前任——徐阶。

当年,徐阶还很年轻气盛的时候,因为一句话惹恼了曾经的内阁首辅张瑰,因而被贬官。惟敏父亲冯裕去世的时候,被贬官的徐阶受惟健、惟讷之请,给冯裕写了墓志铭。这点在第一卷有所提及,不再赘述。

重点是,赏识冯惟敏兄弟的这些大人物一个个都已经退休或即将各回各家,而还年轻些的陈幼溪(陈省,时任右佥都御史,任山西道御史时与惟讷共过事)、傅仁泉(傅孟春,江西高安人,时任山东提刑按察司副史等职,而惟讷在这位傅老兄老家当父母官)虽然赏识惟敏之才,也可以举荐干部,但说话分量明显不够。

如今,徐阶退休,虽然内阁首辅还是李春芳,但当权的是高拱。高大人的行事风格大家心知肚明。如此看来,冯惟敏和他的弟弟冯惟讷仕途前程的确堪忧。这点,混迹仕途二三十年的冯惟讷内心十分清楚。

明隆庆五年(1571)正月,冯惟讷自江西左布政使入朝觐见隆庆帝,递交了退休申请,奉旨迁光禄寺卿,得致仕。

冯惟敏所撰《明通奉大夫光禄寺卿少洲冯公行状》介绍了冯惟讷辞官致仕的原因和大致经过:

辛未入觐阙下,课治行最闻,天官郎出谓人曰:"诸方伯考覈言事,多存两可。黜则黜,留则留。凿然有执,无依违语者,冯方伯也。"是岁,诸方伯去位者过半矣。事既竣,乃草疏请老,当道名公闻而慰止之,然归志已决。章遂上,奉先帝温旨,迁光禄寺卿,得致仕。欣然出都城,与余别于雄州。遂浮济河,登泰山,三月归山中……

余继登《明通奉大夫、光禄寺卿少洲冯公墓志铭》亦有记:

辛未,入觐阙下,精覈下吏能否,无所依违……公名益起,缙绅大夫咸以公辅期之,而公请老之志坚不可挽矣。疏上,天子惜之,特进光禄寺卿,予致仕云。

原来,在朝中威信挺高的冯惟讷曾一度有过入内阁班子之议。

但是,那时的内阁首辅兼中组部部长是高拱。入阁?那真是想多了。

冯惟敏散曲《商调集贤宾·舍弟乞休》序言部分也有类似的介绍:

余弟少洲子,辛未自江省左辖入觐,寻朝万寿节。即竣事,私念曰:窃惟承宣使者,还职十二,罢去十三。臣当罢,然幸留,是旷荡之恩也。恐奉职无状,乃请老。余闻之,忻然曰:"是可以老矣,吾与尔同归乎!"盖平日夙约如此云。

承宣使者是布政使的俗称。在冯惟讷看来,这是一个高风险岗位,被罢职的十之有三,能平安保住职位,已是皇恩浩荡了,与其没有大的作为,不如趁早请老归田。

冯惟敏写散曲《舍弟乞休》的时间当在惟讷致仕后不久。冯惟讷病故为次年的三月,其时,高拱权倾一时,不管是散曲的序文还是惟讷的行状或墓志铭,都不会把他致仕的缘由交代得很直白。倒是多年后,冯惟敏侄孙冯琦病逝,高拱也早已成了历史,山东蒙阴县人公鼐为冯琦写了《琢庵冯公行状》,文中才披露了冯惟讷致仕的直接原因："故相高公与从祖有隙,柄铨日,格参政公选取"。

原来,高拱不但把殷士儋老师逼回了老家,还把惟敏最亲的五弟冯惟讷也逼回了老家。

退休回家未必就不是一件好事,冯惟敏还内心欣喜,打算兄弟二人一同相约回家种地。但冯惟讷认为这样不辞而别不符合人臣之道,况且他还听闻惟敏的职务或许能有所升擢,惟敏这才听从了弟弟的建议,没有"兄弟双双把家还"。

退休是一种生活的结束、另一种人生的开始。多数人向往着那种无所羁绊的生活,但当那一天真的来到,当事人或多或少要有一个适应的阶段,尤其如惟讷这样曾主政一方的朝廷重臣,难免会有些落差。

兄弟情深,在保定,冯惟敏接上自京都致仕而来的冯惟讷,二人执手而对,相望无言。

冯惟讷在保定略作停留,便继续南下。惟敏深情相送,送弟送到雄县地界,与他依依惜别。

冯惟敏站在高高的山冈,遥看兄弟策马远去,不由得思绪万千。少小同笔札、出入如雁行的儿时情景犹在眼前,转瞬间却是皓首相送。

岁月不待人,放下这一身疲惫、满身尘鞅吧,去看那山中花开正当时。

雄州送弟

倦翼归飞急,相看失雁行。春风吹海国,何不共阳阳。

陌上尘飞满,山中花发迟。到家解尘鞅,恰是看花时。

可惜的是,冯惟讷是个忙活命,明隆庆五年(1571)三月到家,次年的三月即中风病故。

早知如此,就是不退休,看你高拱还能咋的。

本来有入阁希望的五弟冯惟讷都退休回家了,冯惟敏破格入翰院直接想都不用想了。举荐人都走了,还入的哪门子翰院。

对此,冯惟敏看得也很明白,前路飘忽不定,他的官场仕途一如车行下坡。

他的散曲《仙桂引•思归》记录了当时的情形:

想当年怕盘弄这条蛇,笑往事都看成一梦蝶,觑行踪恰便似风中叶。好功名少了半截,早抽身省去巴竭。……俺如今还待要顺水推船,又只怕留不住下坂行车。

果然如此。

九月,《保定府志》修完了。不久,冯惟敏"擢鲁士师"的调令也来了。

他不但没有进翰院,还由重要城市副职调配到鲁王府任职。不被重用的冯惟敏难免心存怨气,但升迁去留都无所谓了。他本打算立刻启程回家,因为《保定府志》还没有出书,也就没有成行。

《保定府志》在年底才正式出版,冯惟敏今年的年夜饭要在保定吃了。

转眼又是正月。

冯惟敏收到了冯惟讷病重的消息。他立即由保定倍道兼行,二月,回到了一别十年的家中。

十年仕途,十年奔波,十年坎坷。这一切,都值得。

而家,无论走多久多远,他未曾一日忘怀。今日,终于得偿所愿。

回家了。

第四卷

最后的岁月

春光秋月无穷尽　日日看山日日新

第五十九章

弃官·归来（一）

明隆庆五年（1571），岁在辛未。

冯惟敏五弟冯惟讷退了，李春芳退了，殷士儋退了。

这一年的秋天，似乎比往年来得更早一些。

九月初一，六十一岁的寿诞不知是忘了过还是没有心情，冯惟敏连自寿曲词都没有写。自五十二岁入仕途，除了赴云南担任乡试典录官那一年，这还是第一次。

望着随风飘摇的落叶，已是花甲之年的冯惟敏隐约感受到了冬的寒意，也预感到自己的仕途前程一如江河日下、红日西斜。他的盼归思归之情越来越迫切。

冬十一月，冯惟敏收到了吏部任命文书，被"擢鲁士师"。曾经的保定府秘书长被打发到山东老家，要到鲁王府干"士师"去了。

那么，"士师"是个什么职务？

对此，我也是好一顿研究才弄明白。

"士师"，还真不是给鲁王府的士子们当老师，而是王府"审理"一职的俗称。

"士师"，也称"史师"，古代专门执掌王府禁令刑狱的官名。《周礼·秋官·士师》对此有介绍：

士师之职，掌国之五禁之灋，以左右刑罚：一曰宫禁，二曰官禁，三曰国禁，四曰野禁，五曰军禁。

水、廌、去三范式叠加为灋，现简化为法。廌，古代传说中的异兽，能辨是非曲直。

辨辞释义，士师还是个执法岗位。

《孔子家语·致思》曰："季羔为卫之士师，刖人之足。"季羔即高柴，也就是子高，孔子七十二名优秀学生之一，曾任卫国"士师"，执行过砍掉犯罪人脚的刑罚。

再深梳理了一下，柳下惠、皋陶等不少古代名人都有过"士师"的任职经历。

鲁王府又是个什么情况？

鲁王府雄踞兖州。

明太祖朱元璋打下天下后,很快给他十一个儿子(后来又生了不少)的未来前程做了安排。长子立太子,其他十个儿子统统封王。

第十子朱檀,生于明洪武三年(1370),出生两个月就被封为鲁王。

朱元璋对这个小儿子十分喜欢,亲自写了祭告文书,派人到曲阜祭孔,代襁褓中的朱檀行祭告鲁国山川之礼。

鲁王朱檀于洪武十八年(1385)正式就藩兖州府。朱檀"好文礼士,善诗歌",可惜的是,这位第一任鲁王迷信方士,年纪轻轻即沉溺于服用金石丹药,先是毒性发作把自己的眼睛给整瞎了,明洪武二十二年(1389),又把自己的命给搭上了,薨时仅二十岁。

明太祖朱元璋白发人送黑发人,亲自写了一篇谥文,大骂这个曾经疼爱无比的儿子荒唐无比。总之,什么饥荒、荒废、荒诞、荒淫等差不多意思的词都用上了,最后干脆赐谥朱檀为"荒"。这个"荒"字的谥号,堪称恶谥中的恶谥。

二百年光阴转瞬而过,兖州鲁王已历八代六任。冯惟敏要去的,正是第六任鲁王朱颐坦的府上。

鲁恭王朱颐坦于明嘉靖三十年(1551)世袭受封。那时候,四十一岁的冯惟敏正在老家忙着修《临朐县志》,并准备挑战人生第六次科举考试。

虽然恭王朱颐坦有孝行,体恤百姓,赈济贫民,和睦宗族,但他的父亲鲁端王朱观㸅实在是恶名昭著,其荒唐程度与其始封祖"鲁荒王"相比,有过之而无不及。

朱观㸅是个遗腹子,他的母亲还是孔子后代,估计这位小鲁王自幼没有得到良好的培养教育,又在一众不负责任的王府官员教唆诱导下,变得越来越不像话。

不像话到什么程度呢?《明史》载其"游戏无度,挟娼乐,裸男女杂坐。左右有忤者,锥斧立毙,或加以炮烙"。总之,他不但丝毫没有礼义廉耻,还十分残酷暴虐,所作所为和禽兽无疑。

俗话说,好事不出门,坏事传千里。这么荒淫无道的行径,天下人都知道,冯惟敏自然也有所耳闻。

这样看来,吏部的这份调令,既在冯惟敏预料之中,又在他的意料之外。他自忖工作尽心尽力、履职尽责,又没犯错误,还修成了一部地方志,还是一位比较有名气的文化工作者,被安排到这样一个是非之地从事司法工作,难道这是被重用?

思来想去,一向有些傲娇的冯惟敏直接不淡定了。

不吐槽一下这事,极有可能气出些毛病来,更对不起他的敏捷才思。

于是,他愤而写小令《清江引•八不用》,并一口气写了八首:

乌纱帽满京城日日抢,全不在贤愚上。新人换旧人,后浪推前浪,谁是谁非不用讲。

这是八首中的第一首,开篇即直言万恶的封建社会官场之腐败:官员选拔不辨贤愚。

原来,那时候,乌纱帽等是等不来的,是要去抢的。

散曲极尽讽刺、挖苦、诙谐、嘲笑之能事,分别描述了乌纱帽、拖天带、皂朝靴、摆头搭、花檐伞、花藤轿等八种官员日常标配服装鞋帽和车马等用品,揭露讽刺当时官场腐败和丑恶现象。

总之,这些曾让冯惟敏孜孜以求的物件,现在都再也不是什么值钱物了,反成了虚圈套、花胡哨,要丢得越快越好。

你看,官靴磨得只剩了半截鞋底,摆头搭开路引人进了那迷魂阵,官轿颠得人头晕心慌。不如快丢了那敝屣,远离是非地,骑着稳当的小毛驴,回到海浮山下老龙湾畔做个山中自在人,老婆孩子热炕头来得好!

退一步海阔天空。

历经了宦海风波和世事沧桑,冯惟敏仿佛猛然醒悟。往事如梦,功名如风,自己是天生的穷命,还是好好守着天生的一世儿穷吧!

第六十章
弃官·归来（二）

有一段时间，我也是想不太明白冯惟敏擢"鲁士师"的缘由。在保定府干得好好的，名气也是越来越大，怎么就得不到提拔重用呢？

经过几番研究揣摩，最近似乎有些明白了。除了赏识他的李春芳、殷士儋退休，朝廷中没了给说话的大臣，还有一种可能，那就是冯惟敏在志书中秉笔直书杨继盛之死，并另外搜集其遗稿整理刊印成集，还时常照顾体恤忠臣杨继盛的遗属后代，从而得罪了先皇朱厚熜的一些内亲外戚，其中有权贵作梗找碴儿，出面干涉了吏部对冯惟敏的人事安排。

这样想来，倒也顺理成章了。

其实，这安排还是完全可以接受的。一名举人，天天写些揭短亮丑的文章，没有被杀头、流放、蹲大狱、挨鞭子，还能做到"官佐大邦、四品黄堂"的副厅级干部，还能在花甲之年到王府任职，已经够可以的了！

没用多久，冯通判海浮很快实现了自我治愈！并且他越来越觉得，这才是最好的安排，实在是喜事一桩！

其散曲《仙侣点绛唇·量移东归述喜》开篇即引用《论语·述而》"用之则行，舍之则藏"一句，亮明自己对待升迁去留的鲜明态度。如果被任用就出仕好好干，不被任用就回家好好种田，表达了他"擢鲁士师"即将东归之际万虑皆忘、与官场仕途一别两宽的旷达之情：

用舍行藏，浮沉升降。咱心上，万虑俱望，一点无遮障。

接下来，他总结了自己的仕途经历和文学成就。总的说来，是一名清正廉洁、奉公守法、为民造福的好干部，是一位享誉文坛的优秀文化工作者，政绩文名，得而兼之：

【混江龙】

皇恩旷荡，青春做伴好还乡。弊车赢马，短剑空囊。佐的是千里邦畿头一郡，辅的是九朝藩国上十王。也会说龚黄事业，也会念董贾文章，端的是长沙太傅江都相。朱门曳履，青史流芳。

文中，冯惟敏提到了西汉时期的优秀官员代表龚遂、黄霸，杰出的文学家、政治家代表贾谊、董仲舒。龚黄是汉代循吏龚遂与黄霸的并称,泛指好官。贾、董二人不但文章写得好,而且都有过王府任职的经历。贾谊曾任长沙太傅,辅佐长沙王;董仲舒曾任江都(今江苏扬州江都区一带)相,辅佐易王刘非。而今,冯惟敏如果愿意的话,马上可以到鲁王府上任,从容出入侯门王府,辅佐朱颐坦重整王府世风,道德文章,青史流芳。

冯惟敏的自我评价虽然看上去高了些,倒也还算是实事求是。只不过,贾谊和董仲舒名气毕竟太大,冯惟敏不太能望其项背。好在,贾、董那时候散曲还没出现,如果单这一项来比试下,冯惟敏略胜一筹。

散曲结尾部分,冯惟敏打定了主意,不再贪恋剩酒剩菜,要吃散伙饭,决计归田海浮山下:

【赚煞】

清福趁人来,好事从天降,尽着俺闲游戏赏。这的是吃了筵席好散场,休贪恋剩酒残汤。趁时光,胜日寻芳,离不了海浮山下龙湾上。卧明月满床,驾清风一航,长受用地老共天荒。

既然主意已定,他的辞职报告也不打算打了(因为打了也不批准),王府的审理也不去当了,卷铺盖回家越快越好。

因为有些工作还没有圆满收尾,一时没有走成。

有诗有酒的闲适生活已经近在眼前,冯惟敏喜不自胜,文思泉涌,接连写了好几篇诗词散曲,以抒心志:

归田小令《满庭芳(四首)》之一、二首:

天官赐福,地灵有待,人事相扶。循良已上功劳簿,名满皇都。望吾乡官迁东鲁,寻胜境舟泛南湖。清闲趣,从前受苦,今日且欢娱。

激流勇退,两畿奉职,三仕成功。白云一片相随送,对面东风,这便是前呵后拥,紧跟着去迹来踪。清闲梦,从前俗冗,今日得从容。

归田小令《胡十八四首·辛未量移东归》其一:

每日价说归田,谁子待苦留恋?急回头恰过年,有花有酒是神仙。弟兄每比肩,儿女在眼前,喜欢的无事处,一日醉两三遍。

因为工作没忙完,冯惟敏没赶上回老家冶源过年。

在保定过了年,准备回乡前,他收到了五弟惟讷寄来的家书一封,人未启程,心早已飞到了山中。

朝天子·将归得舍弟家书

去春啊你回,今春啊俺归,正与春风会。青山绿水有光辉,喜的幽人至。贤主嘉宾,吾兄我弟,笑谈多情意美。你回也不迟,我归也不疾,迟和早都得计。

还没来得及出发,冯惟敏又收到了冶源老家的急信:五弟惟讷得了重病。

明隆庆六年(1572),壬申,正月里的某一天,迎着保定府的第一抹霞光,冯惟敏悄然启程。

他频频掀开车帘,回望霞光映照的保定府城,似乎有些留恋,又似乎有一种冲出牢笼的轻松,感赋《殿前欢·归兴》:

想归来,十年奔走困尘埃。何如散步云林外,笑傲诙谐。穷通命运该,山水平生爱,诗酒寻常债。情怀浩荡,浩荡情怀。

自评论,功名富贵似浮云。从来世路多危峻,祸福无门。青山且负薪,绿水好垂纶,白屋堪肥遁。乾坤有我,我有乾坤。

假如说,在归家途中,冯惟敏还对仕途有些许留恋的话,相信回到家中不久,他很快就下定了弃官的决心。

冯惟敏二月到家。三月,冯惟讷病故。

兄弟之间相亲相爱的日子终究随着惟讷的去世化为虚影,这对冯惟敏的打击很大,更让他明白了很多。

世间,亲情是多么宝贵,最值得去珍惜。

明隆庆六年(1572)五月,穆宗驾崩,十岁的朱翊钧即位。六月,高拱致仕,张居正任内阁首辅,一个新的时代即将开启,年号万历。

明万历二年(1574),春日里的一天,冯惟敏在家浏览《邸报》,恰好看到了事关自己的一条消息。他被吏部取消了官籍。

也就是说,他永远失去了入仕做官的机会。

这么大的事,自然要记下来作为永久的纪念。冯惟敏无官一身轻,欣然写下《折桂令·阅报除名》:

喜朝中一旦除名,俺才是散诞山人,自在先生。敝屣离身,扁舟抵岸……叹人情不系之舟,随水东西,荡荡悠悠。把似俺二意三心,总不如一刀两断,才是个万了千休……从今后云水青山,竹杖黄冠。远离了世路风尘,跳出了宦海波澜……

三万里迢迢命途,六十年前程奔波。人生兜兜转转,六十四岁的冯惟敏,终于又做回了农民,找回了当下他认为最重要的东西。

痛失五弟

冯惟敏从保定倍道兼行,是急着回家探望他五弟冯惟讷。

近乡情更怯。

冯惟敏一路牵挂着冯惟讷的病情,回家后的第一件事,就是由长子子复、次子子升陪着,直奔惟讷家。

冯惟讷住在老龙湾南,海浮山下,距离冯惟敏家并不很远。

冯惟敏知五弟和他一样,素喜海浮山、熏冶湖胜境。明嘉靖二十八年(1549),冯惟讷官迁南京户部广东司员外郎,南下赴任时,曾顺道冶源,在惟敏家中稍作逗留。冯惟敏陪着弟弟登海浮山,游熏冶湖。此次冶源之行,让冯惟讷有了终老海浮山的打算。他在冶源购置了山田几十亩,并和冯惟敏约定,到老的时候,兄弟二人远离闹市喧嚣,就在这青山秀水之间,兄弟相守,读书耕田,颐养天年。

后来,冯惟讷长子子临、次子子蒙先后在青州益都和冶源安家。惟讷乞休归田后,便在海浮山下筑屋垦田,避嚣习静,为终老计。孰料造化弄人,回家还不到一年,冯惟讷竟突发重疾,以致卧床不起。

冯惟敏匆匆赶来,远远看见海浮山西北山麓新建的茅屋数间。周围山泉淙淙,禽鸣鸟语,秀竹葱茏,好一处清幽之处。

这便是冯惟讷新建归老之处了。

时隔一年,兄弟二人雄县话别的情景仿佛还在昨天,再见时却令人心酸。

冯惟敏紧紧握住惟讷的手,看着沉卧病榻的弟弟,再也控制不住自己,老泪纵横,说不出话来。

倒是惟讷,似乎看开了一切,安慰起四哥惟敏来:"四哥呀,你若是近日不能回来,恐怕见不上这一面了!"

冯惟敏这才回过神来,想起安慰弟弟:"五弟呀,你别这么想。咱们安心调理,我再去请名医诊治,再淘换些好方子,等天气转暖,你这病就会好起来了。我也不打算去那兖州鲁王府上任了,到时,咱老哥俩就在这家门口日日登山荡舟,天天喝个小酒,唱个小曲儿,含饴弄孙,得空儿五弟再续编你那《古诗纪》……"

听到这,冯惟讷微微笑着,转瞬又摇了摇头,眼泪顺着脸颊流下来。

冯惟敏忙替惟讷擦泪,自己却忍不住又红了眼眶,说:"五弟呀,子节才十三岁,你不为别的,想想孩子们,也别望坏处想啊!"

冯惟讷打起精神,对惟敏说:"四哥呀,我这病自己最有数,是好不了了。这几天,我天天晚上做梦,梦见大哥、二哥在外面叫我。这个春天,弟弟我怕是熬不过去了……"

冯惟敏眼泪哗一下又涌了上来,不知如何安慰。

他又听惟讷嘱咐道:"我走后,行状一事还请四哥亲为执笔代劳了!"

冯惟敏无言,抽泣着点头应诺。他暗暗祈祷,唯愿五弟的病快快好转,这行状用不上。

此后,冯惟敏几乎每天都要去冯惟讷处探望。

只是,惟讷的病情越来越重了。

这天,惟敏又来到惟讷家,一进院子,便看见侄子子临、子蒙正和匠人在锯院子里那棵一丈来高的梧桐树。子临见四伯父来了,便悄悄跟惟敏解释道:"四伯父,有只夜猫子(猫头鹰)这些天白天就宿在这梧桐树上,赶也赶不走,晚上叫个不停,还飞到我爹那屋的窗户台上。我和子蒙商量着把这梧桐树锯了。"

农村有句老话,"夜猫子叫,阎王到",又有"夜猫子进宅,无事不来"的说法,总之,都不是什么好征兆,往往和死人联系在一起。

冯惟敏眼看着五弟病情越来越重,他回天无力,心如刀绞。无奈,他只得和侄子子临、子蒙商量着早做打算,再说些安慰弟媳魏氏的话。

明隆庆六年(1572),三月二十一日,明通奉大夫、光禄寺卿少洲冯公冯惟讷病故,享年六十岁。

冯惟敏大痛!

去春啊你回,今春啊俺归,正与春风会,青山绿水有光辉……

青山绿水依旧,无奈人事已非。

冯惟敏手捧他亲笔为五弟所撰行状,回忆着惟讷一生的点点滴滴,回想着那份相亲相爱、相知相助的手足情分,泪眼模糊,久久不能自己:

呜呼!余弟既卧病,余自燕南倍道归视之。自度不可起,则以行状嘱余,余泣而应焉,犹冀无所用之,乃竟至不起,状不可以已。呜呼!痛哉!余弟讳惟讷,字汝言。尝梦中自号少洲子,觉而语诸友人,辄称善,遂以为号,今海内皆知称冯少洲云……正德癸酉,先大夫自华亭令调萧县,弟生于萧。有奇质。甫六龄,就外傅。同余受句读,余呐呐不能读,弟朗诵占侠,如成人。质问敢言,先大夫命名之意,实教之也。嘉靖乙酉,先大夫移家青州,同余学毛诗,自是敦厚沉毅,笃信好学,名起齐鲁间。甫总角,一试受廪,游胸庠。甲午,领乡荐。戊戌登第。吾朐自马澹菴及第后,百一十年乃继,自此彬彬,科第不乏人矣。庚子,授宜兴知县。时方弱冠……弟生于正德癸酉六月十九日,卒于隆庆壬申三月二十一日,得年六十岁……将以是年十一月二十日葬于尧山之东,先大夫墓之西……隆庆壬申十一月庚寅日,期服兄冯惟敏述。

是年十一月二十日,冯惟讷安葬于青州城西十里尧山冯氏祖茔。

十五年后,冯惟重孙冯琦官任太史。他拿着惟敏为惟讷写的行状找到时任翰林院检讨,经筵官,北直隶交河县(今河北交河)人余继登,为叔祖父(五爷爷)冯惟讷补写了墓志铭。

冯惟讷二十六岁中进士,二十八岁入仕途。

初任直隶常州府宜兴知县;

二任直隶大明府魏县知县;

三任山西平阳府蒲州知州;

四任直隶扬州府同知;

五任直隶松江府同知;

六任南京户部广东司员外郎;

七任南京户部广西司署郎中事员外郎;

八任兵部车驾司郎中事员外郎;

九任陕西按察司佥事;

十任河南布政司右参议,分守河北道;

十一任浙江按察司副使,提督该省学政;

十二任山西布政使司右参政;

十三任山西按察司按察使;

十四任陕西布政使司右布政史;

十五任江西左布政史。

明隆庆五年(1571),冯惟讷入朝觐见,两度请辞,晋光禄寺卿,得致仕。

三十余年仕途,甘苦自知,虽有波折,但足以令时人称道,为后学景仰。

冯惟讷天性友孝,初历官所至,皆携母同行,晨昏问安,早晚侍奉。兄弟之间亦师亦友,友爱备至。教育兄长遗孤,尽心尽力,和亲生无异。为官三十余年,身无长物,唯图书诗卷不离左右。所到之处,百姓敬畏爱戴,在魏县,有德政碑,在蒲州和陕西,有去思碑,在江西,当地有声望的人叹服他的文治武功二百年不遇,百姓感恩于他,把他的肖像挂在家中,饭前必先为他祈福祝愿。惟讷生平嗜好读书,公务之余,手不释卷,笔耕不辍,著有《楚辞旁注》《选诗约注》《汉魏六朝诗纪》《文献通考纂要》《少洲初稿》若干卷,尤长于古诗文研究和古籍整理,辑录《古诗纪》一百五十六卷和《风雅广逸》八卷存世,被收入《四库全书》。

光阴流转。四十年后,明万历三十九年(1611),又是一个春天。

冯惟讷长孙冯珣应好友赵秉忠之请,向赵秉忠出示了祖父冯惟讷的小像。赵秉忠怀着崇敬的心情瞻仰了这位同郡偶像的遗容风范,恭敬地向惟讷的肖像拜手叩首,作《少洲翁行乐图赞》:

……南乔北梓,清白家声。金昆玉友,诗礼趋庭。于图史琴书,若奉仪型。于梦寐羹墙,若睹晬容。噫嘻至人,形无可形,名莫能名。强而拟之,庆云景星。和风甘雨,陆海蓝田,高山景行。万历辛亥之春,后学赵秉忠谨赞。

冯惟讷的人品和学问影响着这位青州后学。

赵秉忠视冯惟讷为至人,对这位先贤的景仰之情如黄河之水滔滔不绝。难怪江西的老百姓曾经一度流行把惟讷的肖像挂在家中。原来,这肖像似乎蕴藏着无穷的感召力,犹如陆海珍藏、蓝田美玉,看一眼如沐春风、如逢甘霖。

岂不知,四百多年后,这位青州后学的知名度远远超过了他无比崇敬的前辈老乡。

赵秉忠,青州益都人(今山东青州),明万历二十六年(1598 年),二十五岁的赵秉忠一举斩获殿试第一名。山东青州出了一位"全国高考状元"。

其实,考上状元也算不上多么稀奇的事,毕竟隋朝到清朝一千三百多年的科举考试,出了七百多名状元,史料可考的也有六百二十人。但能把考卷真迹留存下来的,目前,全国却只有赵秉忠的这份殿试卷。

这份状元卷是 1983 年在赵秉忠老家山东青州市郑母镇发现的,是他的十三世孙所献,现珍藏于山东省青州市博物馆。

青州人也真是不简单。

其实,这是这份状元卷最好的归宿。

冯惟讷有子三人,女二人。长子子临,为亡妻熊氏所生;次子子蒙、子节,二女,皆为侧出。

冯惟讷长子子临娶妻李氏,为青州益都人李用敬之女。李用敬,明嘉靖二十年(1541 年)进士。冯惟讷的这位亲家翁也是一位响当当的人物,在朝做官仗义执言,敢做敢当,心胸坦荡。时严嵩当政,别人少有随便提意见的,他独侃侃论劾,无所畏避。大将仇鸾恃恩骄纵,他照样上疏弹劾,一时声震朝野。严嵩义子赵文华弹劾都督张经,他上疏为张经辩驳,被廷杖五十,革了职。明穆宗即位后他复起旧职,升为光禄卿。后以母丧辞官,绝意仕途,诗文自娱,八十多岁还能写蝇头小字,年九十而终。

惟讷有个好孙子,李用敬有个好外孙,即冯子临长子冯珣。冯珣又有个好孙子,即冯溥。

冯溥生于明万历三十七年(1609),清顺治三年(1646)中进士,历明万历、崇祯,清顺治、康熙两朝四代。清康熙年间,冯溥几次担任会试主考,累官至礼部右侍郎、刑部尚书、文华殿大学士。冯溥晚年曾十几次上疏乞休,七十四岁终获准告老归乡,八十三岁卒。归乡时康熙赞其端敏练达、勤劳素著,赐银币鞍马,加太子太傅,另赐青州益都城里花园一处,是为"偶园",当地人称"冯家花园",青州冯氏荣盛一时。

假如冯惟敏泉下有知,大概会高兴得蹦出来,无论如何也要来偶园游览一番。因为,冯氏的这个后辈,除了不是状元,其功名事业真要比当年的李春芳还要亮眼。

第六十二章
送别五弟惟讷

冯惟讷的突然病逝,让冯惟敏再一次感受到了命运的无常。

兄弟二人筹谋半生终老南山的约定眼看就要实现,而命运,却让一切在即将到来的时候,转瞬间烟消云散。

从冯惟讷病重直到去世,冯惟敏心中始终如压巨石,他常常呆坐家中,郁郁寡欢,长吁短叹。

他曾以为,一个人,走了那么多的坎坷不平路,经历了那么多的生离死别,阅遍了人生百态,饱尝了这世态炎凉,一路走来,再也没有什么看不开、放不下的,到头才明白,有些人,打断骨头连着筋,有些事,一辈子放不下,也不能放下。这真应了好友李开先《宝剑记》里的那句戏词:丈夫有泪不轻弹,只因未到伤心处。

大概,这就是责任,这就是命吧。

命无定数,无常为常。有时候,有些事,你能做的,不是忘记,而是接受。

好好活,比什么都重要。

如今,兄弟七人,只剩了他一人,他还得领着这一大家子向前看,向前奔,担起这一家之主的责任来。

总之,历经了又一次骨肉至亲生离死别的冯惟敏,慢慢用自己的方式开始了自我治愈:乐呵自己,敦睦家族,回馈乡里,教育子侄。

冯惟敏又忙了起来。

兄弟们走了,还有二嫂蒋氏、弟媳陈氏(七弟惟直遗孀)、五弟媳魏氏,这些老姊妹都要好好的。

冯惟敏七弟冯惟直妻陈氏,二十二岁守寡。婆母去世后陈氏寄居父家。父亲去世后,多跟着兄长一家居住。兄长去世后,由冯氏侄子们轮流奉养。陈氏孀居三十二年,身世飘摇,一如熏冶湖中的浮萍。冯惟敏回家后不久,即让儿子们把陈氏接到了自己家里,让她晚年衣食无忧,老有所依。

冯惟讷去世,惟敏五弟妹魏氏不吃不喝,哭得肝肠寸断,一心想追随着丈夫惟讷一走了事。冯惟敏十分着急,让老妻何氏和二嫂蒋氏、弟媳陈氏陪伴魏氏左右,照顾劝慰。

妯娌们相见,魏氏不禁又悲从中来,边哭边诉:

"我是什么命啊!陪伴侍奉夫子三十年,连个子嗣都没留下。现在夫子弃我而去,我还有什么颜面一个人活在这世上!"

夫子是魏氏对丈夫惟讷的尊称,可见惟敏的这个弟妹也是个文化人。

魏氏二十一岁嫁给冯惟讷,贵为诰命夫人。子临岳父李用敬称她"贵不忘勤,富不忘俭",极尽人媳人妻本分。自嫁给惟讷后,魏氏尽心侍奉婆母伏氏,陪伴冯惟讷南北仕途奔劳,可惜,没有生育一男半女,终是憾事。好歹熬得冯惟讷归田海浮山下,人人羡慕他们夫妻琴瑟和鸣,能够偕老白头,岂料惟讷天不假年。上天总是这样捉弄人,让人生留有太多缺憾。

魏氏越想越难受,哭得那叫一个撕心裂肺,肝肠寸断。蒋氏、陈氏、何氏陪着抹眼泪,各自想起伤心事,不由得都放了嗓,家中顿时哭声大作。

子临、子蒙见状,急忙双双给大娘婶子们跪下,恳求嫡母魏氏保重身体,又请托二伯母蒋氏劝解魏氏。

说起来,冯惟敏的二嫂蒋氏这一生也是不易!

看着要死要活的妯娌魏氏,难免勾起来蒋氏的心酸往事。冯惟重客死庐州时,留下了刚过百日的儿子子履,还有子履两个没有成年的姐姐。冯惟敏二嫂蒋氏含辛茹苦,拉扯着三个孩子长大成人。

这世上,真的是一家不知一家。仔细听听,谁活得也不那么容易!

可是,再难也要走下去。蒋氏走过来了,陈氏走过来了,尝过黄连苦,方知蜜糖甜,这不就是日子吗?

惟敏二嫂不愧是过来人,她看魏氏哭得也差不多了,就开口劝道:"他姉啊,咱们可要想开些,你也别太难过了。怎么能说你没有子嗣呢?子临、子蒙、子节,不都是你的儿子吗?现如今子节还没有成人,你要是不疼惜自己,再倒下来,那就是不管俺五兄弟这个小儿子了!你好好的,抚育子节长大有成,那就是对五兄弟最好的安慰了。真到有那么一天,你也好向俺兄弟有个交代不是?"

何氏、陈氏两位妯娌也从旁说和。魏氏本来就是一个明理善断之人,也就慢慢明白了过来。冯惟敏这才和子临、子蒙一起把惟讷后事安排跟她一一交代,魏氏拿主意定夺,依规制妥办惟讷后事。

是年十一月二十日,冯惟敏主持丧礼,葬五弟惟讷于益都尧山之东,先大夫冯裕墓穴之西。

几天后,是为明隆庆壬申十一月庚寅日(二十七日),冯惟敏亲书《明通奉大夫光禄寺卿少洲冯公行状》,完成惟讷生前所托。

生活总要继续,越是那些难熬的日子越要挺起腰杆昂起头,走着走着,就走出了黑胡同见到了光明。

之后的日子,魏氏尽心养育子节,直至把子节培养成了青州府庠生,这才心安。

正如冯惟敏二嫂蒋氏所言,冯惟讷的儿子可不都是魏氏的儿子。子临三弟兄对嫡母魏氏十分孝敬,魏氏活着的时候,事之如母,魏氏去世后,事之如生。

冯子蒙先魏氏十年去世,魏氏钟爱子节,唯独不喜欢子临。兄弟分家时,子节分到的家产丰厚,子临分到的家产很少,但子临毫无怨言,安然受之,依旧尽其奉养本分。

魏氏去世后,子节要求重分家产,子临却认为这既然是母亲的意思,就该维持原状,以至于"弟(子节)固请,公(子临)固辞"。

魏氏发葬的时候,子临、子节发自肺腑地悲哭号啕,孝心孝行让众邻里啧啧称叹。二弟兄互让家产的美德也让乡人钦佩不已,成为一时美谈。

当然,这些都是后事。眼下,冯惟敏还有不少事情要忙。

其实,从保定回到冶源老家前后,冯惟敏即升级当了爷爷。

明穆宗隆庆六年(1572)二月十四日,冯惟敏次子子升长子冯瑗出生,六十二岁的冯惟敏终于抱上了长孙;同一年,四子子丰儿子冯琯出生,冯惟敏又多了个大孙子。这多少缓解了些惟讷病逝带给他的打击。

冯惟敏归家后的第二年,改朝换代了,是为明神宗万历元年(1573)。

除了给五弟写行状,散曲大家冯惟敏将近一年不动笔了。

一元复始,万象更新。

又是一年春来到。冯惟敏不愿多想过去那些伤心难过的事了,日子翻了篇,朝代翻了篇,年龄也翻了篇,心思和生活也该书新篇了。

六十三岁的冯惟敏铺纸磨砚,赋一首简短的归田小令,算是小试牛刀,以记录这个新的春天:

河西六娘子·癸酉新春试笔

献岁山翁六十三,老冯唐懒去朝参,功名簿上闲磨勘。呀,袖手且装憨,退步有何惭?世态炎凉已饱谙。

罗曼·罗兰说,世界上只有一种真正的英雄主义,那就是认清了生活的真相,还依然热爱生活。

深谙世态炎凉的冯惟敏不知道罗曼·罗兰是谁,也不是英雄,但他的身上,似乎始终带着些与生俱来的英雄主义,从少年到老年,从未改变。

六十三岁的冯惟敏,要开始新的生活了。

第六十三章
重整家园

冯惟敏一生始终在仕进与归隐、儒与道之间徘徊。进则在其位谋其政，退则"再不提争名夺利，也休夸今是昨非"，归去来兮，知止通透。

他的心中有一个田园梦，而冶源，一眼便是万年。

这里，是他深情眷恋的故土，足以安放灵魂的家园。

这里，宛如一幅绿水青山的天然图画，纯净、自然，秀美，充满着生命的张力；这里，有他的血肉至亲、质朴乡邻。在这样一幅美好的天然画图里，冯惟敏度过了他最后的人生岁月，闲适，诗意，温馨。

一年之计在于春。

冯惟敏带领着子侄孙辈祭拜祖宗神位，吃了五末日饺子，年就算过完了。接下来，就是日子怎么过。

这些日子，冯惟敏想得最多的，是人这一辈子。

这个世界上，他的父母不在了，八弟兄活到成年的五人，自明嘉靖十八年（1539）二哥惟重客死庐江，三十多年的光阴，父母兄弟先后离世。如今，五弟惟讷也说走就走了，只留了他一人。

冯惟敏父亲冯裕享年六十七岁，长兄惟健周寿五十三岁，二哥惟重强寿三十六岁，五弟惟讷周寿六十岁，七弟惟直短寿二十四岁，三个姊妹也相继离世。如今，尽着冯惟敏自己想，他也不敢承望还有几年的好时光。

所以，以后的人生，想干什么干什么，想咋过咋过，乐乐呵呵，平安就好。

有时候，让一些久而不决的事情很快得以实施的，往往是生活中的某些改变，抑或变故。

十几口一大家子三代人，盖屋造房的事，冯惟敏心里也不只盘算了一回。这些年，他也不满足于老龙湾的现状，一直想着有机会加以改造修缮。而五弟惟讷的病逝、孙辈的出生，让他下定了决心，迫不及待地要让这些计划在这个春天成为现实。

因为精通些经易杂学，冯通判秒变风水先生。他写写画画，很快完成了运算画图之类的前期规划设计，正式启动了"家园提升建设三大工程"。这三项工程分别是建别墅、建书斋、建戏楼。

此外,他还计划顺带修一条去海浮山的登山小道。其他如旧屋修缮、清淤置景之类的零星工程同时穿插进行。

有时候,我也想,三百多年前,冯氏祖先就自建了别墅,别的不知道,冯惟敏还有两套,一套在青州府益都城东南七里溪一带,另一套就是眼下要在老龙湾边准备建的,资金从哪里来?

经过研究,也就明白了,举人是有俸禄的。家中陆续置办了百八十亩庄田,也算是不大不小的地主了;还有,作为当时有名的散曲大家,润笔费也是有的。如此算来,除去当公务员俸禄不算,他的田园梦、别墅梦,是完全可以用合规合法手段来实现的。

别墅地址选在老龙湾北岸东首。另外,在老龙湾南岸传说齐宣王无盐娘娘钟离春洗过战马的濯马潭边,构亭一处,建书斋一处,在新建亭子西南方向山脚陡崖下的磐石之上,开凿数级石阶,名曰"上天梯",以便登山观景。此外,冯惟敏还发现,这冶源方圆十几里内没有一座像样的戏楼,自己走南闯北,应该为乡邻百姓做点儿力所能及的好事,就筹划着在老龙湾主泉之上与冶官祠相对的山坡空地,修一座戏楼,以供三月三、九月九社戏时,请些戏班子唱戏,四面八方的乡人可以看戏、观景,这也算是一桩善举。

总之,回到冶源的第二年,冯惟敏即在老龙湾筑屋建亭,随着别墅、书斋、戏楼等相继建成,他的心情慢慢好了起来。

冶源别墅建成后,冯惟敏喜作《朝天子·东村楼成》。从散曲中大约可以了解小楼概貌:

小楼,地头。不出户观耕耨。晚来四面上帘钩,一览山川秀。潇散琴棋,寻常诗酒,避尘嚣辞俗友。到秋,颇收,具鸡黍邀亲旧。

望家,看瓜,小可成间架。四围禾稼间桑麻,只看到秋收罢。破二作三,少七没八,谩绷拽穷对搭。板笆,草榻,高卧无惊怕。

依栏,玩山,平稳似连云栈。门前七里钓鱼滩,说甚的磻溪岸。陡展诗怀,高抬醉眼,性天宽心地坦。避烦,讨闲,好受用穷乡官。

四方,八窗,高出松梢上。黑甜一枕到羲皇,傲煞陶元亮。长夏风清,新秋气爽,好潜修堪静养。坐忘,退藏,息念处消魔障。

首先,小楼建在冶源东村冯惟敏自家地头。第二,小楼有窗八扇。第三,小楼还有观景连廊,有栏杆可倚。

明代,我国古代建筑业已经发展达到了一个比较高的水平。有个叫午荣的专家,专门编了一本民间工匠业务指导用书,叫《工师雕琢正式鲁班木经匠家镜》,简称《鲁班经匠家镜》或《鲁班经》。书中详细介绍了建筑行帮的规矩、制度及仪式,建造房舍的工序,选择吉日的方法等。明代住宅很好地体现了明代的建筑特点,典雅稳重,做工讲究,装修精美,雕刻和彩画细腻而雅净。

明代的住宅虽然雅静大气,但有一点需要特别注意,那就是,如果自家要建房,还真不是有钱有地基就能够想咋建就咋建的。因为,那时候,房子不仅仅是用来住的,还是户主身份地位的象征。

早在明洪武年间,朱元璋就对王侯公爵、各级官员及百姓们的住宅定了标准。一二品官宅第规制为厅堂五间九架,三品至五品官员五间七架,六品至九品三间七架,庶民户舍不逾三间五架。其余连大门颜色、山顶样式都作了详细规定。

间就是房屋的间数,这个好理解。架,指房子的进深。几架,就是几根房檩,架数越大,进深越大。几品官允许盖几间房,房子进深多少,这个间数和架数是不能逾越标准的。但好在层数和房子多少不限,只要你愿意,盖一层还是三层,一所还是十几、二十几所,自便。

从这个角度来看,封建社会统治阶级统治人的办法真是一套一套,还挺懂心理学、社会学,单从房子就能看出房主的阶层来。难怪几千年官本位思想这么严重,感情就是这样来的。

冯惟敏此次所建冶源别墅具体位置现已无从可考,但依照明代六品官住宅规制,结合散曲内容,还是可以约略推断小楼的一些相关信息。小楼有八窗,应该是三层,每层三间;入户门屋为一间三架,大门漆黑色,铁环;小楼梁栋刷土黄色;楼体应为砖木结合结构;屋顶应为悬山或硬山顶,如此等等。

冯惟敏对冶源东村自家新建的小楼相当满意。

小楼坐落在自家地头,足不出户,即可享受长夏风清、秋高气爽。远可赏秀美山川,近可观四时耕耨,还可以看瓜护坡。他时常徜徉于小楼观景连廊,悠闲地倚靠着栏杆,伸手即可触摸松树梢。风过麦浪,送来阵阵麦香,下楼来,门前有浅滩可垂纶钓鱼……

这生活,活脱脱赛过了陶渊明。

位于熏冶湖南岸灈马潭左上方的"即江南"亭,则是冯惟敏于冶源每日打卡之处。

石茂华在其为冯惟敏所撰行状中记录了当时的情形:

缉废疏流,构亭其上,命之曰"即江南",其北为堂三楹,植莲于池。少司马迟公以"君子堂"扁之。日与朋辈招饮,寄情诗词之间,至微酡,辄自歌咏,畅然有余乐也……

文中比较清楚地介绍了亭、堂方位、题名等。亭子命名"即江南",在灈马潭东南方依山势而建,取"见说江南好,江南恐不如"之意,可见冯惟敏对此亭喜爱之情。灈马潭内植莲数棵,灈马潭北约二十步建厅堂三间,少司马迟公凤翔题名"君子堂"。这君子堂实为冯惟敏书斋,三面环水。北为小龙湾,南望海浮山,堂前有一小院,小院左侧有一泉,砌八角柱石封口,命名为"八角琉璃井"，为惟敏取水煮茗之用。

给冯惟敏书斋题匾额的迟凤翔与冯惟讷、张邦彦、傅应兆并称"临朐四杰"，也是明嘉靖朝临朐名人。

迟凤翔，字德征，号朐冈，临朐城东门外迟家庄（后名东庄子）人，明嘉靖二十三年（1544年）进士，得中后即被授予户部主事，官至兵部侍郎（正三品）。迟公为官清正，不阿权贵，曾因此而官降三级。据说"临朐四杰"互为姻亲关系，别人暂且不提，临朐冯氏与迟凤翔有姻亲关系倒是所言不虚。冯惟敏的侄孙女，也就是子履的二女儿即嫁给了迟凤翔的孙子迟一梧。

始建于明神宗万历元年（1573）的"即江南"亭和"君子堂"，是目前老龙湾景区内保存最完整、最古老的建筑之一。清乾隆年间，大学士于疏敏题"碧波云潭"匾额。1912年，冯氏后人冯瑞章加以修葺，并按当地人习惯称呼，将"即江南"亭更名为"江南亭"。

几百年岁月流逝，亭子和堂屋几经修缮，似乎难觅往昔韵致，好在江南亭下濯马深潭泉水依旧清冽。潭中数十株金线荷摇曳水中，纤细的茎垂若丝地从丈许深的潭底牵了出来，宛如由四百五十年前生长而来。朵朵紫色的莲花，半池荷叶，就那么静静地浮荡于水面。荷下有锦鲤游来游去，令人恍惚，把人的思绪一下子带回到几百年前。那时候，冯惟敏常常在这池畔散步，在亭中品茗调琴，宴饮歌啸，在君子堂填词赋诗。此情此景，不由让人生出些物是人非，风景未老人先老的感慨来。

在冯惟敏这次"家园改造提升工程建设"中，最后竣工的是冶源戏楼。戏楼应于明万历二年（1574）建成，位于铸剑池南侧半山崖处，砖砌墙体，木架结构，高约为4.3米，顶为江南风格的小青瓦。北坡山腰广栽迎春，故名梅花山。

这座依山傍水而建的戏楼，为老龙湾和海浮山平添了十分景观，也让冶源多了些人间的烟火气。正月十五元宵节，二月二龙抬头，三月三庙会，九月九登高，哪家大户娶亲生子，这里便会有一出出的好戏上演。那时，戏楼四周人山人海，就连戏楼对面的柳树上，冶官祠的门楼上，都爬满了调皮的孩子和好事的大人。这期间，冯惟敏便忙碌起来，他和文友们张罗着一应演出事务，甚或，亲自编剧，免不了要演几场《僧尼共犯》和《梁状元不伏老玉殿传胪记》，大概就差上台串场了。终究是年龄大了些，演出开始后，多数时候，冯惟敏会陪三两好友，坐在戏台不远处一处名为"小蓬壶"的小亭阁内，看戏，看人。

"小蓬壶"为冯惟敏已故长兄冯惟健当年所题。蓬壶，即蓬莱，那可是神仙居住的地方。

古戏楼于1969年被拆除，现在的老龙湾戏楼是1996年重建的，楼址往南移了约十米。戏楼也不演戏了，成了老龙湾风景区的一处景点，还有一些人的记忆。

山水田园乐趣多

放下了浮尘羁绊，得偿所愿归隐田园的冯惟敏，很快活成了神仙一样的存在。

清光绪《临朐县志·冯惟敏传》载：

(敏)自免归，结茅熏冶水上，名其亭曰"即江南"，日与朋辈觞咏其中，自号海浮山人。每当天日澄清，风雪暝霭，时棹烟艇上下，自歌所为北调新声，见者以为神仙人。

雪落无声，天地澄明，熏冶湖缥缈的烟波里，一位须发花白的披蓑老者，驾扁舟一叶，浩然自歌，渐行渐远，天地间回荡着慷慨豪放的北调新声……

果然神仙也！

冯惟敏对归隐生活相当满意。这位别人眼里的神仙，自己给自己也封了个神——自在神。

其散曲《懒画眉·乐闲(二首)》有证：

水边林下一闲人，无虑无思自在神。功名富贵等浮云，春光秋月无穷尽，日日看山日日新。

清风明月两闲人，笑傲烟霞洗世尘。无边光景满乾坤，凉生暑退秋光近，日日吟诗日日新。

水边林下，清风明月，无虑无思，光景无边，每一天都有好的风景和诗文新鲜出炉，是挺自在！

《朝元歌·述怀(四首)》同样记录了冯惟敏逍遥自在的退休生活及人生感怀：

长歌短歌，尽日逍遥乐；诗磨酒魔，到处盘桓坐。明月清风，同咱三个，常把世情参破。万虑消磨，清闲垒成安乐窝。奉劝傻哥哥，休争少共多！随缘且过，权当做东山高卧。

……

到处里追欢行乐，山童歌舞着，拍手笑呵呵。帽插岩花，酒斟江糯，慢把风骚酬和。信口开河，新诗小词积渐多。乌兔走如梭，都将古今磨。

要想成为自在神,首先得有自由身。

功成与否不重要,当放下时且放下最重要。

被一笔勾销了官籍的冯惟敏成了名副其实的散淡先生,大闲人一个,远离了官场的喧嚣,他浑身舒畅。

没有对比就没有伤害。

无官一身轻的冯惟敏深深感受到了仕途十年的种种不自由:身心耳目,手足腰膀,这些年,委屈你们啦!

为了表达对陪伴了自己几十年的小伙伴们的深深歉意,他奋笔疾书《耍孩儿·十自由》十二首。除了第一首交代背景,最后一首进行小结外,中间十首,分别对身、心、头、眼、耳、口、须、手、膝、足逐一给予了充分的安慰和关照,要把自由如数奉还,让他们"一个个从吾所愿,一个个慎而优游"。总之,以前,身不由己,如今,想咋的咋的。

《耍孩儿·十自由》"须"篇云:

须呵许多时白似霜,一时间黑似油,砌砂铜末安排就,事从忙里寻刀镊,狠上心来着手揪,疼不过精皮肉。近新来苍颜有喜,白发无愁。

以前,染须染发是件烦心事,染也不是,不染也不是,忙时狠下心来顾不得皮肉之疼拿手来揪的事也时有发生。而今,花白胡须和白发终于等来了好时日,都不用染更不用揪啦。这真是须发之喜啊!

还有,以前天天操刀弄笔、拍案惊堂、忙于"搬砖"的辛劳的"手",也终于可以歇歇了。平时咱就抄着它,好好护着,如若非得辛苦下受尽了酸苦的手儿,除非是垂纶把钓,其余一概不伺候:

手呵检行移无了期,弄刀笔不断头,指尖儿酸困了难禁受。一壁厢忙把文书判,一壁厢常将角带捣。至如今高抄起双袍袖,若要揎拳露掌,除非是把钓垂钩。

以前,最受难为的当属"膝"了。膝,也就是膝盖,临朐人称"波罗盖"。

想当年在保定,己巳秋(明隆庆三年,1569)七月,那个"黑呼通阴霾半月天,硬哥邦石砌当街地",身为保定府政府秘书长的冯惟敏领班行"月食救护"之礼。直跪得啊,把那"碜柯查波罗盖去了皮"。

谁承想,月食救护没过半年,庚午年(明隆庆四年,1570)元旦日又遇日食。冯通判海浮虔诚地跪前排再行"日食救护"之礼,并且是跪得最认真、"波罗盖"跪得最稳的那一班官员中的一分子,"直跪的文章可立身"。

这还不算,在平时,为了保全官场礼数,"波罗盖"那更是天天不得闲,说跪就跪,说弯就弯。好在,这一切都成了过去,现在,终于可以放开手脚,迈开大步想咋溜达就咋溜达了:

膝啊见官人软似绵,到厅前曲似钩,奴颜婢膝甘卑陋。擎拳曲跽精神长,作小伏低礼数周。俺如今出门两脚还如旧,见了人平身免礼,大步挵搜。

说来也怪,闲下来的冯惟敏更加热爱生活了,创作的灵感一如熏冶湖的无数泉眼,咕嘟咕嘟可着劲儿地奔涌,留下来不少讴歌美好生活和美景的散曲名篇。作品的内容也少了过去那种愤世嫉俗的"老愤青"味道,风格也变了,读来质朴清新,一如一位老农,娓娓地和你说着庄家话。年轻时的才高八斗,满腹经纶,皆成了风雨过后的满纸天真。

一支支信手拈来的散曲、一行行质朴自然的文字还原了一位快乐洒脱的老先生的退休生活。

《河西六娘子·笑园六咏》是专门记笑的:

问道先生笑甚么?笑的我一仰一合,时人不识余心乐,呀,两脚跳梭梭,拍手笑呵呵,风月无边好快活。

人生难逢笑口开,笑的我东倒西歪,平生不欠亏心债。呀,每日笑脶胎,坦荡放襟怀,笑傲乾坤好快哉。

……

笑倒了山翁老傻瓜,为甚的大笑哈哈?功名不入渔樵话。呀,打鼓弄琵琶,唾着唱杨家,用尽你机关笑掉了我的牙。

名利机关没正经,笑的我肚儿里生疼.浮沉胜败何时定?呀,个个哄人精,处处赚人坑,只落得山翁笑了一生。

曾经的名利、浮沉,都被他付之以冲天的笑声!

这位老先生啊,想起那些可笑的人、可笑的事,笑得呀,一仰一合,东倒西歪,直笑得肚子生疼,笑掉了牙,把自己唤作"山翁老傻瓜"!

《黄罗歌·灌园》则是另一种风格:

流水绕人家,灌田园开小闸,随湾就曲增堤坝。罢河阳种花,效东陵卖瓜,路行人笑俺抬高价。自矜夸,累累满架,五色绚云霞。充饥当饭,解渴当茶;客来款待,临溪坐沙,漫条条共说无忧话。机心尽,乐意洽,汉阴抱翁旧生涯。秋葵叶,春韭芽,四时嘉味度年华。

原来,冯老汉还有过种瓜卖瓜的经历,并且,颇有些"王婆卖瓜,自卖自夸"的做派:俺的瓜,那可是绝对有机无公害的好瓜,能充饥当饭,能解渴当茶……

生活中处处都有"小确幸"。

寒冬腊月,天寒地冻,老瓦盆里添几块树根疙瘩、木头棒子取暖,都能烧出无边的受用来。《折桂令·烧榾柮》:

烧榾柮老瓦盆中,暖气哄哄,乐意融融。烟透轩窗,寒销院宇,春满帘栊。煨嫩芋红炉谩拥,煎清茶白雪新烹。冷淡家风,潇洒山翁。受用无边,热酒三钟。

炎炎夏日,热似蒸笼,熏冶湖边,柳荫深处,享受下天然晚浴,暑气顿消,那叫一个爽!《驻马听·晚浴》:

晚浴晴川，正是炎蒸六月天。葛巾斜挂，芒履双抛，野服高悬。科头跣足腹便便，柳荫深处凉无限。名利休缠，顶冠束带，许多不便。

坐傍溪桥，一派清涟暑气消。风生双腋，爽透烦襟，净涤尘嚣。水边难解紫罗袍，枝头怎挂乌纱帽？散淡逍遥，如今喜得，林泉高蹈。

就连睡个午觉，也是那么惬意，还编成了曲儿，再三回味。《黄莺儿·午憩》：

庭树影交加，扫苍苔设小榻，颓然一枕消长夏。待观书眼花，要题诗手麻，老妻闲说家常话。问庄家，麦收几许？快沽酒赏葵花。

《清江引·东村作（二十首）》则全面总结概括了冯惟敏的归隐生活，家长里短、水旱收成、山水田园、诗书文章，样样不落：

……

待不看书又看书，毕竟闲不住。难将纸上言，尽得其中趣，俺不看他谁是主。

待不作诗又作诗，改不了诗言志。闲时口内吟，静里心间事，怕只怕索诗人来到此。

待不撰文又撰文，翰墨吾之分。姻亲赠远行，社友传高论，不由人谩寻思睡不稳。

待不唱歌又唱歌，唱的是村田乐。年成减半收，家业安贫过，乐处寻来愁处躲。

假如说还有让神仙般的冯惟敏睡不稳、放不下的，大概就只剩下看书、作诗、撰文、唱歌了。

"明代散曲第一大作手"，有明一代"第一散曲大家"，就是这样炼成的。

冶源十大景

冯惟敏在熏冶湖度过了大半生,不仅为后世留下了江南亭、戏楼、上天梯等景观,还留下了几十篇讴歌冶源美景的诗作和散曲名篇。

他笔下的冶源,山青水绿,山明水秀,山围水绕,山村水舍,美景自在天成画图。

他喜欢登临海浮山,喜欢沿熏冶湖独步闲行,水边林下,"行过芳草塘,步步惹花香"。

冶源的四时光景是那么的灵动鲜活,动静相宜。他看在眼里,喜在心里,得句拈须,咨嗟叹赏,把这山光水光、松荫竹荫、山田水田、无边风月,写进了诗里,编进了曲里,被人们争相传唱。冶源,这座江北小镇,"北国江南",也因此吸引了更多的游子文人流连忘返。他们再留下些墨宝遗迹,带走些乡思乡愁。

散曲《玉抱肚·幽居(四首)》即描绘了一幅多姿多彩、鹭飞鱼游的美景:

山青水绿,染生绡天然画图。占汀洲一段秋光,更白蘋红蓼黄芦。浴凫飞鹭蘸平湖,五色妆成锦绣铺。

山明水秀,锦重重那有个尽头。爱登临独步闲行,每日价荡荡悠悠,海边纵放钓鱼舟,不是金鳌不下钩。

山围水绕,抱村居遮护了一遭。看两轮日月交辉,喜白云翠霭飘飖。年年饱暖颂唐尧,岁岁疏狂托圣朝。

山村水舍,敞柴门红尘断绝。矮檐前平野相连,闲亭下鱼鸟盘桓。机心已尽名利竭,相对浮鸥没话说。

依山缘水而居,尘事渐远。冯惟敏的梦,也回到了远古时那无为而治的理想国。《游冶水(二首)》:

缘水多幽事,依山乐隐居。闲情便竹馆,薄供爱园蔬。草木含元化,池塘浸太虚。悠然尘事远,梦亦到华胥。

野人掩蓬枢,日晏枉佳客。斗室隘周旋,临流坐卷石。山气媚返景,潭光静虚碧。呼酒时不来,冥冥烟水隔。

让冯惟敏动了些心思,专曲推介冶源风光的,是散曲小令《桂枝香·冶源十大景》。

这十大景，选取的是冶源风景名胜中最有诗情画意的景点。每一景为一首，十景十首，既相对独立，又相互依衬。诗作既描绘了小蓬壶、捉马潭、小龙湾、冶官祠、铸剑池、飞云阁、玉泉寺等人文景观，又描画了冶源烟霭、白鸥红鹭、湖光山色、绿荷红莲等天然画图。开篇即发出"海上三山秀，人间万古奇"的盛赞，尾篇总结慨叹："见说江南好，江南恐不如。"

是啊，江南虽好，终是他乡，而这里，是冯惟敏永远的故乡。

桂枝香·冶源十大景

乾坤清气，林泉佳致，恍疑似方丈蓬壶，端的是洞天福地。暖溶溶玉池，暖溶溶玉池，源头活水，珍珠乱撒，一片琉璃。海上三山修，人间万古奇。

浮山胜概，冶源烟霭。又不是香雾空闲，又不是轻云暖碟。不移时闪开，不移时闪开，神仙世界，十洲三岛，阆苑蓬莱。天上黄金阙，壶中白玉台。

白鸥轻漾，红鸳翻浪，恰才过捉马潭边，又早到小龙湾上。绿阴阴两行，绿阴阴两行，青丝飘荡，千条弱柳，万缕垂杨。好一似连环锁，牵人入醉乡。

山居幽静，湖光相映，翠巍巍四面云屏，碧澄澄一轮银镜。听悠悠数声，禅林清磬，动人诗兴，信步闲行。雨过沙边路，风来水上亭。

冶官遗庙，千山环抱，铸剑池彻底澄清，飞云阁半空缥缈。柳荫中小桥，柳荫中小桥，渔樵径道，游人登眺，尽日逍遥。上到摩天岭，方知此处高。

堂开云岫，泉分石窦，侧坐着水月观音，生就的净瓶杨柳。有前朝古槐，有前朝古槐，千年依旧，龙蛇技斗，隐护灵湫。黑水洪阳峪，深藏景最幽。

扁舟一叶，金波摇曳，轻拨开翠藻青蒲，满载着光风霁月。荡星河影斜，荡星河影斜，好天良夜，珍泉万颗，云锦千叠。鲜鲫银丝鲙，年年受用些。

东山高卧，小亭清坐，结识上酒友诗朋，准备下及时行乐。满池塘绿荷，满池塘绿荷，红莲万朵，开尊宴赏，信口吟哦。喜得高人至，盘桓安乐窝。

玉泉香院，金仙出现，千年古刹传留，万载皇图永奠。自归来闭关，自归来闭关，空门依恋，静听清梵，醉爱逃禅。石鼎烹茶品，名山第一泉。

秋来春去，四时成趣，家住翠竹丛中，人在白云深处。看天然画图，看天然画图，眼前诗句，水芹香稻，鲜酒活鱼。见说江南好，江南恐不如。

时至今日，冯惟敏所记冶源十大景仍被当地后人提及或引用。我斗胆将其提炼概括，是为：方丈蓬壶，冶源烟霭，红鸳翻浪，禅林清磬，冶官遗庙，水月观音，舟荡星河，小亭赏莲，玉泉香院，翠竹人家。

后来，冶源盛景被临朐的文化人提炼为一句诗："冶源烟霭三冬暖"，编进了"临朐八景"。

《临朐续志》所载"临朐八景"为：

骈邑石门晚照残，粟山孤耸裕平川。冶源烟霭三冬暖，百丈瀑布六月寒。

弥水澄清通地底,沂山晚翠接云端。方山寺内古松树,仰天高挂秋月圆。

而冶源街上,多年来一直流传着"冶源小八景"的民谣。民谣是这样唱的:

上天梯,摩天岭,八角胡同琉璃井。南天门,奔拉街,仙人肚脐玉兔顶。

如今,原来的"冶源小八景"和"临朐八大景",有些还在,有些已成为历史,而有着良好文化传承的临朐人,重新整理、创新总结了"新八景":

临朐新八景

石门红叶染青山,龙湾海浮即江南。

山旺化石书万卷,东镇碑林纪千年。

巨洋湖波连天涌,沂山双崮锁云烟。

淌水黑松涛震谷,嵩峰抹黛映龙潭。

冯惟敏生前最爱的海浮山、熏冶水,连同他亲建的"即江南"亭,为"临朐新八景"之第二景。

山还在那里,静默无语;泉还在那里,水流不息。

一如老龙湾公园里的一副楹联所记:浮山无墨千秋画,冶水无弦万古琴。

不由想起孟浩然那首《与诸子登岘山》来。

人事有代谢,往来成古今。江山留胜迹,我辈复登临。

冯惟敏的记忆里,铭刻着冶源的山水。浮山冶水的记忆里,也烙下了冯惟敏的印记。

第六十六章
枝叶关情

一个太过于自私的人，成就不了大事业；一个没有家国情怀的读书人，难以成就大格局；一个作家，如果没有一颗悲天悯人之心，融入时代，记录时代，其作品会很快淹没在浩瀚的文学海洋。

冯惟敏的可贵之处，在于他无论是为学还是为文，为官还是为民，从来不失公心，从来不失悲天悯人的家国情怀。

其散曲大令《双调新水令·贺凤渚公镇易州》抒发了他的政治理想：

只愿的八方黎庶安，万里烽烟息，四海村田乐，方显得仁贤是宝。大丈夫志四方，保吾民都是好。

在河北任上，他远游奔劳，民情民忧时时牵挂于心。百姓所忧所愁，他感同身受。《易水上候刘刺史，良久未至，怀古感今漫赋六绝》：

山下平田禾黍稠，丰年亦为小民忧。青苗卖尽诛求在，更到新租死未休。

不愁饿死似前年，谷贱伤农倍可怜。握粟出村终不售，寡妻何处觅官钱。

弃官归田后，他如一位地道的老农，热切地眷恋着冶源的山水，深爱着家乡的土地。他把自己全然融入冶源农村，忧伤着农民的忧伤，快乐着农民的快乐。

他喜雪喜雨，苦风苦雨，赞天怨天，颂官骂吏，所有的这一切，只因为，在他看来，他本来就是冶源东村的一位农夫。

而这，成就了散曲，成就了冯惟敏。

《喜雨》《苦雨》《苦风》《喜晴》《忧复雨》《喜复晴》《雨后雪》《喜雪》《元宵喜雪夜分而止》《农家乐》《农家苦》，风霜雨雪，天旱天晴，无不牵动着他敏感的神经，让他喜，让他忧，让他万家忧乐到心头，让他有感而发，付诸笔端，让散曲有了大境界，大格局。

尤其是那些归田小令，放眼农村、农民、农事，冲破了前人吟咏风月、啸傲泉林的小圈子，带着浓郁的乡野风，在田间地头、市井里巷、勾栏瓦肆传唱开来，唱着农村的衰蔽，道尽农民的艰辛，成为明代北曲的最强音，也成为冯惟敏散曲中最富思想价值的部分。

明代浙江人吕天成对冯惟敏及其散曲的地位似乎很有洞见。吕天成在其著作《曲品》中评价惟敏"篇章应不朽,姓字必兼存"。历史也验证了吕天成的断言,冯惟敏和他的散曲,果真被载入浩瀚壮阔的中国文学史册。

胡十八·刈麦有感(四首)

八十岁老庄家,几曾见今年麦!又无颗粒又无柴。三百日旱灾,二千里放开。偏俺这卧牛城,四下里忒毒害。

不甫能大开镰,闪的个嘴着地。陪了人工陪饭食,似这般忒痴,真个是罕希。急安排种豆儿,再着本还图利。

穿和吃不索愁,愁的是遭官棒。五月半间便开仓,里正哥过堂,花户每比粮。卖田宅无买的,典儿女陪不上。

往常时收麦年,麦罢了是一俭。今年无麦又无钱,哭哀哀告天,那答儿叫冤?但撞着里正哥,一万声可怜见。

折桂令·刈谷有感(二首)

自归来农圃优游,麦也无收,黍也无收。恰遭逢饥馑之秋,谷也不熟,菜也不熟。占花甲偏憎癸酉,看流行正到奎娄。官又忧愁,民又漂流。谁敢替百姓担当?怎禁他一例诛求。

近新来百费俱捐,官也无钱,民也无钱。远乡中一向颠连,村也无烟,市也无烟。贫又逃富又逃前催后趱,田也弃房也弃东走西迁。幸赖明贤,招抚言旋。毒收头先要合封,狠催申又讨加添。

以上散曲小令,记载的是明神宗万历元年(1573),也就是冯惟敏回到冶源山中的第二年,赶上了山东闹饥荒。

旱灾闹了三百天,灾情蔓延两千里,临朐一带,灾情更为严重,"麦也无收,黍也无收","谷也不熟,菜也不熟"。粮食歉收,官府还要横征暴敛,百姓卖田宅,典儿女,贫也逃,富也逃,东走西迁。冯惟敏看在眼里,忧在心上,他热切地为苦难深重的灾民鼓与呼,借老农之口,憎天骂吏,用最直白的方言俚语,诉说着这一幕幕民间惨景,抒发着他的激愤忧思,终成《刈麦有感》《刈谷有感》两套散曲名篇。

久旱逢甘霖。

一场喜雨多少消解了些冯惟敏的忧思。看那"流水绕孤村,藕花四面吐清芬",他的心情顿时好了起来,邀上三两好友,沽酒论文,以"观雨共酌"为题,连写两篇四首归田小令,直言"儿童莫笑山翁醉,麴米能消杜甫愁",描画着"太平有象,丰年可期"的美好景象。

好雨下个不停,冯惟敏苦颜愁颜秒变欢颜笑颜。想象着秋天庄稼满场瓜果满院的丰收场景,他喜作《玉芙蓉·喜雨》,高兴地唱着"消灾不数千金价,救苦重生八口家。都开罢,乔花豆花,眼见的葫芦棚结了个赤金瓜"。

孰料，这雨，不下则已，一下就停不下来。喜雨成苦雨，旱灾成涝灾，惟敏忧心忡忡，苦雨苦风，号天怨天：

玉芙蓉·苦雨（二首）

冲开七里滩，淹倒蟠溪岸。钓台沉何处投竿？三时不雨田苗旱，一雨无休水潦宽。民愁叹，号天怨天，这期间方信道做天难。

恰才庆雨泽，岂料为民害，一时间旱潦齐来。墙倾屋塌千家坏，水浸风磨五谷灾。多奇怪，时乖命乖，叹吾生毕竟是老穷胎。

雨啊，前些天冯惟敏还与老友一起喝酒唱曲感恩你的惠泽，岂料转眼你竟成了民害！

风啊，你白天黑夜胡刮乱刮，吹折了庄家压倒了房廊，气得冯惟敏愤而控诉风神十八姨作祟为害，质问苍天何日能够回心转意，还世间风调雨顺：

玉芙蓉·苦风（二首）

难将风雨调，无计回天道，簸乾坤昼夜狂飙。秾科折尽泥中倒，黍谷磨残水上漂。哀哀告，千劳万劳，谁承望一年勤劳总无聊！

封家十八姨，毒害能为祟，撞南墙猛雨如锥。摧残禾稼饥难济，压倒房廊命有亏。民何罪？天知地知，愿回心风调雨顺霁严威。

不知是不是苍天听到了冯惟敏唱的苦风苦雨小曲，稀稀落落的三两声雨声之后，雨停了，天晴了。

"阴云万里无，积雨千山渡。"冯惟敏这位老农夫的脸色和心情也来了个阴转晴，他喜滋滋地又去了趟小酒馆，三壶两壶小酒喝下去，喜作小令《玉芙蓉·喜晴》。"眼见的乐陶陶醉倒了老农夫"，唱起了"青天岂有绝人路，赤日还为救命符"。

天还是那个天，太阳还是那个太阳，雨晴之间，冯惟敏从怨天恨天，转为赞天夸天。在冯惟敏眼里，做个天也挺难。

万幸秋粮有些收成，冯惟敏和百姓们一样，交齐了官债田租，顿感无是无非、无虑无忧。再准备下过冬的粗棉布袄，在暖和的炕头睡个安稳觉，"消残水旱愁，唱彻村田乐"。

可惜高兴得有些早。三秋时节，秋风苦雨又起，雨下到了什么份上呢？冯惟敏散曲《傍妆台·忧复雨次洞崖韵》记录了这次天灾：

……谁知巨洋深似海，平地水连天。漂流房屋伤禾稼，倾倒墙垣损药栏。天难定，民不安，满怀愁锁两眉间。

总之，六月冯惟敏愁的是天旱无雨，进入三秋时节愁的是水灾涝灾。

他凭栏远眺，查看水情。极目之处百川泛滥，风雨飘摇，街前翻巨浪，城下起狂澜，田园淹没，家家少米无柴，百姓千愁万苦，生计艰难。一介农夫惟敏只能无奈地发一声长叹：谁将荒政拯群黎！

苦风苦雨里,终于等来了雨过天晴。山中又见炊烟升起,冯惟敏转忧为喜,高唱着"三竿红日上青天,且喜天睁眼"。他手执竹杖,登山临水,欣赏秋景,指点庄田,他的意气轩昂的身影,融进了金碧辉煌的秋日阳光里。

岁月如流。

让冯惟敏憎恶的乙酉年终于在水旱交加中成为过去,庄户人的年景一年比一年好起来。

明万历五年(1577),"大年初一雪花飘"。

瑞雪兆丰年,祥光贯九霄。冯惟敏一边赏山中"万朵琪花,千枝玉树,百尺银桥",一边颂"台省贤劳,扶助的朝廷有道,保安的黎民无忧,感召的雨顺风调",喜作《仙桂引·喜雪新春试笔》。

正月十五元宵节,好雪片片,祥瑞又显。冯惟敏再谱一篇散曲小令《元宵喜雪夜分而止》,喜雪、赞雪:

元宵十五雪花飞,玉映天街火树围,从今再显丰年瑞。万民安二麦宜,压遗蝗入地千尺。喜百谷蒙生意,庆三农更足食,拜谢了天地神祇……

"三农"问题自古以来都是关系国计民生的大问题,无怪乎冯惟敏时时刻刻挂在心头,念在口头,记在笔头,不但如此,他还虔诚地跪拜了天地神祇,祈愿神仙们保佑年丰瑞万民安。

为了让百姓过上丰衣足食的幸福生活,冯惟敏心甘情愿地又委屈了回自己的"波罗盖"。

事实证明,万历丁丑年年景不错,粮食获得了大丰收。可是,冯惟敏似乎还是喜乐忧愁参半。

明万历六年(1578),新年伊始,冯惟敏惯例作文,写了散曲《清江引·戊寅试笔(十首)》,以总结过去,展望未来。曲词中对三农问题他有这样的所见所思:

好年成一文钱一片金,不似今番甚。枭粮没去头,变产无人赁,一条鞭不弱如十段锦。

元曲大家张养浩是冯惟敏的山东老乡、散曲前辈,他写的一篇散曲《山坡羊·潼关怀古》很有名。这首散曲中,有一句有名的话:兴,百姓苦;亡,百姓苦。

冯惟敏深有感触。灾年,农民苦;丰年,农民还是个苦。

荒年闹饥荒百姓苦,这个道理好懂。为什么年景好粮食喜获丰收百姓还苦?

因为,赋税徭役令百姓不堪重负!

在冯惟敏看来,正在推广试行的"一条鞭法",不但没有减轻农民的负担,反而让百姓负担更重了。

"一条鞭法"最大的弊端可以用"银贵谷贱"四个字来概括。

百姓几乎要在同一时间把手中的粮食换成银两,还实行市场经济,自由交换,黑心商人也趁机哄抬银价,结果多半是:越是粮食丰收,粮食越不值钱。

　　根据冯惟敏的记载,往年还好些,丁丑年,粮食最贱!

　　"一条鞭法"于三年后的明万历九年(1581)在全国全面推开。在其试行阶段,冯惟敏即能透过现象看本质,提出这一重大赋税制度改革的弊端所在。单从这点来看,冯惟敏倒真是一位有文化、有情怀的农民。

第六十七章
编修《冯氏世录》

　　明隆庆五年(1571)冬,被擢"鲁士师"的冯惟敏之所以没有即刻启程离任保定府,除了要等《保定府志》最后刻印完成外,他还干了一个私活儿,那就是编撰《冯氏世录》,完成他父亲冯裕生前心愿。

　　他的思绪回到了四十六年前的春天。

　　明嘉靖四年(1525)三月,冯惟敏父亲携家带口叶落归根,复籍临朐。几十年过去,冯惟敏已由十五岁的少年,步入花甲之年。父母仙逝,当时的兄弟五人,只剩了他和五弟惟讷两人。

　　好在,苍天不负人。令人欣慰的是,冯氏子孙在青州、临朐两地生息繁衍,已历四代,枝繁叶茂,家风蔚然,诗书继世、忠孝传家、兄弟敦睦、正直清廉的门风渐成。作为家中老人,冯惟敏深感自己有责任记录家史家事,把好的家风传承下去。

　　盛世修史,明时修志。这句话不仅用于一个国家、一个朝代,同样适用于一个家族。

　　国有国史,地方有地方志,家有家谱。国史、地方志、家谱并称中华民族"三大文献"。

　　冯惟敏曾参与编修《世宗实录》《青州府志》《临朐县志》,主纂过《保定府志》。现在,他要做的,就是整理家族世录,让世世代代的冯氏子孙永远知道自己从哪里来,要到哪里去,做什么样的人,行什么样的事,不忘祖宗木本水源之恩,扬善去恶,不辱冯氏门风家传。

　　明隆庆六年(1572)正月初一,冯惟敏编录《冯氏世录》已经完稿,并准备交付刻印。他怀着激动的心情,撰《冯氏世录·引》,记录下临朐冯氏第一次编撰《世录》的大致情形:

　　先府君尝手录冯氏世系一帙,实自朐高祖考始,胜国以往莫稽焉。嘉靖初,复归于临朐。族之耆辈言,吾祖于前代为万户侯,有遗塚焉,今凌夷久已,为某者宅其上,当质之官府云。府君愀然不应。宅者,固巨室也,然其故固不可知矣。间尝命敏曰:"吾以幼孤,既长,而不知前代世系。有叔祖母者,略能言之,而莫详也,因考释氏,每作佛事,录先生殁岁时,悉且存焉。其不悉者,则盖之矣。证以祖母之言,然后备录。"礼失求诸野,固释氏之犹传乎!又尝命讷录世系五本,兄健以下各授一本,既谨受而藏之。今则敏、讷在耳,兄弟雕丧者三人,远者三十年,近者垂二十年,而况先考妣永感中天哉!敏之是录,承先考之意,以示子孙。子孙既骎骎繁矣,手录不能遍示也,敬付梓人以传久远,题之曰"冯氏世录"。呜呼!先府君十龄,祖考妣相继逝,犹能上究百五十年前,吾子孙勉承家学,世不乏人,而不能继有所录,则何以为孝子慈孙也哉?是录以世系为本,汇而次之,总题之曰"冯氏世录"。

隆庆壬申元旦,玄孙惟敏顿首百拜谨识。

据冯惟敏《冯氏世录•引》所记,冯裕自辽东返青复籍临朐后,即搜罗记载了他能查到的冯氏家族的情况和简单世系,并让五子冯惟讷手录五本,惟健、惟重、惟敏、惟讷、惟直每家一本,兄弟们各自珍藏。这次,冯惟敏秉承其父遗志,以冯裕所撰《冯氏世系》为蓝本,录冯裕撰《冯氏先陇表》,另录诰命文书,继以墓碑志铭、奉祀神主等卷帙,编《冯氏世录》。因当时子孙后代众多,手录不能遍示,故刻印后分发各子侄珍存。

《冯氏世录》完稿后,冯惟敏本来打算在保定付梓,却突然收到了五弟惟讷病重消息,他立刻启程赶往老家临朐治源。因此,刻印《冯氏世录》,当为回临朐后的事。

冯惟敏所编《冯氏世录》是临朐冯氏家族最初记载家族情况的资料,从某种意义上说,是家族首部家谱。可惜的是,因时间久远,刻本已遗失不存。

之后,临朐冯氏子孙历次编修族谱。现存最早的一部冯氏族谱修于清道光二十八年(1848),《重修世谱序》曰:

历考吾家藏谱,间山公辑为《世录》,海浮公爱付梓,人尚未有名谱。名谱之修自质之公(五世,冯士份,号质之)始;继之者约斋公(六世,冯灏,号约斋)也;继之者泰徵公(七世,冯盛世,字泰徵)也,继之者思话公(八世,冯慎,字思话)也;继之者善有(九世,冯康年,字善有)也。

冯康年为冯惟讷一支后代,临朐冯氏九世孙。他在《增补世录叙》中比较清晰地记录了之前《冯氏世录》历次编修情况:

冯氏族谱名曰《世录》,盖其初著于始祖间山公,而吾二世祖少洲公(冯惟讷)为之手录也,次海浮公(冯惟敏)修焉,再璞菴太高祖(冯珣)雅意搜罗,未及考订而抱志以没,良可哀也。厥后质之公修之,加以诰命神主、志状……

由此可知,冯惟敏之后,首次提出"家谱"称谓,并完成续修家谱的第一人,为质之公。

质之是冯士份的字。冯士份,冯瑷之子,冯惟敏二子子升孙子,冯惟敏重孙。

冯瑗,明万历二十三年(1595)乙未科进士。冯惟敏一生"搏击"九次没有实现的人生理想,终于由二十四岁的孙子冯瑗圆梦。而冯惟敏续修冯氏家谱的接力棒,则顺利交接到了重孙冯士份手上。冯惟敏如泉下有知定然开心欣慰,一如他生前,在冶源的水畔林下、地头山间,想起那些令他高兴的事来一样,拍手笑呵呵。

冯惟敏重孙冯士份对冯氏家谱的贡献,在于第一次在《冯氏世录》中补充了世系内容,"以迁辽者五世,复青者三世为一图,别列四支各为图……"

青州本《冯氏世录》载冯惟敏撰《冶源竹林纪略》。写作时间也是隆庆六年(1572)正月初一,《冶源竹林纪略》追溯了临朐冯氏姓氏渊源及家族变迁,记载了冶源老龙湾竹林所有权等问题:

吾家上世出自周文王十五子毕公高,其后毕万食采冯城,因氏焉……至元初始入于临朐,户部郎中讳暹者,吾远祖也,生才兴祖,天性颖异,膂力过人,每以燖灭凶党为己任,斯时冶源玉泉寺孽僧海亮恃富作乱,才兴祖举兵讨平之,以功封万户侯,遂以冶源竹林数十亩赐之,永为采地。至元末,子孙衰微,零落殆尽。冶源之竹,半为豪族沈氏所侵占。及明洪武初,诏简山东之民三户徙一人戍辽,我始祖讳思忠者当行,遂家于广宁之左卫。历五世,至我先君宪副公,以仕,始复临朐居焉。竹林之归于沈氏者,沈氏复归余,自今以往,世世守之……

冯惟敏溯本追源,将家族历史倒追四百年。突然发现,原来,他还是近乎完人的一代明君周文王的后代!

据冯惟敏考证,临朐冯氏祖上为周文王十五子毕公高,而冶源竹林本为冯氏祖先冯才兴采地。元末,竹园半数为沈氏所占,冯裕携家还籍临朐后,沈氏所占竹林大半归于惟敏……

冯惟敏对冶源的山山水水、老龙湾的一草一木,表现出无限的眷恋和珍视。他切切叮嘱后世子孙守护好竹林,守护好冶源的一树一石。否则,就是违背了他的所愿,"非吾子孙也""非佳子弟也"。

光绪《临朐县志》载有冯惟敏侄孙冯琦所撰《游冶源记》,记载了惟敏之后临朐冯氏后代不断在老龙湾建亭筑庐的情形:

……亭凡四、堂凡二、楼凡二、池凡七、桥凡十、主人凡五,余清漪亭主也。岁月不时,至乃反如客;而诸叔居水上者,独为主。……盖自郦道元称熏冶(冶)之盛,著于《水经》。数百年而刘概居之。又数百年而海浮叔祖居之,割十之一易池于沈氏,沈氏以归余。

总之,老龙湾成了冯氏的私家花园,这种状况一直延续到清末。《(光绪)临朐县志》"熏冶水"条曰:"冯惟敏卜居于是,冯氏支裔至今凭之……"

历史的洪流滚滚向前。

这个世界上有些东西是应该坚守也能够守住的,比如家学门风,比如家族里那些历代英贤的丰功伟业,比如冯惟敏的散曲诗文。而有些东西,在历史和时势的裹挟里,如大浪中的砂砾,实在不是人所能左右的,如冶源的山水,熏冶湖的那片竹林。

晚明名臣,当时的文坛领军人物李维桢说:"彼父子(冯裕父子)质行齐鲁,诸儒莫及……"

清人王士禛说:"二百年来,海岱间推世学者,必首临朐冯氏。"

《临朐县志》第二十九篇《明、清、民国时期临朐县艺文目录选》收录明代二十人著作,临朐冯氏有九人;收录清代二十六人著作,冯氏有二人;收录民国五人著作,冯氏有一人。

1962年冯氏后人撰《冯氏族谱序》有记:

考省邑志乘及各家谱系,山以左独冯氏一族家世蝉联,子孙繁衍,其盛莫与伦比。自宪副公裕以进士起家,发迹于辽东,复籍于临朐,嗣是而如词林者二,成进士者八……自明正德初,四百年来人才比美,后先辉映,此其所谓家世蝉联也。

据冯惟敏记载,冶源竹林几十亩封地为远祖冯才兴凭武功所得赏赐。无怪乎冯氏后代文韬武略,才智兼备。道德文章暂且不论,据世录所载,临朐冯氏一族不仅出了八名文进士、六名文举人,还出了一名武进士、五名武举人。冯惟敏长子子复曾任广宁卫指挥金事,人称冯大将军。反清复明九义士之一的冯三仕为冯惟敏曾孙,惟敏次子子升之孙,冯瑗之子。

前些年,更有散落迁徙到韩国、沂水、安丘等地的冯氏子孙陆续到临朐冶源认祖归宗,考中进士的貌似又多了至少三人。

而熏冶湖,连同那片竹林,早已收归国有,成了老龙湾风景名胜区。现在,这处国家2A级旅游区,高墙四围,几百年的风景和记忆,应该没有被冯氏子孙所遗忘吧?

第六十八章
尽心育子侄

冯氏子孙在青州、临朐两地扎根繁衍。老一辈渐渐老去,可喜的是,第三代子孙大有青出于蓝而胜于蓝之势,这让冯惟敏倍感欣慰。

冯惟敏二哥冯惟重之子冯子履是临朐冯氏第三代中第一个考取功名的。子履中举那年,冯惟敏恰被派到云南担任云南乡试誊录官,在返回镇江途经岳州(现湖南省岳阳市)时,得知子履考中举人,他十分高兴,欣然赋诗。《晓达岳州始知子履应举》记录了他当时的欣喜和期望之情:

> 忽讶三年别,还愁万里行。风云看后进,山水迟前旌。

> 吉语无传示,乡书有姓名。老怀唯汝辈,慎勿替家声。

冯子履不负众望,次年考中进士,初授河北固安(今河北廊坊市固安县)知县。赴任之际,子履虚心向冯惟敏、冯惟讷请教为政之道。惟敏以诗示侄,殷殷叮咛跃然纸上:

首尾吟答示侄履

先人及不肖辈三仕为令,皆以不染解官。履既领固安,私窃忧之。问政于诸父,余曰:"守在己,知不知在人。一涉顾虑,万事将裂,奚其为?为政尔!执此往矣。"质直示意,寄之话言。弗工于词,弗顾也。

一毫不染是根基,毕竟须思未仕时。但有微官叨豢养,总然薄禄胜盐齑。俸薪以外皆贪墨,门第无私即政规。家世相传清白吏,一毫不染是根基。

一毫不染是根基,莫以惩羹忌冷齑。竖瑾窃权廉吏放,逆嵩当国哲人悲。方今圣主隆新政,况复端公辅盛时。正好激昂承世德,一毫不染是根基。

一毫不染是根基,完节全名慎莫亏。玉女守身防玷缺,珍禽惜羽避尘缁。当官自古惟三事,立国从来有四维。七字铭心常自检,一毫不染是根基。

一毫不染是根基,义利关头更莫疑。学道至今须体验,观人于此别妍媸。脚跟立地常坚定,心迹通天自坦夷。报国承家都付汝,一毫不染是根基。

在冯惟敏看来,守住清廉正直底线是从政根基。要实实在在说话,踏踏实实办事,用不着巧言令色,也不要有太多顾虑。守住初心底线是自己的事,别人如何评价那是别人的事。

冯惟敏是这样说的，也是这样做的。惟敏及父亲冯裕、五弟惟讷虽然"三仕为令，皆以不染解官"，但他们公正无私的"质直"本色从未有丝毫改变。

　　父母兄弟们一一谢世，冯惟敏成了家族中唯一的男性长辈。归田后，惟敏与子侄辈朝夕相处，他"课耕读教子侄，戒儿孙躲是非"，尽心尽力承担起教育子侄、传承家风、兴旺家族的责任来。

　　冯惟敏子侄大排行共十一人。其中侄子七人，分别是子益、子临、子履、子观（原名子有）、子蒙、子咸、子节，儿子四人，子复、子升、子渐、子丰。

　　他们，是冯惟敏的骄傲和底气，是兴旺家族的希望。

　　冯惟敏以自己的人生经历，不失时机地多方面给予子孙以指点，期望他们读书的认真读书，务农的勤劳务农，个个成人成才，光宗耀祖，家家平安，亲善敦睦。

黄罗歌·示侄

　　高枕卧林间，众贤侄来问安，睡魔即渐都消散。早来也喜欢，晚来也喜欢，不来必定多萦绊。克家难，耕读勤干，何必远来看。各安生理，经书勉旃；及时耕耨，种豆满山，麦秋减却多一半。天犹旱，地正干，商霖何日遍人寰？田粮重，民力殚，常将辛苦济时艰。

　　他对侄辈们的满满爱意和理解、殷殷的心愿和期望，即使在几百年后的今天，读来仍言犹在耳，启人心田。

　　"清白字相传，忠孝事勉旃。"冯惟敏不但勉励子孙们努力成就个人事业，光耀门楣，更教给他们为人处世之道，告诫他们好好做人。

醉太平·家训

　　劝哥哥学好，休舍命贪饕，聪明伶俐莫心高，只随缘便了。抹了脸遮不住傍人小，肿了手拿不尽他人钞，放倒身吃不尽小人敲，急回头自保。

　　劝哥哥自想，要仔细商量，须知兔短不能长，再休提勉强。别人肉贴不到腮颊上，爱便宜见放着傍州样，怕年年医不得眼前疮，悔当时戳莽。

　　劝哥哥休歹，把两眼睁开，一还一报一齐来，见如今天矮。人人心地藏毒害，家家事业多成败，时时局面有兴衰，到头来怎解？

　　劝哥哥休狠，学性格温存，得饶人处且饶人，退步行最稳。循天理处安吾分，占便宜处甘吾笨，咬牙切齿反吾身，狠读书为本。

　　他把家风家训编成了散曲，苦口婆心地劝告子孙要学好，休贪、休歹、休狠，做人要仁义宽厚，万事随缘，循天理，守本分，知进退。否则，"一还一报一齐来"，害人害己，自己贪饕舍命，连累家族衰败，"到头来怎解"？

　　假如说还有需要下狠力气的，那就是"狠读书为本"！

　　没有取得功名的时候要"狠读书"，取得功名仕进的时候，即便退休归田，仍然要一如既往地"狠读书"。因为，这是读书人的根本！

我国著名词曲学家、戏曲学家任中敏先生曾评价:"以曲为家训,海浮之创作也。论其词,尚警切清新,不同腐俗。"

生活需要仪式感。

归田后,每逢冯惟敏寿诞、中秋、新年等传统年节,他的一众贤侄均纷纷遵礼向他请安问好。正月里子侄们轮流举办家宴,邀请他参加,冯惟敏必欣然应约,往往提笔赠言,劝勉教导他们。

先是参加子益组织的家宴活动。骨肉一家,喜乐团园,酒过三巡五巡,"一家老小醉醺醺",惟敏即兴唱《玉芙蓉•益侄家宴》,祝愿"椿桂堂中气象新"!

接下来是子临举办家宴。冯惟敏继续兴致盎然,喜"玳筵前兄弟排行,画堂中儿孙罗列",祝福"合家欢悦",亲书《桂枝香•临侄家宴》作为新年礼物送给子临。

接下来还有子蒙家宴、子咸家宴,冯惟敏不偏不倚,都有新春好礼相送:散曲新作。

那真是最好的时候,冯惟敏欣慰地看到,也切身感受到大家族向上的力量,《折桂令•咸侄家宴》:

海云收雪霁山青,旭日初长,文运方亨。五桂重芳,一椿未老,四叶传经。开夜宴休离酩酊,听春弦最喜轻清。伐木歌声,行苇亲情。乐意绸缪,笑语丁宁。

侄孙们若参加乡试、会试,冯惟敏皆以诗文散曲相赠,送上对晚辈的美好祝福:"论干支应验如何?子也登科,丁也登科。乔梓连芳,祖孙绳盛,世沐恩波"(《折桂令•送琦孙乡试》),"此行,准成,金榜标名姓"(《折桂朝天令•咸侄会试》)。

众贤侄子孙不负惟敏所望,种田的勤劳耕种,读书的十年寒窗,金榜题名。冯惟敏最喜欢的侄子子咸中举,侄孙冯琦春闱一战告捷,中二甲第二十二名进士,一举斩获临朐冯氏家族科举最佳战绩。

冯惟敏接到冯琦考中进士的喜讯时,已是夜晚。他抑制不住内心的激动,连夜写下了《朝天子二首•夜闻琦孙捷口占》:

文运到丙丁,发迹在早龄,越显得门风盛。神机妙出火牛城,一战三齐定。耀后光前,连科决胜,赴琼林拼酩酊。金榜上列名,玉堂中树声,又千里传家庆。

恰辞了桂轩,又到了杏园,早遂却男儿愿。连登及第迈前贤,你乔梓都堪羡。四世科名,五朝恩眷,荷天公垂庇远。清白字祖传,忠孝事勉旃,要振起咱家门面。

即使再高兴,冯惟敏也没有忘记告诫这位少年得志的侄孙要时刻谦虚谨慎外,戒骄戒躁。他殷殷叮嘱冯琦:琦孙啊,之所以取得这样的成绩,除了你个人努力,主要是承蒙五朝恩眷和天老爷庇佑,你要时时守住冯氏清白的家风,忠君孝亲,齐家报国,"振起咱家门面"!

冯琦为冯惟敏二哥冯惟重之孙,侄子冯子履之子,二十岁中丁丑科沈懋学榜进士,同年五月"改翰林院庶吉士",累官至从一品,是临朐冯氏家族第一位入翰林院者。

　　冯琦为官深得万历帝倚重,十五次上疏乞归,皇帝都挽留不予批准,最后积劳成疾,四十六岁卒于任上。

　　可谓"鞠躬尽瘁,死而后已"矣!

最后的告别

冯惟敏的山中岁月过得充实自在。

平日,他多居于山中。

鸡鸣必起,散步登山,把纶垂钓,读书撰文,督促耕种,教育子侄。

每月的初一、十五,每年的寒食、六月二十四日(冯裕忌日)、十月初一寒衣节等特殊日子,他亲为点视供奉祭品,率众子侄到祠堂祭拜祖先,到尧山祖茔扫墓上坟,即使刮风下雨,也从未间断。

明万历五年(1577)的清明节,六十七岁的冯惟敏同往年一样,带领一众子侄孙辈来到青州城西尧山祖茔,扫墓祭祖。《浪淘沙·种树》写了惟敏在尧山祖茔种树的情景:

荒陇枕羊溪,万木云齐。尧山翠色两相依。岁岁年年生意好,手自栽培,甘雨正淋漓,万物光辉。满林红杏斗芳菲。寒食清明刚到也,烟草萋萋。

尧山,是他的父母兄弟血肉至亲长眠之地。

在冯惟敏看来,祖茔是家族木本水源所在。树乃山之衣,是祖宗"衣被",祖宗以树为荫,所以墓区树木称"荫木"。乱砍滥伐荫木,就是夺走祖宗衣被,是大不孝、大不敬。这些年,尧山冯氏祖茔一直请人看护,每年清明时节,冯惟敏和子侄们还会来植树。

冯惟敏父亲冯裕去世三十二年了。如今的尧山祖茔早已树木成林,翠色依依。冯惟敏率众子侄培土筑坟,亲自种下了一棵松树。清明时节,东风十里,春雨淋漓,万物生长,他极目远眺,但见洋溪淙淙,草色青青,红杏满林,芳菲争艳,一阵阵春天的草香花香夹杂着泥土的气息,让他有一种莫名的心动,他忽然有些喜欢这种感觉。

回到益都城东的七里溪别墅,他仍不尽怀,一个人独步七里滩头,踏青寻春:"遍插青枝临曲水,一种风流。日日扫闲愁,移近高楼,栽培不为栋梁谋。我爱长条千万缕,荡荡悠悠。"

并不是每一棵树都能成为栋梁之材。枝条万缕,随风摇荡,青枝临水,别样风流,同样是春天里的一道风景。

接下来就是忙着麦收,转眼到了初冬农闲时节。

近来,冯惟敏总有一种念想,想去府城益都看看他和兄弟们曾经穿梭过的那些街巷、曾经劳作过的庄田,见见二嫂蒋氏,见见亲家和那么多的亲戚朋友。他便和老妻何氏商量着,准备些山里的鸡鸭河鲜、煎饼山果,到府城益都住些日子。

明万历五年(1577)初冬,冯惟敏入府城益都探亲访友,寻古访旧。一顿忙碌下来,他的头疼病犯了。无奈,他只得在府城益都治病调养。

亲戚朋友们得知冯惟敏生病的消息,纷纷前来看望。这样一来,你来我往,冯惟敏想见的亲戚朋友倒是都见上了。

他一边养病,一边接待朋友,身体好些,写散曲一一答谢亲友们对自己的关心和挂念。《奉谢诸宗枉驾》《谢诸老枉顾》等答谢小令就写了五首,其中《鸿门奏凯歌·谢会友枉顾》曰:

又不曾费推敲将诗债担,又不曾闲包揽把风情勘。止不过下山来将公事勾,进城去把高亲探。呀,单想着洞天福地紫云庵,清风明月碧龙潭。但离了圣境多愁病,恰遇着游人共笑谈。意象儿虚涵,默坐处机心淡。魂梦儿深酣,猛醒来世味谙。

但是,他还是有些后悔这次出山探亲的。

躺在病榻上,惟敏十分怀念冶源山中。散曲《折桂令·病忆山中(四首)》开篇第一首即流露出了他对山中岁月的眷恋之情:

数年间投老山村,闲也宜人,忙也宜人。近新来误入城圈,行也劳神,坐也劳神。从今后再休想出山探亲,准备下一纳头懒处安身。隔断红尘,占断白云。高插荆篱,紧闭柴门。

过惯了山里人生活的冯惟敏似乎有些适应不了府城那匆匆忙忙的生活节奏,出去走走身累,坐着歇歇心累,想起一生的志向未酬,更是心情低落,唏嘘自嘲:"笑当年半纸功名,功也无成,名也无成。"他暗下决心,"从今后再休想出山探亲",就安安稳稳躲在山里,"细挽湖波,痛濯尘缨",看"雪嵌岩窗,月浸茅堂",赏"风落枯藤",煮一壶新茶,静享安然。

想想,还是山里自在啊!

明万历六年(1578)元旦,这是冯惟敏在这个世界上过的最后一个春节。当然,那时候,春节还叫元旦,春节的称呼始于民国。

养好了病的冯惟敏回到了冶源山中。

除夕夜,他领着子侄们虔诚地供奉祭拜祖宗神位,守岁祈福。散曲《鸿门奏凯歌·子侄守岁》曰:

一个饬元戎冀北军,一个修世业齐东郡,一个剑双挥星斗光,一个笔横扫龙蛇阵。呀,一个折丹桂抱经纶,一个研蓝田课耕耘,一个近日月承天眷,一个走关山望海云。全不厌清贫,守岁钱赊一分。但款叙情亲,交年杯换几巡。

说起他的侄子们,冯惟敏满是自豪和欣慰、爱意和亲情。这个除夕夜,除了冯子履在山西按察副使任上履行公务没有来,其他子侄差不多都来了。他高兴地为子侄孙辈发守岁红包,交年酒喝了好几轮。

正月初一。

换岁交年百事吉,清晓天光霁。

夜雪初霁,治源街上来来往往的都是些拜年的人,中午的风鼓动起一片祥和气象。冯惟敏大开家宴,"侄孙个个来,儿女团团劝",他的眼里心里,"春水春山玉镜台,照彻神仙界","这便是满堂春住神仙"。

元宵节过后,年,也就算过完了。

有一个地方让冯惟敏十分放心不下,那就是远在辽东医巫闾山的祖茔。

戊戌年他第一次会试落榜,奉父命回辽东祭扫祖墓,之后再也没有回去过。被冷落了四十年的辽东祖茔,想来定是满目荒芜了吧?

正月,冯惟敏遣长子子复赴辽东省墓。

他把辽东十三山以东和广宁分水岭祖茔详图交给子复,亲送长子启程,再三叮咛,切切嘱托。《鸿门奏凯歌·复儿度辽省墓(二首)》其二:

历三朝宠数优,传四世文风旧。念焚修总是空,要祭扫干生受。呀,长撇下万千愁,冷落了四世秋。那里也鳞鸿耗,大拼着狐兔游。承继了箕裘,早共晚功名就。撞破了烟楼,迟和疾志愿酬。

冯惟敏和这个世界最后的告别还是来了。

来得那么突然。

《(咸丰)青州府志》记载了冯惟敏留给这个家族最后的告勉:"卒之日,侍者以朱衣进,摇首曰'不当服此。'时盖有綦丧云。"

冯惟敏侄子冯子蒙刚于正月初七日病逝。这个时候,实在不适合穿大红色的衣服。

人们常说,死生之际,可以观人。冯惟敏在病重弥留之际,还念念不忘遵礼守制,无怪乎后世评价"齐鲁间言家法,称冯氏"。

明万历六年(1578)二月二十日子时,冯惟敏卒于临朐治源家中。时年六十八岁,葬于青州尧山之东临朐冯氏祖茔。

冯惟敏妻侄,时任兵部尚书石茂华为其撰写行状。

石茂华《明故保定府通判海浮冯公行状》曰:

公生平孝友,与人不立崖岸,待贵贱如一。交游遍天下,皆当世闻人。为文自立机轴,少事奇古,晚就平淡,必本之物理人情,不为斩岩刻削之语。盖蕴蓄敕铸者深而以时出者也。诗出入汉魏盛唐诸家,至于谈说时事,若指掌上,区画张弛,皆可施行。……故所著作,见者爱,闻者慕,莫不叹其才而惜其位之不酬也。有《山堂缉稿》《南游稿》《燕山稿》《保定府志》行于世。而《青州府志》《临胸县志》其删润之笔居多。

…………

海浮公之文,申抒性灵,扬搞史汉。诗则沨沨乎直埒汉魏盛唐,炜晔照灼,海内称作者矣。达之政事,则又秩秩靡不臧也。盖所谓全才者非耶?余次序其事为实录,以伺太史氏采焉。

赐进士第、资政大夫、兵部尚书、前都察院右都御史兼兵部左侍郎、总督陇西三边军务石茂华撰。

冯惟敏妻石氏,故绍兴府知府赠兵部尚书石公女;继妻何氏,故兵马指挥何公女。有子复、子升、子渐、子丰四个儿子,一个女儿,男孙十四人。

他的散曲,后人给予了较高的评价。

《续修四库全书总目提要》曰:"惟敏散曲,为明代仅有之豪放派,最有生气,最有魄力……"

我国著名词曲学家、戏曲学家任中敏先生在其《散曲概论》中评价道:"冯惟敏《海浮山堂词稿》四卷,生龙活虎,犹词中之有辛弃疾,有明一代,此为最有生气、最有魄力之作矣。"

今人刘大杰在《中国文学发展史》中评价道:"他(冯惟敏)的散曲,在北派诸家之上,不仅是明代一大家,实可与元代大家并列而无愧。……北方爽朗豪迈的风格,发挥无遗,故有'曲中辛弃疾'之称。"

冯惟敏活着的时候,对这个世界和自己的生命报之以歌;去世后,给家乡老龙湾留下了许多轶事传说。

现老龙湾东北岸,原有一处不到十平方米水面的深池,当地人称"放生池"。放生池有一个关于冯惟敏的故事。

相传冯惟敏去世后,有一自称冯惟敏义女的美貌少女,披麻戴孝前来送葬,哀楚悲恸。但是,族人都不认识她。

丧礼结束后,有一位好事者悄悄地跟在这女子身后,想一探究竟。只见那少女走到放生池边,好像要弯腰洗手,却倏忽不见了。

消息传开来,大家都感到这事挺蹊跷。这时,有一位送殡的媳妇说,她曾经留意过此女,发现她的左耳上戴一金环。有人提起冯惟敏曾将别人送给他的一条红鲤鱼挂金环放生的事情。

众人这才恍然大悟,原来,这少女是鲤鱼化身,为报惟敏放生之恩,化为人形,以子女名义来为冯惟敏送葬的。

后人为纪念鲤鱼报恩之情,在老龙湾南侧建亭一处,名曰"报恩亭"。

这是传说故事,自然不能当真。

在冯惟敏生活的年代,文人墨客不乏出入秦楼楚馆宴饮唱曲的经历,冯惟敏难免如此。冯惟敏散曲中亦有不少答妓、赠妓之作,但读来感受更多的是他对女子们的同情、爱惜和尊重。

从这个角度来看,那个自称冯惟敏义女参加他丧礼的传说故事,倒也不是枉传。

一代散曲大家冯惟敏陨落龙潭。他的才思和诗情、失意和得意,都随着老龙湾的泉水,汇入家乡的长河,流入大海。

他的为人为官,可能不是那么完美;他的辞赋文章,大略也惊不了风雨,感动不了鬼神;他的一生,跟荣华富贵更沾不上边儿。

但是,他活得真实、洒脱,活得认真、较劲儿。

他的一生,有诗,有歌,有酒;有风,有雨,有光;有爱,有恨,有情。

他用满腔的真情拥抱过这个世界,拥抱过自己坎坷不平的一生。

他来过。

我路过。

参考文献

普通图书

[1] 曹立会．冯惟敏年谱 附冯惟敏著作 [M]．青岛：青岛出版社，2006.

[2] 张秉国．临朐冯氏年谱 [M]．北京：人民文学出版社，2016.

[3] 张秉国．《冯氏世录》二种整理研究 [M]．济南：齐鲁书社，2020.

[4] 冯益汉．冯惟敏轶事 [M]．济南：山东画报出版社，2016.

[5] 谢伯阳．冯惟敏全集 [M]．济南：齐鲁书社，2007.

[6] 冯荣昌．冯惟敏论稿 [M]．北京：中国戏剧出版社，1999.

[7] 刘聿鑫．冯惟敏 冯溥 李之芳 田雯 张笃庆 郝懿行 王懿荣 年谱 [M]．济南：山东大学出版社，2002.

[8] 凌景埏，谢伯阳（校注）．海浮山堂词稿 [M]．上海：上海古籍出版社，1981.

[9] 张泰，王美雨．《海浮山堂词稿》校注 [M]．北京：九州出版社，2016.

[10] 〔清〕张廷玉等撰．明史 [M]．北京：中华书局，1974.

[11] 〔明〕方岳贡修，〔明〕陈继儒纂．日本藏中国罕见地方志丛刊（崇祯）松江府志（上册）[M]．北京：书目文献出版社，1991.

[12] 〔明〕焦竑．国朝献征录（四库全书存目丛书）[M]．济南：齐鲁书社，1997.

[13] 罗养儒著，李春龙整理．纪我所知集：云南掌故全本 [M]，云南：云南人民出版社，2015.

[14] 刘大杰．中国文学发展史·下卷 [M]．上海：复旦大学出版社，2016.

[15] 郑振铎．中国文学史 [M]．北京：新世纪出版社，2013.

[16] 游国恩．中国文学史 [M]．北京：人民文学出版社，1963.

[17] 明兆乙．李开先年谱 [M]．济南：华艺出版社，1999.

[18] （明）李维桢．大泌山房集·冯氏家传（四库全书存目丛书）[M]．济南：齐鲁书社，1997.

论 文

[1] 冯荣昌．冯惟敏生平五事考述 [J]．昌潍师专学报：社会科学版，1995（2）：

46-48.

[2] 郑骞．冯惟敏及其论述 [J]．燕京学报，1940（28）．

[3] 郑述平．冯惟敏散曲风格论 [J]．齐鲁学刊，1998（4）：35-39．

[4] 周潇．论"海岱诗社"与《海岱会集》[J]．东方论坛，2010（1）：26-32．

[5] 白强．分明世事等浮游——冯惟敏散曲简论 [D]．济南：山东大学，2006．

[6] 姬娜娜．冯惟敏诗歌研究 [D]．烟台：烟台大学，2017．

[7] 周潇．明代山东作家研究 [D]．上海：上海师范大学，2006．

[8] 梁娟娟．明清临朐冯氏家族研究 [D]．山东师范大学，2006．

[9] 王金安．冯惟敏曲作新论 [D]．济南：山东师范大学，2006．

[10] 陈艳．明代金陵青溪社与江左风流 [D]．重庆：西南大学，2018．

电子文献

[1] 〔明〕杜思修，〔明〕冯惟讷等纂．青州府志 [DB/OL]．明嘉靖四十四年刻本影印本．

[2] 〔清〕毛永柏修，〔清〕李图，刘耀椿纂．青州府志 [DB/OL]．清咸丰九年刊印本．

[3] 〔明〕王家士修，〔明〕祝文，冯惟敏纂．临朐县志 [DB/OL]．明嘉靖三十一年刻本影印本．

[4] 〔明〕陆釴等纂修．山东通志 [DB/OL]．明嘉靖十二年刻本影印．

[5] 〔清〕姚延福修，〔清〕邓嘉缉等纂．（光绪)临朐县志 [DB/OL]．据清光绪十年刊本影印．

[6] 〔清〕陈食花修，〔清〕钟谔等纂．益都县志 [DB/OL]．清康熙十一年刊本影印．

[7] 〔清〕冯鼎高等修，〔清〕王显曾等纂．华亭县志 [DB/OL]．清乾隆五十六年刊本．

[8] 孟昭章修，李翰如纂．（民国)晋县志 [DB/OL]．民国十六年石印本．

[9] 〔清〕潘熔修，〔清〕沈学渊纂．萧县志 [DB/OL]．清嘉庆十九年刊本．

[10] 〔清〕陈杰等纂修．涞水县志 [DB/OL]．清光绪二十一年刊本．

[11] 〔明〕冯惟敏纂，〔明〕王国桢增修，王政熙补纂．保定府志 [DB/OL]．明万历刻本．

[12] 〔清〕纪弘谟等修，〔清〕郭棻纂．保定府志 [DB/OL]．清康熙十九年刻本．

[13] 〔清〕何绍章等修，〔清〕杨履泰等纂．丹徒县志 [DB/OL]．清光绪五年刊本．

[14] 〔明〕何世学纂修．丹徒县志 [DB/OL]．据明万历初刻本影印．

[15] 〔清〕高得贵修,〔清〕张九徵等纂,朱霖等增纂. 镇江府志 [DB/OL]. 清乾隆刻本影印.

[16] 〔明〕郭子章. 黔记 [DB/OL]. 明万历刻本影印.

[17]《贵州通志》[DB/OL]. 明万历刻本影印.

[18] 〔元〕于钦纂修,〔元〕于潜释音. 齐乘 [DB/OL]. 清乾隆四十六年刻本影印.

以上电子文献引用日期:[2022-05],访问路径:https://www.wanfangdata.com.cn/.